高等院校"十三五"规划教材

当代大学生职业生涯规划

主编 魏勇 杨祖平

DANGDAI
DAXUESHENG
ZHIYE SHENGYA
GUIHUA

南京大学出版社

前 言

就业是民生之本。大学毕业生是国家宝贵的人力资源,2015年我国大学毕业生有749万人。大学生就业成为我国就业问题中带有战略性意义的核心问题。促进大学毕业生顺畅就业和高质量就业,对建设人力资源强国和创新型国家,具有重要而深远的意义。近些年来,我国高等教育从精英教育向大众教育转型,高等教育同质化严重,人才结构失衡,供需矛盾加大。我国大学生的就业形势依然严峻,在新形势的背景下,帮助大学生规划未来的职业生涯和指导大学生就业显得尤为迫切。

2015年5月,国务院办公厅颁布《推进创新创业教育改革的意见》。文件为当前形势下大学人才培养和推进大学生就业工作指明了方向。《当代大学生职业生涯规划》教程旨在引导大学生全面认识自我,理性分析外界环境,树立明确的职业发展目标与职业理想,根据自己的兴趣、性格、能力、价值观等方面进行科学的职业生涯规划,采取切实可行的步骤和措施,不断提高自己的职业素质,增强职业竞争力,从而实现大学生的职业目标与理想。

本书通过先行阅读、训练模块、练习、延伸阅读等环节使学生从感性认识到理性思考,再付诸实践行动。本书的框架体系遵循了职业生涯规划的流程,并增加了生涯人物访谈模块,帮助在校大学生正确认清自己的优、缺点,检验和验证通过其他渠道获得的信息,了解潜在的入职标准、核心素质要求、晋升路径和工作者的内心的感受,审视大学生人才培养目标、人才培养特色、大学生就业路径等,从而获取相关职业领域完整、及时、准确的信息,有助于大学生做出正确的职业生涯决策。

本书编写过程中,参考并引用了大学生职业生涯规划方面的国内外相关成果,在此对被引用书刊的作者致以我们深深的谢意。由于时间仓促,本书难免有不足之处,敬请专家、同仁和广大读者予以批评指正。

编者

2019年5月

目 录

第一章 生涯规划 1
  第一节 生涯 3
  第二节 大学生涯规划 6
  第三节 职业生涯规划 14

第二章 知己——职业生涯自我探索 38
  第一节 自我认知 40
  第二节 职业兴趣 43
  第三节 性格与职业 64
  第四节 职业能力的认知 83
  第五节 职业价值观探索 91

第三章 知彼——职业生涯环境探索 103
  第一节 家庭环境 104
  第二节 学校环境 113
  第三节 社会环境 117

第四章 职业能力测评 125
  第一节 职业能力和测评的基本概念 126
  第二节 职业能力测评 149
  第三节 就业网职业规划测评步骤及内容解读 164

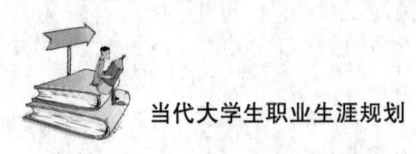

第五章　生涯人物访谈 …………………………………………… 176
第一节　生涯人物访谈的定义及意义 ……………………… 177
第二节　生涯人物访谈流程 ………………………………… 179
第三节　如何撰写生涯人物访谈报告 ……………………… 181

第六章　职业生涯设计 …………………………………………… 189
第一节　职业决策 …………………………………………… 190
第二节　职业生涯目标 ……………………………………… 205
第三节　职业生涯规划书的撰写 …………………………… 211

参考文献 …………………………………………………………… 219

第一章 生涯规划

教学目标

知识：理解生涯、大学生涯、职业生涯的含义以及三者之间的关系。
技能：掌握大学生涯规划、职业生涯规划的内容与步骤。
理念：树立生涯发展、生涯规划的意识。

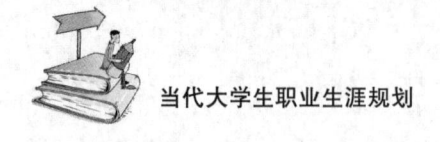

先行阅读

新生活是从选定方向开始的

比塞尔是西撒哈拉沙漠中的一个小村庄,它靠在一块 1.5 平方公里的绿洲旁,在 1926 年肯·莱文发现它之前,这儿的人没有一个走出过大沙漠。肯·莱文作为英国皇家学院的院士,当然不相信这种说法。他用手语向这儿的人问其原因,结果每个人的回答都是一样:从这儿无论向哪个方向走,最后都还是要转到这个地方来。为了证实这种说法的真伪,他做了一次实验,从比塞尔向北走,结果三天半就走了出来。

比塞尔人为什么走不出来呢?肯·莱文非常纳闷,最后他只得雇一个比塞尔人,让他带路,看看到底如何?他们带了半个月的水,牵上两匹骆驼,肯·莱文收起指南针等现代化设备,只挂一根木棍在后面。10 天过去了,他们走了数百英里的路程,第 11 天的早晨,一块绿洲出现在眼前,他们果然又回到了比塞尔。这一次肯·莱文终于明白了,比塞尔人之所以走不出沙漠,是因为他们根本不认识北斗星。

在一望无际的沙漠里,一个人如果凭着感觉往前走,他会走出许许多多大小不一的圆圈,最后的足迹十有八九是一把卷尺的形状。比塞尔村处在浩瀚的沙漠中间,方圆上千公里没有一点参照物,若不认识北斗星又没有指南针,想走出沙漠,确实是不可能的。

肯·莱文在离开比塞尔时,带了一位叫阿古特尔的青年,这个青年就是上次和他合作的人,他告诉这位小伙子,只要白天休息,夜晚朝北面那颗最亮的星走,就能走出沙漠。阿古特尔跟着肯·莱文,3 天之后果然来到了大漠的边缘。

现在比塞尔已是西撒哈拉沙漠中一颗明珠,每年有数以万计的旅游者来到这儿,阿古特尔作为比塞尔的开拓者,他的铜像被竖在小城中央。铜像的底座上刻着一行字:新生活是从选定方向开始的。

人生之旅,是从设定目标的那一天开始的,只有设定了目标,人生才有了真实的意义。成功,需要明确的目标和方向。生涯规划的成功直接影响到人生价值能否得到充分体现,间接决定了生命内容的精彩抑或平淡。因此,做好大学生涯规划和职业生涯规划对每一个迈入大学的学生都十分重要,关乎着大家的前途和未来。

第一节 生 涯

一、生涯

什么是生涯？生涯一词在辞海里有三种含义：1. 一生的极限。沈炯《独酌谣》："生涯本漫漫，神理暂超超。"2. 生活。刘长卿《过湖南羊处士别业》："杜门成白首，湖上寄生涯。"3. 生计。马致远《汉宫秋》楔子："番家无产业，弓矢是生涯。"生涯在我们的生活中并不常用，可能更常用的是"人生"一词，被认为是生命从开始到结束的历程。

图 1-1 从出生到衰老死亡是人生的共同轨迹

美国心理学家舒伯（Donald E. Super，1976）提出的生涯概念的内涵更丰富：生涯是生活里各种事态的演进方向和历程，它统合了人一生中的各种职业和生活角色，由此表现出个人独特的自我发展形态。

二、生涯彩虹

舒伯提出的"生涯彩虹"理论从时间、领域、深度三个层次展现出了一个人的各个角色的投入程度是随着案件维度的变化而发生的一般性变化过程。

时间——生涯长度，舒伯按人的年龄和生命历程将其划分为成长、探索、确立、维持和衰退五个阶段。

领域——生涯宽度，指一个人终其一生所扮演的各种不同角色。

深度——生涯厚度，指一个人在扮演每一个角色时所投入的程度。

横跨一生的彩虹——生活广度在一生生涯的彩虹图中，横向层面代表的是横跨一生的生活广度。彩虹的外层显示人生主要的发展阶段和大致估算的年龄：成长期（约相当于儿童期）、探索期（约相当于青春期）、建立期（约相当于成人前期）、维持期（约相当于中年期）以及衰退期（约相当于老年期）。在这五

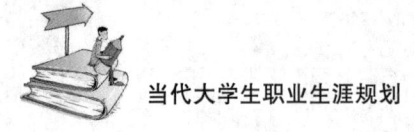

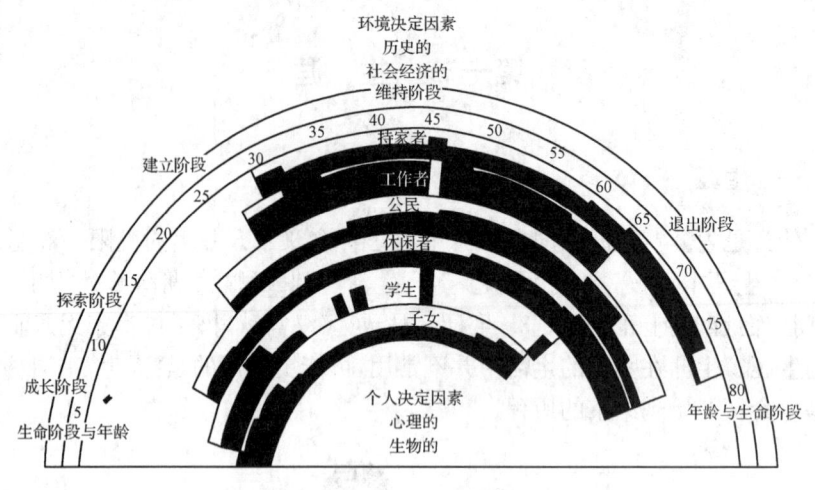

图 1-2 舒伯生涯彩虹图

个主要的人生发展阶段内,各个阶段还含有小的阶段,舒伯特别强调,各个时期的年龄划分有相当大的弹性,应依据个体的不同情况而定。

纵贯上下的彩虹——生活空间在一生生涯的彩虹图中,纵向层面代表的是纵贯上下的生活空间,由一组职位和角色所组成。舒伯认为人在一生当中必须扮演九种主要的角色,依次是:儿童、学生、休闲者、公民、工作者、夫妻、家长、父母和退休者。各种角色之间是相互作用的,一个角色的成功,特别是早期的角色如果发展得比较好,将会为其他角色提供良好的关系基础。但是,在一个角色上投入过多的精力,而没有平衡协调各角色的关系,则会导致其他角色的失败。在每一个阶段对每一个角色投入程度可以用颜色来表示,颜色面积越多表示该角色投入的程度越多,空白越多表示该角色投入的程度越少。

三、生涯、大学生涯、职业生涯的关系

生涯、大学生涯、职业生涯之间的关系如图1-3所示。大学生的主要角色是学习者,这就像浮于冰面之上的冰山椎体,显性而清晰。职业生涯,长远而漫漫,对于大学生而言,虽然有规划意识,却可能很迷茫,这就像隐于冰面之下的冰体,浑厚又磅礴。支撑大学生涯、职业生涯的是生涯,它是职业生涯发展的根基和背景,这就像冰山的基底。

图 1-3 三涯冰山图

大学生尽管处于学涯阶段,立于冰锥之处,但首先需要关注的应是潜藏在水面以下隐性而又浩瀚、蕴藏着巨大能量、决定着冰山走向和全貌的部分——生涯。只有理清了生涯的含义、纬度和目标,对职涯的考虑才是有底蕴、可深远、具张力、裨益人生的。而对于生涯、职涯的规划和设想,只有落实于学涯,方显务实可行。

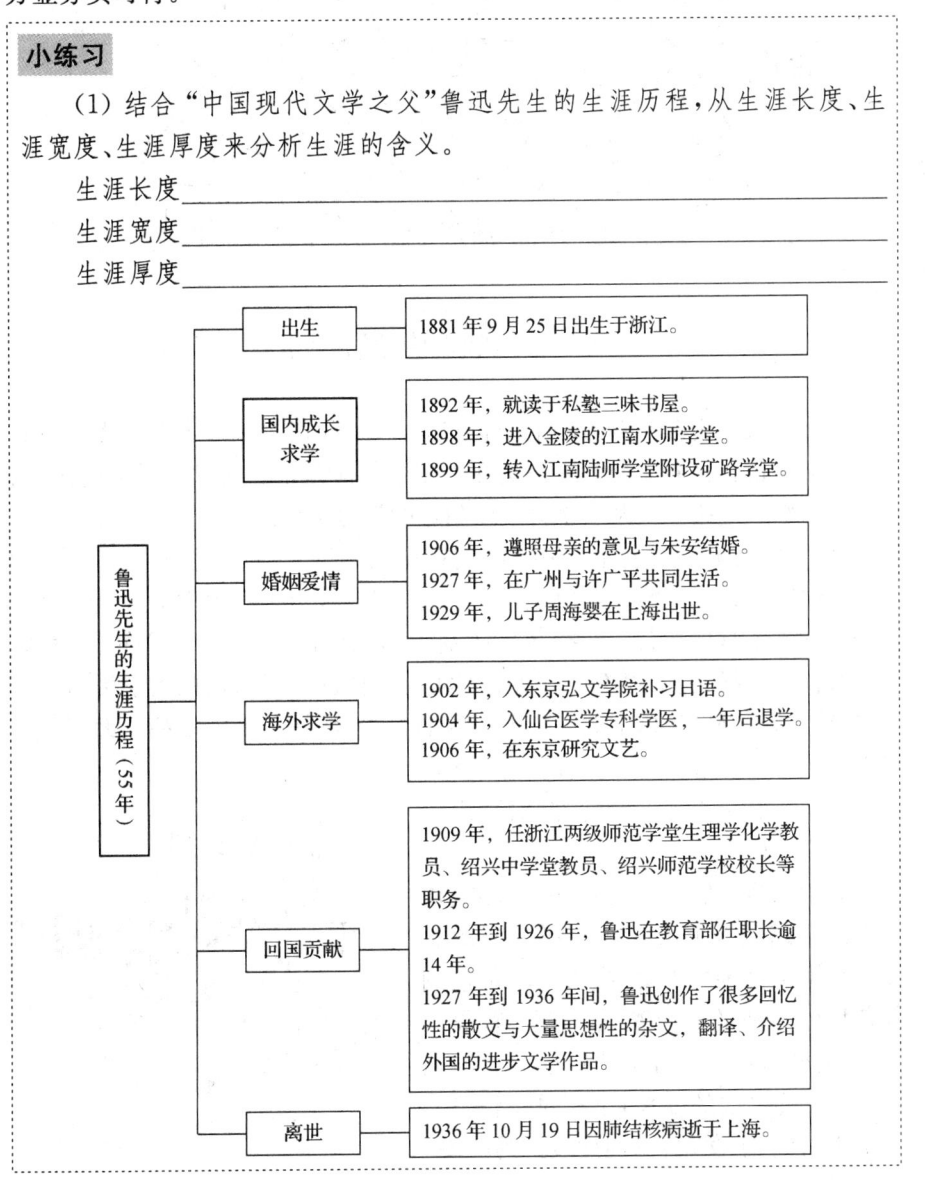

> **小练习**
>
> (1) 结合"中国现代文学之父"鲁迅先生的生涯历程,从生涯长度、生涯宽度、生涯厚度来分析生涯的含义。
>
> 生涯长度＿＿＿＿＿＿＿＿＿＿＿＿＿＿＿＿＿＿＿＿＿＿＿＿＿＿＿＿
> 生涯宽度＿＿＿＿＿＿＿＿＿＿＿＿＿＿＿＿＿＿＿＿＿＿＿＿＿＿＿＿
> 生涯厚度＿＿＿＿＿＿＿＿＿＿＿＿＿＿＿＿＿＿＿＿＿＿＿＿＿＿＿＿

鲁迅先生的生涯历程(55年)		
	出生	1881年9月25日出生于浙江。
	国内成长求学	1892年,就读于私塾三味书屋。 1898年,进入金陵的江南水师学堂。 1899年,转入江南陆师学堂附设矿路学堂。
	婚姻爱情	1906年,遵照母亲的意见与朱安结婚。 1927年,在广州与许广平共同生活。 1929年,儿子周海婴在上海出世。
	海外求学	1902年,入东京弘文学院补习日语。 1904年,入仙台医学专科学医,一年后退学。 1906年,在东京研究文艺。
	回国贡献	1909年,任浙江两级师范学堂生理学化学教员、绍兴中学堂教员、绍兴师范学校校长等职务。 1912年到1926年,鲁迅在教育部任职长逾14年。 1927年到1936年间,鲁迅创作了很多回忆性的散文与大量思想性的杂文,翻译、介绍外国的进步文学作品。
	离世	1936年10月19日因肺结核病逝于上海。

(2) 绘制自己的"生涯彩虹图"。

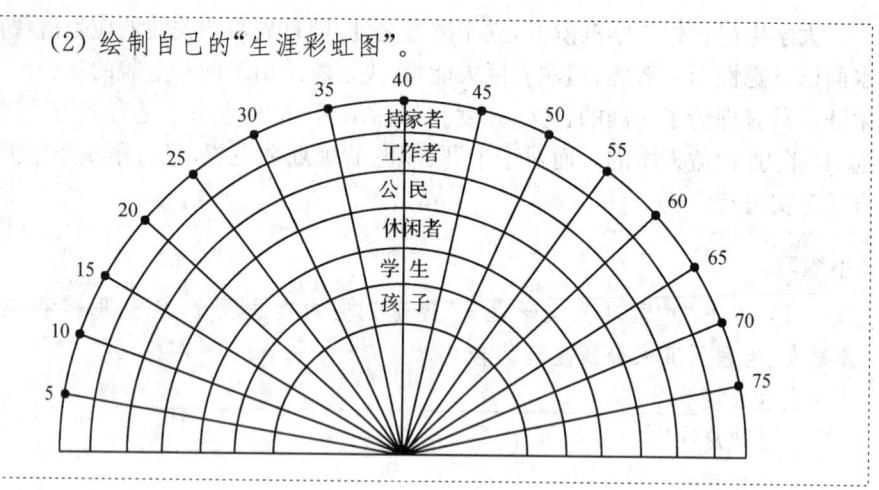

持家者 工作者 公民 休闲者 学生 孩子

第二节　大学生涯规划

什么是大学生涯？舒伯的生涯彩虹图显示，我们每一个人在一生中虽然经历很多阶段，扮演不同角色，但是在大多数的阶段都会扮演着学生的角色。而大学生涯就是指以大学学生为主要角色的学习历程。

从幼儿园到小学、初中、高中，我们在家人、老师的期望之下，背负着各种压力，怀揣着自己的梦想，不停地学习、考试、升学，迈入了大学的殿堂。或许这个大学并不是你的第一选择，或许是你父母为你做的选择，又或许是你最后无可奈何的选择，但最终不会改变的事实就是你迎来了崭新的大学生活。大学校园生活就好比音乐中的一个个美妙的音符，任何一所大学都给大家提供了大学校园生活的舞台，只要用心经营、用心生活、用心规划，大家就能谱写出一首首动听的乐曲。

大学生涯虽然只有短短四年，却是构建人生大厦的基础，具有特别重要的意义。大学生涯要完成的是从简单角色到复杂角色转换的充分准备。大学阶段的学习，如同行走在通往人生高速公路的连接线上。连接线的一头，是相对比较单一的学生角色、子女角色；连接线的另一头，

是工作者、配偶、父母等多种角色逐渐加身，大学生涯需要为这些角色的扮演做好铺垫和准备。所以，大学学习的任务不仅是单一的专业学习，大学生涯除了注重专业素养的培养，还要注重个人能力的培养。

一、大学期间专业素养的培养

大学是探究高深学问、传递高级文化、培养高级人才的场所。大学的这种特殊功能是由大学的学习特点决定的，具体表现在这几个方面。

（一）学习专业的方向性和综合性

大学学习的专业性十分明显。大学的学习实际上是一种高层次的专业学习，从入学开始就有了职业定向，再通过四年的学习，大学生逐步成为基础知识扎实、专业知识结构合理、能力强、创造性高、品行高尚的德智体全面发展的高级专门人才。

> 知识就像植物的根，说不准在哪里会交错在一起，形成新的增长点。
>
> ——福井谦一（诺贝尔化学奖得主）

然而这种专业性通常只能是一个大致的方向，而更具体、更细致的专业目标是要在大学四年的学习过程中或是在将来走向社会后，才能最终确定下来。专业对口是相对的，不可能达到完全对口，所以，在大学期间除了要学好专业知识外，还应根据自己的能力、兴趣和爱好，选修或自学其他课程，扩大自己的知识面，为毕业后更好地适应工作打下良好的基础。

（二）学习理论的前沿性

所谓的大学学习理论，是指学习随着学科和专业的深化而使本门类的知识更具有质的规定性。大学的学习内容不仅增加了深度和广度，而且在一定程度上揭示了知识的不确定性。大学教师不仅要向学生传授与专业有关的基础知识，还要讲授高、精、尖的理论和最新成果、研究动态。

（三）学习自主性

从感性知识升华为理性知识的大学学习，不再是靠死记硬背课堂上讲授的一些知识，而是靠自己去理解和消化知识，这个消化过程就充满了自主性。

> 一个人在大学四年里，能不能养成自学、学会自学，不但在很大

程度上决定了他能否学好大学的课程,把知识真正学通、学活,而且影响到其大学毕业以后,能否不断地吸收新的知识,进行创造性的工作,为国家做出更大的贡献。

——钱伟长教授

学生要充分发挥自主能动性,围绕自己的专业,博览群书,拓展自己的知识面,学会用科学的、批判的眼光对现有的结论进行审视。

(四)学习载体的多样性

大学生的学习空间不只限于课堂,还包括校内外的很多领域。教室是学生学习的地方,图书馆、阅览室、宿舍以及校园里其他公共场所,也有学生学习的良好条件。大学生的学习空间还可以延伸到社会,学校为学生提供了很多接触社会、参加社会实践活动的机会和条件。

二、大学期间个人能力的培养

大学学习,不仅仅在于学习专业文化知识,更在于培养个人的综合能力与素养。无论我们从事何种职业,都应具有下述几项基本能力。

(一)合理利用与支配时间的能力

选择有意义的行为,合理分配时间,计划并掌握工作进程。在大学期间,你必须学会如何进行有效的时间管理,如何在学习、社会活动、生活等方面分配自己的精力。

(二)处理人际关系的能力

人际交往能力是大学生适应社会发展需要的必备能力,提高大学生人际交往能力对当代大学生非常重要。大学生人际交往能力的培养主要是通过学习人际交往的知识、培养人际交往的技能两个方面。人际交往的知识主要包括人际交往心理学知识和社交礼仪知识;培养人际交往的技能主要通过个体咨询、团体咨询、加强班集体建设、加强宿舍文化建设、指导学生社团活动等途径来实现。

(三)自立能力

自立能力主要是指当代大学生应当努力以自己的脑力劳动和体力劳动使自己独立。每个人的成长都不可能一帆风顺,不是碰到这样的困难,就是碰到那样的困难。比如,大家来自不同的家庭,经济状况不同,有的富裕一些,有的贫困一些。生活困难的同学,可以利用空闲时间工作来解决自己的问题和困难。

（四）表达能力

表达能力是指以口头与书面的形式来表达自己的思想、认识和情感的能力。对当代大学生来说，这两种能力是不可缺少的，必须加强培养。同学们应当积极参加演讲、对话、辩论活动、课堂讨论或分组讨论的活动，珍惜在大庭广众面前发表见解的锻炼机会。

大学生还要注重书面表达能力的培养。书面表达能力主要是指写作能力。我们在大学期间，要学会写调查报告、工作计划和工作总结，还要初步学会写学术论文。

（五）创新能力

创新能力是指在学习前人知识、技能的基础上，提出新的创见和提高发明创造的能力。在当今激烈竞争的时代，要注重培养创新思维、创新精神和创新能力。

（六）社会适应能力

社会适应能力是指能根据客观情况变化随机应变，适时调节自身行为的能力，是一个人综合素质的反映，它与个人的思想品德、创造能力、知识技能等密切相关。现代社会是复杂多变的，要适应这种状况，保证自己从学校到社会顺利过渡，就应该提高自己社会适应能力。只有这样，即使是在比较艰苦的环境下，也能够变不利的因素为有利的因素，从而为自己以后的事业的成功奠定坚实的基础。

（七）组织管理能力

组织管理能力是指为了有效地实现目标，灵活地运用各种方法，把各种力量合理地组织和有效地协调起来的能力，还包括协调关系的能力和善于用人的能力等。用人单位对具有一定交往能力的大学生越来越重视，许多单位挑选大学生时不仅注重学业成绩，同时对在校是否担任过学生干部、是否参与过社会工作很感兴趣。因此，大学生在校期间应积极参加社会活动，尽可能做一些社会工作，不断增强自己的组织管理能力，以利于今后工作。

（八）动手实践能力

动手实践能力是指把创造思维变成实际的物质成果或是用生动形象的实践过程呈现创造性思维的能力。对于大学生来说，毕业之后不论是从事教育、教学研究、自然科学研究，还是在生产第一线从事技术管理工作，动手能力的

强弱,都会影响一个大学生的发展前途。为此,大学生应当充分利用实习和勤工俭学的机会提高自己的动手能力。

(九) 竞争生存能力

竞争生存能力是人们顺利完成某项活动或者谋生时必备的一种心理特征,也是大学生乃至人类都在追求的一种能力品质。由于当前社会是一个激烈竞争的社会,再加上当前经济危机蔓延全球,市场竞争更趋激烈,就业压力大,从而竞争能力的培养尤为重要。

三、大学生涯规划

假如给你一次旅行机会,你会怎么做准备呢?你可能会考虑这么几个问题。

1. 我有多少钱?
2. 我有多少时间?怎么安排时间?
3. 喜欢去的地方,可能去的地方?
4. 是跟随旅行团还是自由行?
5. 准备使用什么交通工具?
6. 结伴出行还是独自旅行?
7. 当地的气候怎样,等等。

一次旅行尚且如此,可是对于大学这样重要的人生旅行,我们多少人是没有经过任何筹划就上路了。

大学是人生的关键阶段。在这里,我们放下了高考的重担,开始追逐自己的理想,离开了家庭生活,参与团体和社会生活。在这里,我们面临的是一个全新的环境:新的学校、老师和同学,新的学习内容、学习条件和学习方式,新的生活方式、活动方式。习惯了应试教育和长辈全方位照顾的大学新生,身处多年向往的大学,开始迷茫、无所适从,无法找到新的支撑点。

"在高中时,大学像是黑暗中的一盏明灯,指引着我们前进的方向,进了大学后,天亮了,我们不知道该向何处去。"这句话,正是绝大多数一年级新生思想的真实写照。

许多同学迈入大学后进入了目标盲区,有了一种失落感、松懈感,再也难以保持中学时期那样的求知热情了。如何尽快度过盲区,确立新的学习目标,直接关系到我们能否顺利度过大学生活,圆满完成学习任务。

大学生活是丰富多彩的,也是多元化的,学习和生活的多样化决定了大学生在大学期间应该做好合理的生涯规划,要在适应中规划,规划中适应,为自己的职业生涯做好充分准备。

大学生涯规划是指大学生在各方,特别是学校的引导下,根据社会需求、个人的兴趣爱好、个人对未来的人生追求,确定大学期间的最终奋斗目标和各阶段目标,据此对大学各阶段的学习、生活、人际交往、社会实践等方面进行的详细设计和整体规划。

四、如何进行大学生涯规划

(一)进行理性的思考和审视

审视包括了解自己的兴趣、特长、性格、学识、技能、智商、情商、思维方式方法、期望等。同时,还要对所处的环境进行评估,包括了解市场需要、行业动态、就业前景、周围人们对自己的评价、现有的和潜在的有利和不利条件等。审视自我,评估环境,思考并确定大学毕业后的初期目标。

训练模块

我是谁?

① 我报考现在这个专业的动机是什么?

② 我对现在这个专业的了解有多少?

③ 我的生活、学习、工作的动机是什么?

④ 我的兴趣是什么?

⑤ 我在生活、学习、工作上有哪些值得保持、发扬的长处和需要克服的缺憾?

⑥ 我现有的知识水平和社会经验与同龄人相比处于什么位置?

⑦ 我的性格特点是什么?

⑧ 我在大学生活中有哪些亟待解决的问题……

我在哪里?

① 我所就读的大学的状况?

② 我所选择的专业的情况?

③ 所在大学的基本政策、规定和条例?

④ 社会对本专业的需求情况?

⑤ 社会对所需要的本专业人才的要求……

我将向何处去？

① 就业？

② 读研？

③ 出国留学？

④ 公务员？

⑤ 创业……

（二）确立科学的成长学习目标

人生最可怕的敌人，就是没有明确的目标。

——罗曼·罗兰

确立目标是大学规划的关键，清晰目标的确立要以自己的最佳才能、最优性格、最大兴趣、最有利的环境等信息为依据。

（三）大学生涯规划的制订与实施

大学流传过这样的一段话：曾经有一段美好的大学生活摆在我的面前，可惜我没有珍惜，等到虚度后才后悔莫及，人世间最痛苦的事莫过于此。如果上天能够给我一次上大学的机会，我会对大学说三个字：规划它。如果非要在这个规划前加上一个时间，我会毫不犹豫地说"现在"！

大学生涯规划的实施方案可以通过以下过程完成：(1) 制订大学四年的行动方案，(2) 制订年度（或学期）行动计划，(3) 制订月度计划，(4) 制订周计划，(5) 制订日计划。

想得好是聪明，计划好是聪明，做得好是最聪明。

——拿破仑

训练模块

制订行动计划应注意的问题

为什么这个目标对我而言是最可能的？

我将如何实现这一目标？

我将在何时分别执行以上每一项计划？

有哪些人将会或应该会帮助我共同执行此项计划？对我而言,还有哪些不能解决的问题？

实施的方案如同阶梯,要求明确、具体可行。它包括如何提高学习效率,计划学习哪些知识、掌握哪些技能,如何开发自己的潜能以执行参加社会实践的计划,怎样克服实现学业规划道路上的各种艰难险阻,如何合理分配时间等方面的措施。

(四) 调整和修正目标

现实社会中种种不确定因素的存在,要求学业规划的设计具有一定的弹性,以便于自己能够及时反省和修正目标,变更实施措施与计划。

大学生涯规划应根据不同阶段学生的心理特征,明确目标,突出重点,分步实施,逐步形成较完善的大学生涯规划体系。

大一:初步了解专业,提高人际沟通能力。主要的内容有:和师哥师姐们进行交流,询问就业情况;参加学校活动,增加交流技巧;学习与自己专业相关的知识,辅助自己的学习。

大二:提高基本素质。主要的内容有:通过参加学生会或社团等组织,锻炼自己的各种能力,同时检验自己的知识技能;主要尝试兼职、社会实践活动,并具有坚持性;提高自己的责任感、主动性和受挫能力;增强英语口语能力和计算机应用能力。

大三:提高求职技能,搜集公司信息。主要的内容有:撰写专业学术文章,提出自己的见解;参加和专业有关的暑期工作,和同学交流求职工作心得体会;学习写简历、求职信;了解搜集工作信息的渠道,并积极尝试。

大四:工作申请,成功就业。主要的内容有:对前三年的准备作一个总结,开始毕业后工作的申请,积极参加招聘活动,在实践中检验自己的积累和准备。预习或模拟面试,参加面试等。积极利用学校提供的条件,了解就业指导中心提供的用人公司资料信息,强化求职技巧,进行模拟面试等训练,尽可能地在做出较为充分准备的情况下进行实战演练。

小练习

目标设定

假如你还没有白纸黑字的目标,没有达到目标的行动计划,以下原因是否是你的内心写照:

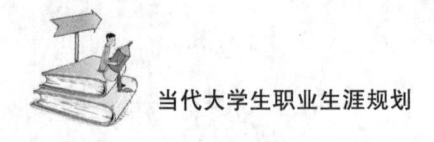

(1) 不了解目标的重要性
(2) 不知道如何设定目标
(3) 对失败的恐惧

这3个原因中,哪一个是你无法设定目标的主要原因?如果不是因为上述原因,请自己列出。_____

你打算如何处理这些原因
_____

请制订一份自己的大学生涯规划
大一 _____
大二 _____
大三 _____
大四 _____

第三节 职业生涯规划

先行阅读

名人职业规划:比尔·拉福的成功之路

美国著名企业家比尔·拉福虽然自小立志做商人,却在大学时期选择了机械专业,硕士毕业后考取了公务员,五年后才开始下海从商,他的职业选择如此方向不一,但是他的职业生涯却如此成功,是比尔·拉福盲目选择还是这一切都在比尔·拉福的职场规划之中呢?

职业生涯规划是每位想有所作为的人士的亘古不变的话题,进入职场的人只要想成功,除了把握机会,还要细致地做一份职业生涯规划,一份好的职业规划可以造就一个人一生的成功。

在比尔·拉福还是一个小伙子时,他就立志做一名优秀的商人,中学毕业后他考入麻省理工学院,却没有去读贸易专业,而是选择了工科中最普通最基础的机械专业。大学毕业后,他没有马上投入商海,而是考入芝加哥大学,攻读为期三年的经济学硕士学位。出人意料的是,获得硕士学位后,他还是没有从事商业活动,而是考取了公务员。在政府部门工作了五年后,他才辞职开始下海经商。又过了两年,他开办了自己的商贸公司。20年后,他的公司资产

从最初的 20 万美元发展到 2 亿美元。比尔·拉福的每一个选择好像都是计划好的,事实也确实如此。

1994 年 10 月,比尔.拉福率团来中国进行商业考察,在北京长城饭店接受《中国青年报》记者采访时他谈到,他的成功应感激他的父亲的指导,他们共同制定了一个重要的职业规划。最终这个职业生涯规划使他功成名就。我们来看一下这个规划的简图:

工科学习→工学学士→经济学学习→经济学硕士→政府部门工作→锻炼处世能力,建立广泛的人际关系→大公司工作→熟悉商务环境→开公司→事业成功

我们从比尔·拉福的职业规划案例可以看出:职业规划制订得越早、步骤越详细,实现自己的梦想的可能性就越大。制订一份职业规划,然后一步一个脚印,坚持到底,终有一日你会实现自己的理想。

人的一生或许就是在寻找这 3 样东西:一是"他"或"她",我们的另一半;二是我们的事业或职业;三是我们自己。职业对我们来说,是生活的重要组成部分,也是我们安身立命之本。但是职业既不像家庭那样成为我们出生后固有的独特的社会结构,也不像货架上的商品可以供我们随意挑选。它更像一位朋友或一位合作伙伴:既存在,又不一定在眼前。它需要我们进行自我设计,并不断修正和奋斗。

一、职业生涯

当我们毕业许久后在街上偶遇老同学,或者在同学聚会上遇到好久未见的同学,大家彼此寒暄过后,可能最关心的一个问题就是对方的职业是什么。而或许 5 年后,10 年后,再见面时大家的职业又改变了。

职业生涯(career)来源于拉丁文,最初取"路径"之意,指个人生命的进程,是结合每个人一生所扮演的角色,诸如各种职业和工作、休闲等角色,以表露个人独特的自我发展形态的过程。简而言之就是指伴随着一个人的职业从开始到结束的历程。它是一个人一生中所有与职业相联系的行为与活动,以及相关的态度、价值观、愿望等的连续性经历的过程。

职业生涯可以分为外职业生涯和内职业生涯。外职业生涯是一个人在一生中所从事的各种工作职业的总称,是客观的职业,可以理解为我们传统意义上的职务、职称、社会地位等。内职业生涯是人一生中的价值观、为人处事态度与动机变化的过程,同时包括个人具有的能力、学识、经验等。外职业生涯通常由别人决定、给予、认可,在外职业生涯中外因很重要;内职业生涯主要靠

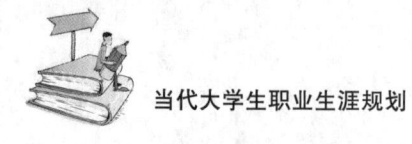

自己不断摸索获得,在内职业生涯中内因为主导。

> **案例:外职业生涯和内职业生涯**
>
> 　　人物:××报社年轻记者
> 　　外职业生涯:单位——××报社
> 　　　　　　　　职务——记者
> 　　　　　　　　工资——月薪1万
> 　　内职业生涯:能力——有争取到采访名人的能力,能拓宽自己的人际圈
> 　　　　　　　　建立新观念——对于年轻人来说,注重才能的积累远比注重薪水的高低更为重要,因为它是每个人最宝贵的生存之本
> 　　结果:内职业生涯发展(积累才能与经验)→带动外职业生涯发展(成为报社社长)

　　同时我们可以根据一个人一生的职业生涯变化状态,将职业生涯分为传统性职业生涯和易变性职业生涯。传统性职业生涯相对稳定,从事传统性职业生涯的人一般很少转换行业,如一名工程师的职业生涯最初是技术员、助理工程师,随着其专业知识的增长和工作经验的丰富,其职位可能会逐步晋升为工程师、高级工程师,我们就将这种职业生涯叫作传统性职业生涯;易变性职业生涯是指一个人的职业生涯也可能因其兴趣爱好、能力大小、价值观的改变及工作环境的变化而发生变化,因而可能从事多项职业,如一个人最初是一名技术人员,后来从事管理工作、金额贸易工作等。

　　无论职位高低,不论成功与否,每个工作着的人都有自己的职业生涯。职业生涯是发展和动态的概念,寓意着个人的具体职业内容和职位的发展与变化。所以,职业生涯具有独特性、发展性、阶段性、终生性、整合性、互动性等特点。

> **案例:一个全球职业规划师(GCDF)的职业规划**
>
> 　　十几年前的那个夏天,一个从武汉某医科大学毕业的小伙子,找到了一份当时在他同学之中数一数二的好工作——在家乡的一家市级医院做医生。那是一个特殊的时期,得到这份工作已令他欣喜万分,所以一切的梦想和憧憬早已被忘到了九霄云外,他已做好了从此开始职业生涯的心理准备。
>
> 　　然而仅仅过了两年,闲适与封闭的医院生活就令这颗年轻而又不安分的心变得躁动起来,他渴望每天都能呼吸到新鲜的空气,他期望着眼前每时每刻都变幻着大千世界五彩斑斓的色彩。于是他跳槽了,一份电视媒体记者

的工作让他的这些愿望得到了满足。

他跳槽到的是一个正在快速成长中的电视媒体,为了掌握过硬的专业知识,他还专门到北京学习新闻与传媒专业,并有机会到国家电视台工作。每年节目的内容和媒体的组织结构都要做出较大的调整,因此其后三四年,他的从业生涯就仿佛是这场变革漩涡之中的一朵浪花,越是在变化面前,他就越感到不知所措。医生和记者这两份在别人眼中看来都相当不错的职业和近十年的工作经历使他的阅历不可谓不丰富,但为什么还会有困惑呢?他一直在思考:自己到底想要什么?

他回想起几年来在媒体负责采访大学生就业与教育系统的体会和心得,逐步发现了自己的职业兴趣和发展方向,因此开始接触了解有关人力资源管理、人才测评和职业规划服务的相关专业知识,并决定寻找机会转行。从此以后,他便在这条职业发展道路上越走越专、越走越深入,不仅从媒体成功转行到了内地一家有着十几年历史的专业人力资源服务机构担任CEO,成了一名职业经理人和高级猎头顾问。还在互联网上建设了一个专业的个人职业教练顾问网站,并在2005年初通过了美国CCE在中国的全球职业规划师的培训认证,成为中国首批获得全球职业规划师(GCDF)资格的专业职业顾问。在原公司任职两年合约期满后,2006年初他又只身南下广州,加盟了锐旗人力银行出任首席运营官(COO),致力于协助高校完善职业规划与就业服务体系,让大学生成为人力银行连锁服务事业的后备力量,协助锐旗人力银行与河南大学、郑铁职院等高校及企业建立紧密的合作关系。后又北上来到北京入伙中国职业发展教育第一品牌——北森职业发展公司,作为全球职业规划师负责大中国区的市场与品牌运营工作,确立了以此为生、精于此业、乐于此道的职业发展道路。

这就是从一个医生到全球职业规划师的职业发展经历。这是一个典型的从职业发展无意识到慢慢觉醒,直到最后有意识发展自我的过程。对于职业到底从何开始、怎样开始,如何才能让自己的职业生涯一路走好这些问题,很多人都没有一个清晰的认识。第一份工作会对一个人的思想、能力等的发展产生重大影响,俗话说"女怕嫁错郎,人怕入错行",对涉世未深的大学生来说,第一份工作是非常重要的。我们到底应该从什么时候开始我们的第一份工作,是从走出大学校门的那一刻?还是从找到第一个实习的机会开始算起?这是很多人都不曾去思考的一个问题。现实中的情况是人们仍在沿用职业发展中骑驴找马的传统方法找寻自己的职业归宿,而实际上我们的第一个工作应

该是从思考、规划工作本身开始的,更准确地说是应该从有意识地经营自我开始的。因为只有未雨绸缪才能使我们的职业生涯少走弯路,这也正是职业生涯规划,乃至人生规划的价值所在。因而大学生活中职业生涯规划是十分必要的。

二、职业生涯规划

在高中阶段填报志愿时,许多学生不但对大学的专业学什么、将来能做什么一无所知,就连对自己的兴趣与适合的东西也表现得不够了解。于是导致在大学阶段,许多学生由于选择了不感兴趣的专业而表现得很懈怠,甚至有人荒废学业。还有一些年轻人,读了很多年的书,一直在换专业,总也找不到自己喜欢的,甚至有些人参加工作后,还在为寻找自己的兴趣或适合自己的东西而继续摸索、不断跳槽。

从大学校园的一名学生到作为独立的成年个体加入社会之中,这个人生的巨大变化是每个大学生都必须面对的。埃里克森将这一变化称之为"危机",即发生必要变化的时间。他认为成年期的后来任务在很大程度上就取决于这一危机的结果。在大学阶段的职业选择在学校经历中占据越来越重要的地位,因此危机更大程度上反映在青年个体未来将向何处去的问题,大学生采取何种方式加以应付这个不可避免的危机,实际上就取决于大学生如何理性地对自己未来的职业进行规划,如何一步一步去完成自己的规划。在学习期间,大学生对个人的发展计划并不明确,而职业生涯规划能够指导学生规划未来的人生发展方向,督促学生提前准备,准确定位。

职业生涯规划,简称生涯规划,又叫职业生涯设计,是指个人对职业生涯的主客观条件进行测定、分析、总结的基础上,结合时代特点,综合分析与权衡自己的兴趣、性格、能力、价值观,明确职业方向,确定最佳的职业奋斗目标,并为实现这一目标做出行之有效的设计、安排。

美国斯温教授为帮助大学生对自己的职业生涯进行良好的规划,提出了一个职业生涯规划的三维模式,如图1-4所示。

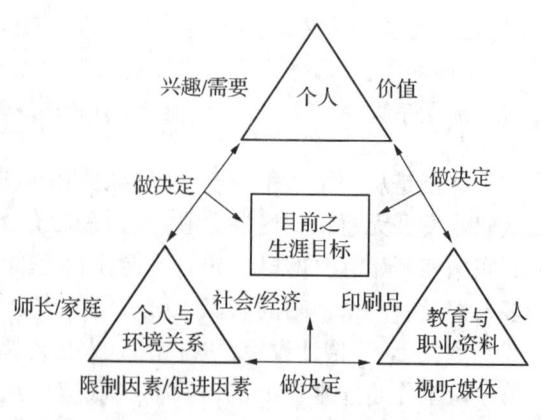

图1-4 斯温(Swain,1989)生涯规划模式

斯温认为,一份规范的职业生涯规划,应该包括三个要素,分别是个人特质的澄清与了解、教育与职业资料的提供和个人与环境关系的协调。

(1) 第一个小三角形是指"自己",包括个人的兴趣、需要、能力倾向以及价值观念。了解自己是职业选择或生涯规划的最基本要求,大家可以通过对生涯的探索活动、自我评定或心理测验等方法进行了解。

> **案例** 小W出生在农村,热爱大自然,但是环境污染的日趋严重,让她十分难过和痛心,她一心想为环境保护贡献自己的一分力量。在大学期间,她参加学校环保组织,担任志愿者,为宣传环境保护不断努力。同时,她就读的是法律专业,毕业后考上检察官。工作的同时偶尔为环保团体担任义务的法律顾问,提供她的专业建议。

(2) 第二个小三角是指"自己与环境"的关系,包括阻力或阻力因素、家庭因素和社会因素。这些因素通常是个人无法掌握或控制的,例如家庭或他人的重要意见、社会重大事件的影响等。因此,大家要具备良好的环境适应能力,主动协调与环境的关系。

> **案例** 小S的父亲是一名警察,他从小就给她灌输正义、责任感。受到父亲的影响与熏陶,小S一直希望找一份能伸张正义的工作。而母亲则认为女孩子应该找一份安稳点的工作。小S的舅舅是一名教师,他告诉小S,在法治社会,可以通过法律来伸张正义,保障和维护大家的利益。小S自身存在一定缺陷,她具有色盲,但这对于法律工作没有影响。

(3) 第三个小三角形是指"教育与职业"的信息,包括参观访问、演讲座谈等。教育与职业资料的掌握,是整个生涯目标决定过程中不可或缺的部分。缺乏对职业世界的了解而想做好职业选择,是不切实际的。有的职业或专业的名称也许只是一字之差,但其内容、性质或发展却相差很多,因而掌握正确的教育与职业的信息,是决定职业目标的重要依据。

> **案例** 小Q在学校参加读书会,与大家一起读书、讨论、分享,增加了很多信息来源。她还经常参加学校举办的座谈会,并且和一些从事法律工作的学长、学姐保持密切联系,常向他们请教学习。

三、职业生涯规划步骤

个人的职业生涯规划是进行科学评估和决策的过程,对于大学生来说,由

于其认知水平的局限,需要在专业人员的辅导下,科学有序地进行个人的职业生涯规划,其规划的方法和步骤有如下几点。

(一) 职业志向的树立

"志不立,天下无可成之事"。立志是人生的起跑点,反映着一个人的理想、胸怀、情趣和价值观,影响着一个人的奋斗目标及成就的大小。我们每个人最终要从事某项职业,志向是事业成功的基本前提。在制订生涯规划时,首先要确立职业志向,这是启动职业生涯规划的关键。

训练模块

明晰职业志向的方法

(1) 当我老去的时候,我最希望人们怎样评价我?
(2) 我最希望在哪个领域里有所成就和建树?
(3) 假如不需要考虑金钱和时间,我最想从事的工作是什么?

回答以上三个问题之后,请写下你将来希望的生活方式,你将来要拥有的成就,将来要从事的主要行业。

我理想的生活方式:_____
我未来要创造的成就:_____
我将来要从事的主要行业:_____
设想你将来的职业名称:
1. _____
2. _____
3. _____

(二) 自我评估与生涯机会和环境评估(知己知彼)

"知己知彼,百战不殆"应用到职业生涯规划同样可以找到两个重要因素,即知己和知彼。知己是了解自己这个人,对自己作全面分析,通过自我分析,认识自己、了解自己,这是实施生涯规划的重要一步。自我评估主要包括对自己的兴趣、特长、个性、能力、情商、思维方式、道德水准以及社会环境中的自我等予以详细了解。

训练模块

知己——"5W"法

Who:我是谁? 正确认识自我。

Want：大胆设想,我想干什么？

What：我有什么？进行自我剖析,个人能力、性格、思想等。

alloW：回归现实,以我的能力可以做什么？环境允许我做什么？

Way：做出合理的职业规划,合理规划我的职业生涯。

自我评估的方法包括：第一,人格测试。常用的人格测试方法有明尼苏达多项人格测验(MMPI)、卡特尔人格测验(16PF)、艾森克人格问卷(EPQ)等。第二,智力测试。常用的智力测试有韦克斯勒智力量表(WAIS)和瑞文推理量表(SPM)等。第三,能力测验。其测验方法有明尼苏达办事员测验、简短雇佣测验等。第四,职业倾向测验。该测试目前有以下几种：爱丁堡职业倾向问卷、库德职业偏好记录、明尼苏达职业兴趣问卷表等。

训练模块

职业能力评估

根据自己的职业能力特点,你认为适合自己的职业有：_____

职业价值观评估

对于未来的职业,你最看重的是：_____

与这些价值观相对应,你未来想从事的职业是：_____

性格类型

在测试中,你最适合的职业是：_____

职业兴趣描述

根据测试分析,以及自己的学习和生活经历,你认为自己大致属于的职业兴趣类型(按照符合的程度排序)：

(1) _____
(2) _____
(3) _____
(4) _____

知彼是指探索外在的世界和环境,包括职业的特性、所需的能力、就业渠道、工作内容、工作发展前景、职业的薪资待遇等。生涯机会的评估,主要分析内外环境因素对自己生涯发展的影响。所以,在制定个人的职业生涯规划时要分析环境条件的特点、环境的发展变化情况、自己与环境的关系、自己在这个环境的地位、环境对自己提出的要求以及环境对自己而言的有利条件和不利条件等。请大家从目前及未来社会环境、行业环境、职业本身环境等方面进行分析

自己参加工作时的职业生涯机会,并完成生涯发展机会自评表。(见表1-1)

表1-1 生涯发展机会自评表

环境要素	目前情况	未来参加工作时的情况
经济环境分析		
人口环境分析		
科技环境分析		
政治与法律环境分析		
社会文化环境分析		
准备从事职业所处行业分析		
准备从事职业本身环境分析		
其他情况分析		

同时,影响职业选择的还有很多其他因素,包括大的外部环境,也包括微观环境、个人因素等。(见表1-2)

表1-2 影响职业选择的其他因素分析表

其他因素	与职业相关的影响	目前状况概述
性别	请谈谈对自己性别角色的看法,你所确定的职业前景与你所认同的性别角色相符吗?	
身心健康	你的健康状况限制你进入哪些行业与职业? 出于对自己健康的关心,你不想进入哪些职业?	
教育背景	你的教育背景能实现你的职业目标吗? 你所具备的教育背景对你的职业有哪些帮助? 你还需要哪些方面的学历教育或培训?	
与职业相关的经历	想想你小时候的梦想,父母、亲戚对职业的看法; 高考填报志愿的想法。 大学生生活中与职业相关的体验和实践,其中印象最深、最成功、最值得骄傲或对你最有意义的是什么?	
地理位置	你的家庭所在地有哪些与职业发展相关的优势和劣势? 你的学校所在城市有哪些与职业发展相关的优势和劣势? 未来工作地有哪些吸引你的特色?这些特色能促进你的职业发展吗?	

续表

其他因素	与职业相关的影响	目前状况概述
家庭、家族背景	你的家庭、家族背景能为你职业带来怎么样的帮助？	
专业情况	你所在专业历年的毕业生就业领域情况怎样？有哪些可以用来促进专业发展的资源？	

（三）职业生涯目标的确定

> 一切成就的起点是渴望，一个人追求的目标愈高，他的才能发展就愈快，一心向着自己目标前进的人，整个世界都给他让路。
>
> ——拿破仑

在准确进行自我评估和生涯评估后，就可以确定职业生涯规划目标。职业生涯目标的确定是职业生涯规划的核心。一个人事业的成败，很大程度上取决于有无正确适当的目标。没有目标的人如同驶入大海的孤舟，四野茫茫，没有方向，不知道自己走何方。只有树立了目标，才能明确奋斗方向，目标犹如海洋中的灯塔，引导你避开险礁暗石，走向成功。

职业生涯规划按照时间的长短来分类，可以分为人生规划、长期规划、中期规划与短期规划四种类型。

① 人生规划。整个职业生涯的规划，时间长达40年左右，设定整个人生的发展目标。如规划成为一家大型企业的总经理。

② 长期规划。5—10年的规划，主要设定较长远的目标。如规划30岁时成为一名小型公司的销售总监，40岁时成为一名中型公司的销售部经理，50岁时成为一名大型公司的总经理。

③ 中期规划。2—5年的目标与任务。如规划到公司的不同部门担任部门经理；大型公司部门经理到小型公司做总经理等。

④ 短期规划：2年以内的规划，主要是确定近期目标，规划近期的任务。如对专业知识的学习，进行相关的培训进修等。

目标分解简图

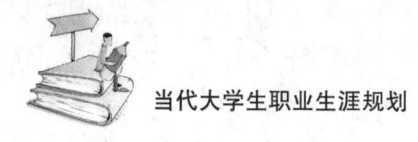

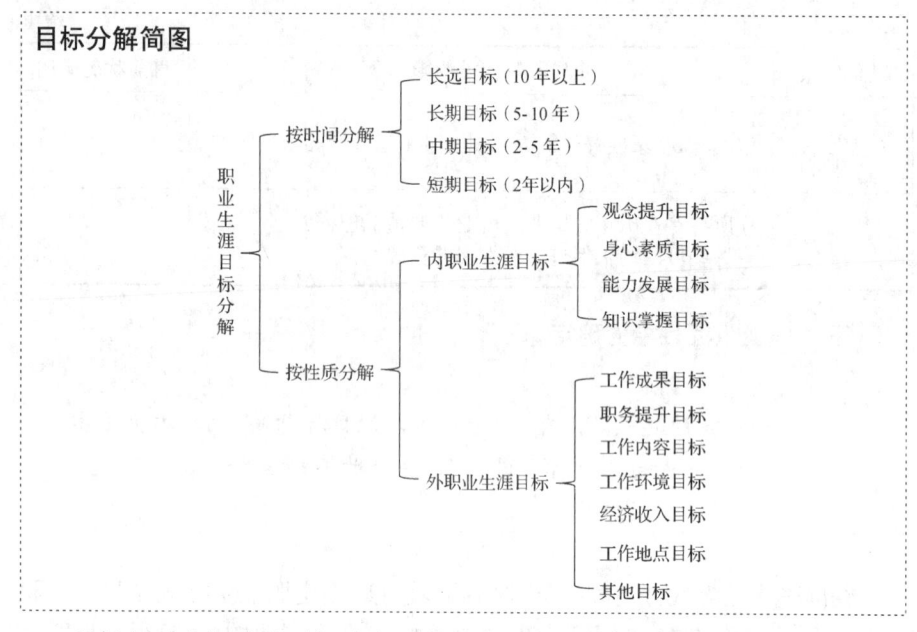

```
                ┌─ 按时间分解 ─┬─ 长远目标（10 年以上）
                │              ├─ 长期目标（5-10 年）
                │              ├─ 中期目标（2-5 年）
                │              └─ 短期目标（2 年以内）
职业生涯目标分解─┤
                │              ┌─ 内职业生涯目标 ─┬─ 观念提升目标
                │              │                  ├─ 身心素质目标
                │              │                  ├─ 能力发展目标
                │              │                  └─ 知识掌握目标
                └─ 按性质分解 ─┤
                               │                  ┌─ 工作成果目标
                               │                  ├─ 职务提升目标
                               │                  ├─ 工作内容目标
                               └─ 外职业生涯目标 ─┤─ 工作环境目标
                                                  ├─ 经济收入目标
                                                  ├─ 工作地点目标
                                                  └─ 其他目标
```

目标经过分解才能更加清晰和易于实现，而通过目标组合又可以找到目标内在的逻辑关系，然后将各个目标按内在逻辑关系组合起来。通常我们要考虑先完成什么目标，后完成什么目标，以什么目标为主，什么目标为辅。各种职业目标间关系往往纷繁复杂，理清各职业目标之间的关系，将职业生涯目标分解组合非常重要。

案例：小 S 的职业生涯规划阶段目标

25—30 岁，在现企业就职，争取调换职位，并熟悉制造、物管、工程、物料等部门的运作，自学 MBA 的主干课程；30—35 岁，跳槽应聘制造企业的生产副总经理等相关职务，从事工厂的全面管理工作，同时自学营销、金融方面的课程；35—39 岁，从事制造业的高层管理；40 岁，应聘一家中型制造企业的总经理。之后，一边从事管理工作，一边不断学习和实践，逐步成为一名优秀的职业经理人。

在实际执行过程中，规划会因为个人和环境的变化而难以准确把握，所以我们要根据实际情况设定可行目标，并对执行后的情况进行反馈并修正和调整。

小游戏：自制名片

试想一下毕业 5 年后的同学聚会，大家交换自己的名片，你希望自己的名片上写着你从事什么样的职业，拥有什么样的头衔？制作完后大家可以相互交换名片。

（四）职业生涯路线的选择

大学生通过自我评估、生涯机会的评估，认识自己、分析环境，在此基础上，主要从自己的价值、理想、成就、动机对自己以后要从事的职业做出选择。如图1-5所示。

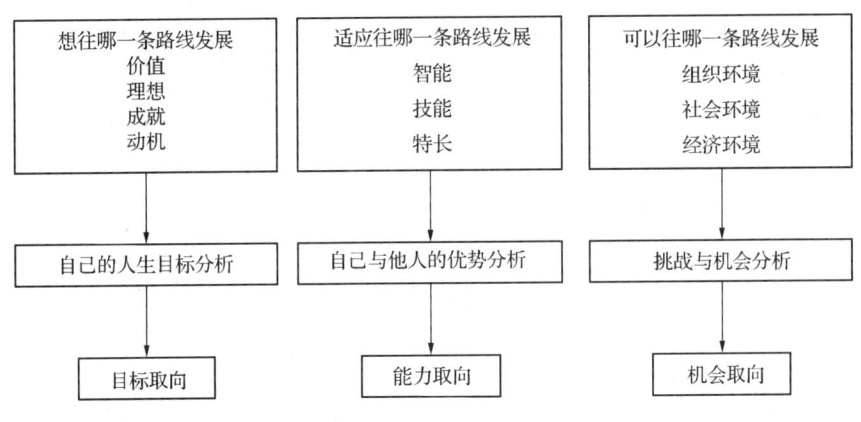

```
┌─────────────────┐   ┌─────────────────┐   ┌─────────────────┐
│想往哪一条路线发展│   │适应往哪一条路线发展│ │可以往哪一条路线发展│
│     价值        │   │      智能       │   │    组织环境     │
│     理想        │   │      技能       │   │    社会环境     │
│     成就        │   │      特长       │   │    经济环境     │
│     动机        │   │                │   │                │
└────────┬────────┘   └────────┬────────┘   └────────┬────────┘
         ↓                     ↓                     ↓
┌─────────────────┐   ┌─────────────────┐   ┌─────────────────┐
│ 自己的人生目标分析│   │自己与他人的优势分析│  │  挑战与机会分析  │
└────────┬────────┘   └────────┬────────┘   └────────┬────────┘
         ↓                     ↓                     ↓
    ┌─────────┐           ┌─────────┐           ┌─────────┐
    │ 目标取向 │           │ 能力取向 │           │ 机会取向 │
    └─────────┘           └─────────┘           └─────────┘
```

图1-5 职业生涯路线选择

职业生涯路线的选择是人生发展的重要环节之一。在职业目标确定后，面临的就是职业生涯路线选择的问题。如图1-6所示。

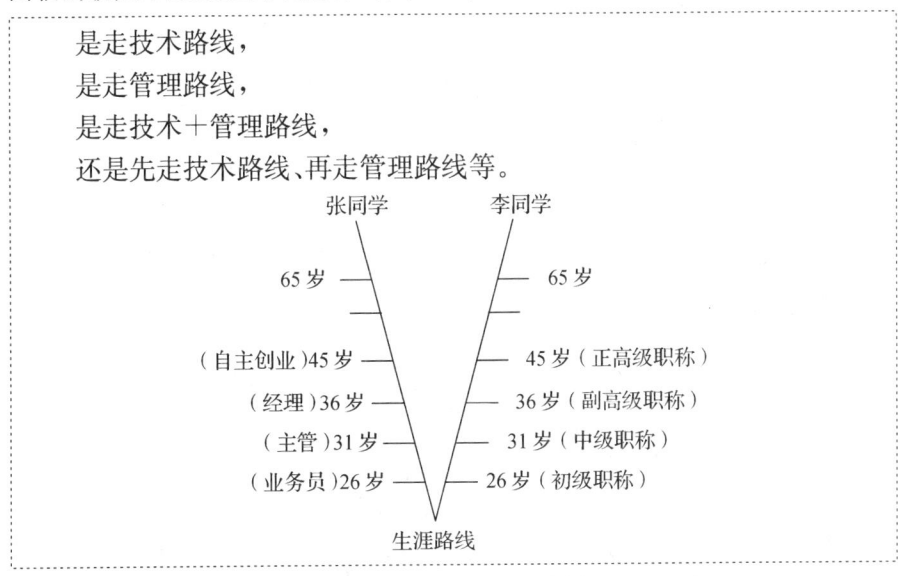

```
是走技术路线，
是走管理路线，
是走技术＋管理路线，
还是先走技术路线、再走管理路线等。

                    张同学    李同学
                     │         │
                  65岁│         │65岁
                     │         │
           (自主创业)45岁       45岁(正高级职称)
                     │         │
              (经理)36岁       36岁(副高级职称)
                     │         │
              (主管)31岁       31岁(中级职称)
                     │         │
            (业务员)26岁       26岁(初级职称)
                      ╲       ╱
                       生涯路线
```

图1-6 生涯路线的选择

由于发展路线不同，对职业发展的要求也就不同。即使同一职业也有不

同的岗位,有的人适合从事研究工作,可能在某一领域获得新的突破,成为一名专家学者;有的人则适合从事经营活动,能够在商业大海中建功立业,成为一名经营人才。如果一个人不具有管理才能,却选择了行政管理路线,这个人就很难成就事业。因此,在职业生涯规划中,必须对发展路线做出抉择,以便及时调整自己的学习、工作以及各种行动措施,使其沿着预定的方向前进。对于学生个人来说,职业生涯的路线的选择不是一步完成的,它大体包括求学期间职业理想的萌动与职业的认知;职业目标的初步确立;相关知识的学习和培训;毕业时职业信息的收集、筛选和运用;就业协议的签订;从业后职位的选定以及职业流动和岗位迁移等。

(五) 制定行动计划与措施

在确定了职业生涯的终极目标并选定职业生涯发展的路线后,制定行动计划与措施便成了关键环节。行动计划是指落实目标的具体措施,主要包括工作、训练、教育、学习等方面的措施。

训练模块

(1) 为达到工作目标,计划采取哪些措施提高学习、工作效率?

(2) 在业务素质方面,计划采取哪些措施提高知识、业务能力?

(3) 在潜能开发方面,计划采取哪些措施开发潜能、发挥潜能等?

(4) 参加公司的哪些教育、培训与轮岗?

(5) 构建怎样的人际关系网络?

(6) 业余时间参加哪些课程学习?

(六) 评估与修订

俗话说"计划赶不上变化"。影响大学生职业生涯规划的因素有很多,随着大学生年龄增长和阅历的不断丰富,其性格、兴趣和爱好以及职业倾向都有可能发生变化。另一方面,随着社会的发展变化,大学生走向职场的环境因素也在不断变化。职业生涯规划是长期持续的过程,要使生涯规划行之有效,就

必须不断对生涯规划进行评估与修改。其修改的内容包括职业的重新选择、生涯路线的选择、人生目标的修正和实施措施与计划的变更等。

四、职业生涯规划常见的错误观念

(一) "我的目标就是当主管"

"不想当将军的士兵不是好士兵",这句话激励着很多年轻人,但是,现实生活中我们面临的情况是,将军的位置永远都很少。如果大家的目标都是当"将军",那么这种主观愿望就会与客观条件产生差距,使你在执行计划时遇到许多挫折。因此,制定职业目标时要从实际出发、切实可行。

(二) "能做好下属就能做好主管"

有人认为,只要把本职工作做好就可以升任主管,其实不然。优秀的运动员不一定是好教练,一些表现优异的工程师、销售人员升任主管后却表现不佳,这是因为做好主管还需要专业技术以外的条件,如决策能力、协调能力、领导能力,所以,能胜任某个职位并不代表在其他职位也做得好。

(三) "成功的关键在于运气"

很多人认为别人成功是由于把握了好的机会,因此,他们被动地等待命运的安排,而不去主动地计划、经营和努力把握自己的生活。守株待兔的方式来等待机会的人注定不会成功。

(四) "我只做分内事,其他岗位、工作之外的事情与我无关"

有些人觉得只要做好本职工作就是完成任务了,其他的事情与我无关。然而在职业生涯规划当中,你肯定需要谋划更为长久的目标。比如你现在的职务是市场部策划人员,而你生涯规划的目标是总经理,那么在追求实现这个中期目标的过程当中,你需要了解、熟悉、掌握其他部门的情况,同时还要具备领导、管理、协调等多方面的能力,而这些能力有可能是通过本职工作之外的生活、工作来学习和获取。

(五) "邻家的饭菜总是更香,更好吃"

有些人总会有"这山望着那山高"的心态,总觉得别人的工作更理想,因此产生跳槽的想法。有些刚毕业的大学生在一年内就跳槽多家单位,而最后选择的单位也不一定就是能满足他的需求、能发挥其水平的平台。

一个怀有理想的大学生,不该去抱怨环境,因为路在自己的脚下,我们要通过探索自我、探索环境、确定目标,规划自己的大学生涯和职业生涯,描绘自

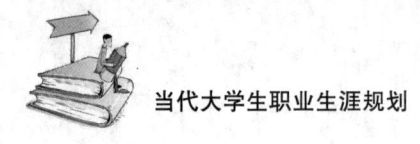

己的生涯蓝图。

最长的莫过于时间,因为它永远无穷尽,最短的也莫过于时间,因为我们所有的计划都来不及完成。

——法国思想家、文学家、哲学家 伏尔泰

有人说"其实人这一生非常短暂,眼一闭一睁,一天过去了,眼一闭不睁,这辈子就过去了",大学岁月匆匆,四年,也犹如眼一闭一睁,一晃即逝。大学四年,我们要做的事情有很多,要完成的目标有很多,只有我们给自己的人生设定了目标,我们内心深处那个勇敢、坚定、执着、不畏艰险的自己才会走出来,我们才能最大程度地激发自己的潜能,更好地迎接人生路上的各种挑战。

在你的内心深处
有一个英雄
你不必害怕自己是什么样的一个人
如果探索灵魂深处
你会发现答案
而所谓的痛苦便会消融
随后
英雄带着无穷的力量向你走来
让你抛开恐惧
确信困难终将被战胜
发掘自我
变得坚强
你会发现
英雄就在你心中

——歌曲《英雄》

附表

职业要素分析表

职业方向	职业志向(你最想做的)	
	职业要求	
	适合自己的职业和工种	

续表

因素	个人具备的条件	个人所欠缺的条件	我的措施
学历			
因素	个人具备的条件	个人所欠缺的条件	我的措施
专业			
能力专长			
兴趣爱好			
社交能力			
身体素质			
性格特征			
相关经验			

阻力与阻力分析表

推动你职业目标实现的积极因素	阻碍你职业目标实现的消极因素
(1)	(1)
(2)	(2)
(3)	(3)
能将积极因素最大化、将消极因素最小化、消除甚至转化为积极因素的行动	
(1)	
(2)	
(3)	
对本年度目标的自我分析与评估	
(1)	
(2)	
(3)	

延伸阅读

大学四年应该如此度过！

——李开复教授给当代大学生的一封信(节选)

就要毕业了。

回头看自己所谓的大学生活，

我想哭，不是因为离别，而是因为什么都没学到。

我不知，简历该怎么写，若是以往我会让它空白。

最大的收获也许是……对什么都没有的忍耐和适应……

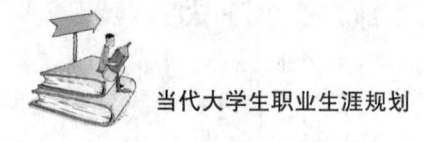

这封来信道出了不少大三、大四学生的心声。大学期间,有许多学生放任自己、虚度光阴,还有许多学生始终也找不到正确的学习方向。当他们被第一次补考通知唤醒时,当他们收到第一封来自应聘企业的婉拒信时,这些学生才惊讶地发现,自己的前途是那么渺茫,一切努力似乎都为时已晚……

以下内容是写给那些希望早些从懵懂中清醒过来的大学生,那些从未贪睡并希望把握自己的前途和命运的大学生以及那些即将迈进大学门槛的未来大学生们的。在这里,我想对所有同学说:

大学是人一生中最为关键的阶段。从入学的第一天起,你就应当对大学四年有一个正确的认识和规划。

大学四年每个人都只有一次,大学四年应这样度过……

自修之道:从举一反三到无师自通

记得我在哥伦比亚大学任助教时,曾有位中国学生的家长向我抱怨说:"你们大学里到底在教些什么?我孩子读完了大二计算机系,居然连 Visual Basic 都不会用。"

我当时回答道:"电脑的发展日新月异。我们不能保证大学里所教的任何一项技术在五年以后仍然管用,我们也不能保证学生可以学会每一种技术和工具。我们能保证的是,你的孩子将学会思考,并掌握学习的方法,这样,无论五年以后出现什么样的新技术或新工具,你的孩子都能游刃有余。"

她接着问:"学最新的软件不是教育,那教育的本质究竟是什么呢?"

我回答说:"如果我们将学过的东西忘得一干二净时,最后剩下来的东西就是教育的本质了。"

我当时说的这句话来自教育家 B. F. Skinner 的名言。所谓"剩下来的东西",其实就是自学的能力,也就是举一反三或无师自通的能力。大学不是"职业培训班",而是一个让学生适应社会,适应不同工作岗位的平台。在大学期间,学习专业知识固然重要,但更重要的还是要学习独立思考的方法,培养举一反三的能力,只有这样,大学毕业生才能适应瞬息万变的未来世界。我认识不少在中国读完大学来美国念研究生的朋友,他们认为来美国后,不论是学习、工作还是生活,他们最缺乏的是独立思考的能力,因为在国内时他们很少独立思考和独立决策。

上中学时,老师会一次又一次重复每一课里的关键内容。但进了大学以后,老师只会充当引路人的角色,学生必须自主地学习、探索和实践。走上工作岗位后,自学能力就显得更为重要了。微软公司曾做过一个统计:在每一名微软员工所掌握的知识内容里,只有大约 10% 是员工在过去的学习和工作中

积累得到的,其他知识都是在加入微软后重新学习的。这一数据充分表明,一个缺乏自学能力的人是难以在微软这样的现代企业中立足的。

自学能力必须在大学期间开始培养。许多同学总是抱怨老师教得不好,懂得不多,学校的课程安排也不合理。我通常会劝这些学生:"与其诅咒黑暗,不如点亮蜡烛。"大学生不应该只会跟在老师的身后亦步亦趋,而应当主动走在老师的前面。例如,大学老师在一个课时里通常要涵盖课本中几十页的信息内容,仅仅通过课堂听讲是无法把所有知识学通、学透的。最好的学习方法是在老师讲课之前就把课本中的相关问题琢磨清楚,然后在课堂上对照老师的讲解弥补自己在理解和认识上的不足之处。学生在学习知识时更多的是追求"记住"知识,而大学生就应当要求自己"理解"知识并善于提出问题。对每一个知识点,都应当多问几个"为什么"。一旦真正理解了理论或方法的来龙去脉,大家就能举一反三地学习其他知识,解决其他问题,甚至达到无师自通的境界。

大学生应该充分利用图书馆和互联网,培养独立学习和研究的本领,为适应今后的工作或进一步深造做准备。首先,除了学习老师规定的课程以外,大学生一定要学会查找书籍和文献,以便接触更广泛的知识和研究成果。例如,当我们在一门课上发现了自己感兴趣的课题,就应当积极去图书馆查阅相关文献,了解这个课题的来龙去脉和目前的研究动态。熟练和充分地使用图书馆资源,这是大学生特别是那些有志于科学研究的大学生的必备技能之一。读书时,应尽量多读一些英文原版教材。有些原版教材写得深入浅出,附有大量实例,比中文教材还适于自学。其次,在书本之外,互联网也是一个巨大的资源库,大学生们可以借助搜索引擎在网上查找各类信息。

总之,善于举一反三,学会无师自通,这是大学四年中你可以送给自己的最好的礼物。

基础知识:数学、英语、计算机、互联网

如果说大学是一个学习和进步的平台,那么,这个平台的地基就是大学里的基础课程。在大学期间,同学们一定要学好基础知识,其中包括数学、英语、计算机和互联网的使用,以及本专业要求的基础课程。

数学是理工科学生必备的基础。很多学生在高中时认为数学是最难学的,到了大学里,一旦发现本专业对数学的要求不高,就会彻底放松对数学知识的学习,而且他们看不出数学知识有什么现实的应用或就业前景。但大家不要忘记,绝大多数理工科专业的知识体系都建立在数学的基石之上。例如,要想学好计算机工程专业,那至少要把离散数学(包括集合论、图论、数理逻辑

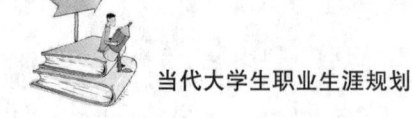

等)、线性代数、概率统计和数学分析学好;要想进一步攻读计算机科学专业的硕士或博士学位,可能还需要更高的数学素养。同时,数学也是人类几千年积累的智慧结晶,学习数学知识可以培养和训练人的思维能力。所以,大家一定要用心把数学学好,不能敷衍了事。学习数学也不能仅仅局限于选修多门数学课程,而是要知道自己为什么学习数学,要从学习数学的过程中掌握认知和思考的方法。

21世纪里最重要的沟通工具就是英语。有些同学在大学里只为了考过四级、六级而学习英语,有的同学仅仅把英语当作一种求职必备的技能来学习,甚至还有人认为学习和使用英语等于崇洋媚外。其实,学习英语的根本目的是掌握一种重要的学习和沟通工具。在未来的几十年里,世界上最全面的新闻内容、最先进的思想和最高深的技术,以及大多数知识分子间的交流都将用英语进行。因此,除非你甘心做一个与国际脱节的人,否则英语学习是至关重要的。

在21世纪里,使用计算机和网络就像使用纸和笔一样,是人人必备的基本功。不学好计算机,你就无法快捷全面地获得自己需要的知识或信息。

最后,每个特定的专业也有它自己的基础课程。以计算机专业为例,许多大学生只热衷于学习最新的语言、技术、平台、标准和工具,因为很多公司在招聘时都会要求这些方面的基础或经验。这些新技术虽然应该学习,但计算机基础课程的学习更为重要,因为固然语言和平台的发展日新月异,但只要学好基础课程(如数据结构、算法、编译原理、计算机原理、数据库原理等),就可以万变不离其宗。有位同学生动地把这些基础课程比拟为计算机专业的内功,而把新的语言、技术、平台、标准和工具比拟为外功。那些只懂得追求时髦的学生最终只知道些招式的皮毛,而没有内功的积累,他们是不可能成为真正的高手的。

虽然我一向鼓励大家追寻自己的兴趣,但在这里仍需强调,生活中有些事情即便不感兴趣也是必须要做的。例如,打好基础,学好数学、英语和计算机的使用就是这一类必须做的事情。如果你对数学、英语和计算机有兴趣,那你是幸运儿,可以享受学习的乐趣;但就算你没有兴趣,你也必须把这些基础打好。打基础是苦功夫,不愿吃苦是不能修得正果的。

实践贯通:做过的才真正明白

有一句关于实践的谚语是这样说的,"我听到的会忘掉,我看到的能记住,我做过的才真正明白"。

无论学习何种专业、何种课程,如果能在学习中努力实践,做到融会贯通,

我们就可以更深入地理解知识体系,可以牢牢地记住学过的知识。因此,我建议同学们多选些与实践相关的专业课。实践时,最好是几个同学合作,这样,既可以经过实践理解专业知识,也可以学会如何与人合作,培养团队精神。如果有机会在老师手下做些实际的项目,或者走出校门打工,只要不影响课业,这些做法都是值得鼓励的。外出打工或做项目时,不要只看重薪酬待遇(除非生活上确实有困难)。有时候,即便待遇不满意,但有许多培训和实践的机会,我们也值得一试。

以计算机专业为例,实践经验对于软件开发来说更是必不可少的。微软公司希望应聘程序员的大学毕业生最好有十万行的编程经验。理由很简单:实践性的技术要在实践中提高。计算机归根结底是一门实践的学问,不动手是永远也学不会的。因此,最重要的不是在笔试中考高分,而是实践能力。但是,在与中国学生的交流过程中,我很惊讶地发现,中国某些学校计算机系的学生到了大三还不会编程。这些大学里的教学方法和课程的确需要更新。如果你不巧是在这样的学校中就读,那你就应该从打工、自学或上网的过程中寻求学习和实践的机会。在网上可以找到许多实践项目,例如,有一批爱好编程的学生建立了一个讨论软件技术的网站(www.diyinside.com),在其中共享他们的知识和实践经验,并成功举办了很多次活动(如在各大高校举办校园技术教育会议),还出版了帮助学生提高技术、解答疑难方面的图书,该网站有多位成员获得了"微软最有价值的专家"的称号。

培养兴趣:开阔视野,立定志向

有些同学问我,如何像我一样能找到自己的兴趣呢?我觉得,首先要客观地评估和寻找自己的兴趣所在,不要把社会、家人或朋友认可和看重的事当作自己的爱好;不要以为有趣的事就是自己的兴趣所在,而是要亲身体验它并用自己的头脑做出判断;不要以为有兴趣的事情就可以成为自己的职业,例如,喜欢玩网络游戏并不代表你会喜欢或有能力开发网络游戏;不要以为有兴趣就意味着自己有这方面的天赋,不过,你可以尽量寻找天赋和兴趣的最佳结合点,例如,如果你对数学有天赋但又喜欢计算机专业,那么你完全可以做计算机理论方面的研究工作。

最好的寻找兴趣点的方法是开拓自己的视野,接触众多的领域。唯有接触你才能尝试,唯有尝试你才能找到自己的最爱。而大学正是这样一个可以让你接触并尝试众多领域的独一无二的场所。因此,大学生应当更好地把握在校时间,充分利用学校的资源,通过使用图书馆资源、旁听课程、搜索网络、听讲座、打工、参加社团活动、与朋友交流、使用电子邮件和电子论坛等不同方

式接触更多的领域、更多的工作类型和更多的专家学者。当年,如果我只是乖乖地到法律系上课,而不去尝试旁听计算机系的课程,我就不会去计算机中心打工,也不去找计算机系的助教切磋,就更不会发现自己对计算机的浓厚兴趣。

通过开阔视野和接触尝试,如果你发现了自己真正的兴趣爱好,这时就可以去尝试转系的可能性,尝试课外学习、选修或旁听相关课程;你也可以去找一些打工或假期实习的机会,进一步理解相关行业的工作性质;或者,努力去考自己感兴趣专业的研究生,重新进行一次专业选择。其实,本科读什么专业并不能完全决定毕业后的工作方向,正如我所强调的那样,大学期间的学习过程培养的是你的学习能力,只要具备了这种能力,即使从事的是全新的工作,你也能在边做边学的过程中获取足够的知识和经验。

除了"选你所爱",大家也不妨试试"爱你所选"。有些同学后悔自己在入学时选错了专业,以至于对所学的专业缺乏兴趣,没有学习动力;有些同学则因为追寻兴趣而"走火入魔",毕业后才发现荒废了本专业的课程;另一些同学因为在学习上遇到了困难或对本专业抱有偏见,就以兴趣为借口,不愿意面对自己的专业。这些做法都是不正确的。在大学中,转系可能并不容易,所以,大家首先应尽力试着把本专业读好,并在学习过程中逐渐培养自己对本专业的兴趣。此外,一个专业里可能有很多不同的领域,也许你对专业里的某一个领域会有兴趣。现在,有很多专业发展了交叉学科,两个专业的结合往往是新的增长点。因此,只要多接触、多尝试,你也许就会碰到自己真正感兴趣的方向。"数字笔"的发明人王坚博士在微软亚洲研究院负责用户界面的研究,可是谁又能想到他从本科到博士所学的都是心理学专业,而用户界面又正是计算机和心理学专业的最佳结合点。另一方面,就算你毕业后要从事其他的行业,你依然可以把自己的专业读好,这同样能成为你在新行业中的优势。例如,有一位同学不喜欢读工科,想毕业后进入服务业发展,我就建议他先把工科读好,将来可以在服务业中以精通技术作为自己的特长。

积极主动:果断负责,创造机遇

从大学的第一天开始,你就必须从被动转向主动,你必须成为自己未来的主人,你必须积极地管理自己的学业和将来的事业,理由很简单:因为没有人比你更在乎你自己的工作与生活。"让大学生活对自己有价值"是你的责任。许多同学到了大四才开始做人生和职业规划,而一个主动的学生应该从进入大学时就开始规划自己的未来。

积极主动的第一步是要有积极的态度。纳粹德国某集中营的一位幸存者

维克托·弗兰克尔曾说过："在任何特定的环境中，人们还有一种最后的自由，就是选择自己的态度。"

积极主动的第二步是对自己的一切负责，勇敢面对人生。不要把不确定的或困难的事情一味搁置起来。比如说，有些同学认为英语重要，但学校不考试就不学英语；或者，有些同学觉得自己需要参加社团磨炼人际关系，但是因为害羞就不积极报名。但是，我们必须认识到，不去解决也是一种解决，不做决定也是一个决定，这样的解决和决定将使你面前的机会丧失殆尽。对于这种消极、胆怯的作风，你终有一天会付出代价的。

积极主动的第三步是要做好充分的准备：事事用心，事事尽力，不要等机遇上门，要把握住机遇，创造机遇。中国科技大学校长朱清时院士在大三时被分配到青海做铸造工人。但他不像其他同学那样放弃学习，整天打扑克、喝酒。他依然终日钻研数理化和英语。六年后，中国科学院要在青海做一个重要的项目，这时朱清时就脱颖而出，开始了他辉煌的事业。很多人可能说他运气好，被分配到缺乏人才的青海，才有这机会。但是，如果他没有努力学习，也无法抓住这个机遇。所以，做好充分的准备，当机遇来临时，你才能抓住它。

积极主动的第四步是"以终为始"，积极地规划大学四年。任何规划都将成为你某个阶段的终点，也将成为你下一个阶段的起点，而你的志向和兴趣将为你提供方向和动力。如果不知道自己的志向和兴趣，你应该马上做一个发掘志向和兴趣的计划；如果不知道毕业后要做什么，你应该马上制定一个尝试新领域的计划；如果不知道自己最欠缺什么，你应该马上写一份简历，找你的老师、朋友打分，或自己审阅，看看哪里需要改进；如果毕业后想出国读博士，你应该想想如何让自己在申请出国前有具体的研究经验和学术论文；如果毕业后想进入某个公司工作，你应该收集该公司的招聘广告，以便和你自己的履历对比，看自己还欠缺哪些经验。只要认真制订、管理、评估和调整自己的人生规划，你就会离你自己的目标越来越近。

掌控时间：事分轻重缓急，人应自控自觉

除了积极主动的态度，大学生还要学会安排自己的时间，管理自己的事务。一位同学是这么描述大学生活的：

"大学和高中相比似乎没有什么太大的区别，每天依旧是学习，每次考试后依旧是担心考试成绩……不同的只是大学里上网的时间和睡觉的时间多了很多，压力也小了很多。"

这位同学并不明白，"时间多了很多"正是大学与高中之间巨大的差别。时间多了，就需要自己安排时间、计划时间、管理时间。

安排时间除了做一个时间表外,更重要的是"事分轻重缓急"。在《高效能人士的七个习惯》一书中,作者史蒂芬·柯维提出,未区分"重要事"和"紧急事"的差别是人们浪费时间的最大原因之一。因为人的惯性是先做最紧急的事,但这么做会导致一些重要的事被荒废掉。例如,我认为这篇文章里谈到的各种学习都是"重要的",但它们不见得都是老师布置的必修课业,采纳我的建议的同学们依然会因为考试、交作业等紧急的事情而荒废了打好基础、学习做人等重要的事情。因此,每天管理时间的一种好方法是,早上确定今天要做的紧急事和重要事,睡前回顾一下,这一天有没有做到两者的平衡。

大学四年是最容易迷失方向的时期。大学生必须有自控的能力,让自己交些好朋友,学些好习惯,不要沉迷于对自己无益的习惯(如网络游戏)里。一位积极、主动的中国学生在"开复学生网"上劝告其他同学:"不要玩游戏,至少不要玩网络游戏。我所认识的专业水平比较高的大学朋友中没有一个玩网络游戏的。沉迷于网络游戏是对于现实的逃避,是不愿面对自己不足的一面。我认为,要脱离网络游戏,就得珍惜自己宝贵的大学时间,找到自己感兴趣的方向,做一些有意义并能给自己带来满足感的事情。"

为人处事:培养友情,参与群体

"人际交往能力不够强,人际圈子不够广,但又没有什么特长可以引起大家的注意,在社团里也不知道怎么和其他人有效地建立联系。"这是一些大学生在人际交往方面经常遇到的困惑。对于如何在大学期间提高人际交往能力,我的建议是:

第一,以诚待人,以责人之心责己、以恕己之心恕人。对别人要抱着诚挚、宽容的胸襟,对自己要怀着自我批评、有过必改的态度。与人交往时,你怎样对待别人,别人也会怎样对待你。因此,当你想修正别人时,你应该先修正自己。你想别人怎么对你,你就应该怎么对人。你想他人理解你,你就要首先理解他人。

第二,培养真正的友情。如果能做到第一点,很多大学时的朋友就会成为你一辈子的知己。在一起求学和寻求自身发展的道路上,这样的友谊弥足珍贵。此外,大学时谈恋爱也可以教你如何照顾别人,提高自控力,但恋爱这件事要随缘,不必为了谈恋爱而谈恋爱。

第三,学习团队精神和沟通能力。社团是微观的社会,参与社团是步入社会前最好的磨炼。在社团中,可以培养团队合作的能力和领导才能,也可以发挥你的专业特长。但更重要的是,你要做一个诚心诚意的服务者和志愿者,或在担任学生工作时主动扮演同学和老师之间沟通桥梁的角色,并以此锻炼自

己的沟通能力,为同学和老师服务。这样的学习过程也不会很轻松,挫折是肯定有的,但是不要灰心,大学社团里的人际交往是一种不用"付学费"的学习,犯了错误也可以重头来过。

第四,从周围的人身上学习。在班级里、社团中,多观察周围的同学,特别是那些你觉得交往能力和沟通能力特别强的同学,看他们是如何与人相处的。比如,看他们如何处理交往中的冲突、如何说服他人和影响他人、如何发挥自己的合作和协调能力、如何表达对他人的尊重和真诚、如何表示赞许或反对、如何在不冒犯他人的情况下充分展示个性,等等。通过观察和模仿,你渐渐地会发现,自己的人际交往能力会有意想不到的改进。

第五,提高自身修养和人格魅力。如果觉得没有特长、没有爱好可能会成为自己人际交往能力提高的一个障碍,那么,你可以有意识地去选择和培养一些兴趣爱好。共同的兴趣和爱好也是你与朋友建立深厚感情的途径之一。很多在事业上有所建树的人都不是只会闭门苦读的书呆子,他们大多都有自己的兴趣和爱好。我在微软亚洲研究院的同事中就有绘画、桥牌和体育运动方面的高手。业余爱好不仅是人际交往的一种方式,还可以让大家发掘出自己在读书以外的潜能。

所以,学会与人相处,这也是大学中的一门"必修课"。

对大学生们的期望

踏入大学校门时,你还是一个忙碌的、青涩的、被动的、为分数读书的、被家庭保护着的中学毕业生。

就读大学时,你应当掌握七项技能:学好自修之道、基础知识、实践贯通、兴趣培养、积极主动、掌控时间、为人处事。

经过大学四年,你会从思考中确立自我,从学习中寻求真理,从独立中体验自主,从计划中把握时间,从交流中锻炼表达,从交友中品味成熟,从实践中赢得价值,从兴趣中获取快乐,从追求中获得力量。

离开大学时,只要做到了这些,你最大的收获将是"对什么都可以拥有的自信和渴望"。你就能成为一个有潜力、有思想、有价值、有前途的中国未来的主人翁。

第二章 知己——职业生涯自我探索

教学目标

知识：理解自我认知的概念
技能：能够描绘职业自我的框架结构
理念：树立自我认知需要结合多种方法及长期性和动态性意识

自知者明

别过于高估自己，也勿过于低估他人

第二章 知己——职业生涯自我探索

先行阅读

阿斌是一所重点大学的硕士研究生,学计算机编程的。今年就要毕业的他即将面对自己未来的职业之路。他来到成功职业指导中心咨询时,说:"我知道自己很擅长编程,但现在的 IT 技术更新换代很快,搞技术没有积累。现在学的技术是最新的,10 年后,这些技术就过时了,到时我学新技术又没有年轻人快;而与人打交道有积累,我来测试主要是想看看能否从事与人打交道的工作。"

职业顾问陈工说:"你还没有毕业就想得这么远!"

陈工先给他做了直觉测试,他说:"我知道自己是一个喜欢探索、分析、研究问题的人,也喜欢与机器、数据打交道,但是我想一毕业就从事与人打交道的工作,这样通过锻炼来突破自己的性格。""我不喜欢自己,觉得自己是一个很闷的人。""我不会表达。如果别人问我一件事情怎么做,我说不清楚,只好说:我做给你看。""我的记忆力很差,刚看过的书,一会儿就忘了。"陈工说:"那你编程时也会忘记需要的东西吗?"

他说:"不会,而且有些东西不用记,可以查资料。"

陈工分析他的性格、天赋,发现他看问题看得很远、很透。跟他交谈时,发现他对问题的本质很敏感,一提到某个事情,他马上就想到这个事情将会带来什么后果——他的思维深度似乎都可以做基础理论研究了。陈工问他:"你怎么看爱因斯坦?"他说:"我不喜欢爱因斯坦那样的生活。"

陈工说:"你怎么知道爱因斯坦的生活很枯燥!爱因斯坦经常接触各种各样的人,也很懂得欣赏音乐呀!"

后来阿斌发来电子邮件,说有两个公司愿意跟他签约,一个是珠海一家金融单位,另一个是广州一家 IT 公司,问我们有没有什么建议。

陈工回复说:总的原则是你要搞技术或理论研究,包括软件开发,一切以有利于向这个职业方向发展为原则。当然,没有别的选择时,现有的机会可以作为过渡。

过了两个星期,阿斌又来电邮说:我又有留校的机会,我现在倾向于选择留校,估计你们也会赞成我留校。陈工回复他说:留校当然是一个更适合你的选择。

职业成功的秘诀就是做自己最擅长的工作。不要羡慕别人的长处,不要绞尽脑汁地琢磨怎样才能像别人那样擅长某方面,不要幻想成为别人。总之,一句话——做回你自己。

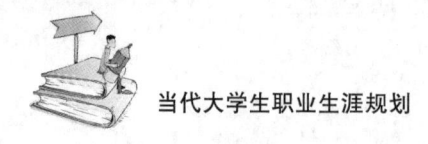

你是否觉得案例中的阿斌很了解自己,同时也很坦诚地承认自己的缺点和优点?你能做到像阿斌一样吗?阿斌是如何确定自己的职业生涯目标的?

第一节　自我认知

古语有云"人贵有自知之明","知人者智,自知者明。胜人者有力,自胜者强"。认识自我应该从两方面讲,即长处与短处。认识别人总比认识自己来得容易。

人贵有自知之明,体现出人有自知之明的重要性和可贵性,因而,人能够认识自我,正确评价自己是难能可贵的。能够正确认识自己,不但对职业生涯很可贵,就是对于平时做人做事都是相当重要的。只有能够正确认识了自己,才能够做出适合自己,适合环境的正确做法。人生就是一连串选择的过程,每一个人都应该选择一个比较适合自己的生活方式,选择职业更是如此。俗话说:男怕入错行,女怕嫁错郎。现代社会众多男女都在经营着自己的职业,因此男女都怕入错行。即将毕业的大学生,由于缺乏对社会的认知和理解,或者对自身的个性、特质、能力、专长缺乏清晰了解,学会清晰规划自己未来的职业方向,是有很大价值和意义的。

一、自我认知的内涵

自我认知(self-cognition)也叫自我意识,或叫自我,是个体的自我观察,包括对自己的行为和心理状态的认知。自我观察是指对自己的感知、思维和意向等方面的觉察;自我评价是指对自己的想法、期望、行为及人格特征的判断与评估,这是自我调节的重要条件。自我意识是对自己身心活动的觉察,即自己对自己的认识,具体包括认识自己的生理状况(如身高、体重、体态等)、心理特征(如兴趣、能力、气质、性格等)以及自己与他人的关系(如自己与周围人们相处的关系,自己在集体中的位置与作用等)。进行自我认知、自我体验的训练目的是进行自我监控,调节自己的行为,使行为符合群体规范,符合社会道德要求,通过自我监控调节自己的认识活动,提高学习效率。

其次,自我认知从内容上可分为生理自我、心理自我和社会自我。生理自我是指一个人对自己身高、体重、容貌、身材、性别等身体的认识以及对生理病痛、温饱饥饿、劳累疲乏的感受等,生理自我是自我认知的最初形态。心理自我是个人对自己心理活动、个性特征、心理品质的认识、体验和愿望,包括对自己的性格、智力、记忆、思维、理想、气质、需要、动机和价值观等方面的认知和

体验。社会自我是个人对自己与他人的社会关系状态的意识,主要包括对个人的社会角色和地位、所承担的社会义务和所拥有的权利的意识等。

再次,个体对于自我的存在,行为和心理的认知会有一个发展过程。刚开始是比较模糊的,所以小孩子经常会出于好奇心而做一些危险的事情。这个时候他们的自我意识是比较朦胧的。在经过不断地试错和加深记忆以及思考学习后,他们对于自我肌体的存在就渐渐成熟,随后才会对自己的行为有意识,会区分那些危险和安全的行为,然后决定是否要做,最后才是对于自我心理的认知。一般来说,一个人的思维和想象力达到一定程度后才会具备这种察觉自我心理变化的能力。个体开始区分个人肌体行为和心理行为的差异是自我心理认知的开始。认识自我,实事求是地评价自己,是自我调节和人格完善的重要前提。

二、自我认知对大学生职业规划的重要意义

科学的人生规划首先取决于对"现实自我"的把握。现在的大学生大多数为家庭中的独生子女,受成长环境、传统观念和应试教育体制的影响,大学生的自我认知状况并不乐观,相当一部分学生的自我认知弱,或对自己的兴趣、能力没有正确的认识。即使部分学生认为个人的自我认知状况良好,但当被问及自己的性格、兴趣、气质类型、能力和价值观时,仍然无法说得清楚。职业生涯规划要求个体在充分自我认知的前提下,根据自身的性格、兴趣、特点、价值观及所具备的优势等,将自己定位在一个最能发挥自己长处的位置,选择最适合自己的职业。

其次,科学的人生规划取决于对"理想自我"的合理定位。自我的心理认知是一种比较高级的认知能力。对于教育程度低或者智力程度比较低的人,也许终身也不具备这种自我的认知。而对于有些人,则能够超越这种心理认知。心理认知一般来说是一个无限的过程,因为心理活动本身是无限的,它会跟随个人经历和记忆以及思想和想象力不断地发展。因此凡是出现和前一阶段或者时期不同的心理活动后,个体对自我的心理认知将会有一个总结和重新调整。

所以,在进行职业定位之前,大学生应做好对自身条件全面客观的分析。自我认知是职业定位的基础,是成功规划职业生涯的基础。如果一个人看不到自我的优点,觉得处处不如别人,则容易产生自卑心理,做事畏缩不前,无法发挥个人潜能;相反,如果一个人过高地估计自己,也容易骄傲自大、盲目乐观,使现实与理想脱节,职业定位难以准确。

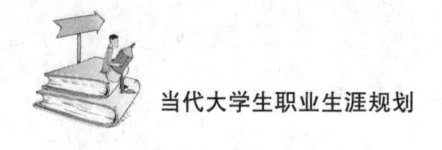

三、自我认知的方法

（一）测量法

首先可利用专业测评工具，提高自我认知的水平。目前，自我认知的方法主要有自我测试和计算机测试法。自我测试是一种比较简便经济的自我分析法。测试题目是心理学家们经过精心的研究设定的，只要如实回答，就能大概了解自己。这里所提的如实回答，是指在自测时，你认为怎么答，就怎么答，而不是参照他人的看法去回答，这一点应特别值得注意。否则，你的自测结果就不能反映你的真实情况，失去自测的意义，更为严重的是，以不真实的自测结果为基础去设计自己的人生，将起到误导的作用，导致自己的事业发展失败。因此，在回答自测问题时，不要考虑别人会怎么认为，别人会怎么想，怎么答才算正确，怎样答才符合社会常理，等等。一定要凭第一感觉回答问题，按照自己的认识，自己的习惯去答，这样才有实际意义。计算机测试法是现代常用的测试手段，比较科学准确。应用心理测验时要在专业人士的指导下测验并重视结果。

（二）比较法

通过比较的方法进行自我认知。古语云："以人为鉴，可以明得失。"事实上，大学生在很多方面都在与周围的同学做比较，成绩的高低、奖项获得的多少等，都是他们比较的内容。一般来说，通过与他人比较可以发现自己的长处，看到自己取得的成绩，也可以认识到自己的不足，意识到自己在哪些方面应该更加努力，如何才能做到扬长避短等。试想，一名求职者若不分析自己和竞争对手的情况，不做比较，就很难明白自己的优势和劣势，就难以清楚求职准备中应努力的方向，也难以判断自己此次求职成功的概率。

（三）内省法

内省法即是通过反省自己、分析自己来了解自己的方法。古人云，"吾日三省吾身"，可见，反省自己对认识、把握自己是很有好处的。我们可以通过回答"我是谁"来反省、分析，并进而认识、了解自己。即将"我是……"补充成一句完整的话，并尽可能多写，写的句子越多越好。原则上说，如果写出的句子少于7句，则认为是过于压抑自己，自己未能对自己有较为全面的认识。

（四）他人评价法

他人评价法即通过别人的评价来认识、了解自己的方法。自己做某件事，若总得到别人的肯定，那么自己在这方面就是比较优秀的。相反，就是比较差了。当然，对他人的评价，我们也不能全盘接受或全盘否定，但要注意：首先要

特别重视与自己关系密切的人对自己的评价,因为他们对我们比较了解,评价也会较为全面、客观;其次,在大多数情况下要重视人数众多、异口同声的评价。有时,别人的意见我们的确难以接受,但"良药苦口,忠言逆耳",而且,俗话说"当局者迷,旁观者清",许多时候,自己还是要多听听别人对我们的评价,对于别人的评价要客观分析,虚心接受。

(五) 其他

通过参加培训、专家讲座等方式进行自我认知。大学生可以通过参加学校举办的相关的教育活动、讲座、论坛等提升自我认知的理论水平,深化学生的自我认知。一个人对自身的认识难免有偏差,因此在认识自我方面有必要借助于他人对自己的评价。大学生可以向任课老师、辅导员、家长或者同学等请教。结合自我认知的理论学习,参考周围人对自己的评价,可以让自我认知更加全面、客观。

小练习

自我介绍

请你做一个3分钟的自我介绍,这是用人单位一般都会提的一个问题,想象自己马上要参加一个面试,面对这个问题,你会怎么说?

_____

_____

通过上面的练习,你能分析出哪些是外在自我,哪些是心理自我和社会自我?

第二节 职业兴趣

近日,某综合类大学就业指导中心对2 000余名2016届毕业生作就业指导讲座,讲座开始前,首先对学生做了一个调查,让学生就求职择业提一个自己最关心的问题,下面是同学们提的几个典型问题。

问题1:马上要毕业了,可我不知道应该去做什么工作,不知道什么工作适合我。

问题2:谈到自己的就业打算,我有时想去南方挣钱,有时想到国家机关工作,有时又想,干脆到我们那的小工厂干算了。为此我很苦恼,请帮帮我。

问题3:很多同学都决心到"三资企业"工作,我是一名女生,学习成绩还

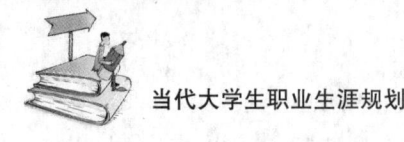

比较优秀,本来是想去当老师,但觉得大势所趋,也应该去碰碰运气,尽管我知道竞争非常激烈,能否帮我想想办法?

上述这些问题,都涉及当前求职择业中一个很重要的问题,即职业选择问题。据该校就业指导中心老师介绍。近年来,他们学校的许多毕业生之所以难以顺利实现就业,其重要原因与他们的职业选择不正确有很大的关系,就业指导中心老师在回答以上问题时,以"职业选择三前提"为内容,向毕业生宣讲。

第一个前提:你想干什么或你喜欢干什么?即职业兴趣的确定;

第二个前提:你能干什么?即职业素质的具备状况;

第三个前提:你面临的就业环境允许你干什么?即机会、条件、渠道是否具备。

只有考虑三个方面的综合因素,才能做出正确的职业选择。事实上,以上三个前提条件中,笔者认为职业兴趣的作用最为显著。许多研究已经指出,仅仅具备职业素质和就业环境并不能决定人职业生涯的成功。任何一个想在工作和事业上取得成就的人,关键的第一步就是必须对自己的工作和事业有强烈的兴趣,古今中外凡在事业上有成就者无不对自己的职业充满浓厚的兴趣。获得诺贝尔物理奖的华人科学家丁肇中曾说过:"兴趣比天才重要。"爱迪生就是个很好的例子,他几乎每天都在实验室里辛苦工作十几个小时,在那里吃饭、睡觉,但丝毫不以为苦,"我一生中从未间断过一天工作","我每天都其乐无穷",兴趣促使他在事业上获得了巨大成功。本节从职业兴趣的内涵入手,尝试阐述职业兴趣的定义、分类、影响其形成的因素,进而探讨职业兴趣的培养方法。

一、什么是职业兴趣

兴趣是个体积极探索某种事物,并带有积极情绪色彩的心理倾向,是对客观事物所表现的选择性态度,"积极的情绪色彩"是指个体乐意关注该事物,愿意了解与之有关的知识,愿意探索与之有关的未知领域。在了解和探索的过程中愿意为之付出极大的代价。也可以说兴趣是活动的重要动力之一,是活动成功的重要条件。当兴趣的探索对象指向某种职业时,就形成职业兴趣。职业兴趣即指一个人力求认识、接触和掌握某种职业或专业的心理倾向。

一个人的职业兴趣在寻求专业或职业的过程中起着至关重要的作用。首先,职业兴趣是人们职业选择的重要依据,一旦对某种职业有浓厚的兴趣,人们就会坚定地追求这一职业,尽心尽力地去工作;其次,职业兴趣可以使人更快地熟悉并适应职业环境和职业角色。因为兴趣可以通过工作动机促使能力

的发挥,兴趣和能力的合理结合会大大提高工作效率;第三,在职业活动中,职业兴趣能发挥个体的主动性和创造性,开发个体的潜力,使个体在职业活动中取得新的发现、新的成果,促进个人的进步和社会的发展。由此可见,职业兴趣的研究,无论是对于个人寻求理想职业、充分实现个人自身价值,还是对于组织人力资源的开发利用、生产效率的提高都具有重要的意义。

二、职业兴趣的类型

约翰·霍兰德(John Holland)是美国约翰·霍普金斯大学的心理学教授,美国著名的职业指导专家。他于1959年提出了具有广泛社会影响的职业兴趣理论。认为人的人格类型、兴趣与职业密切相关,兴趣是人们活动的巨大动力,凡是具有职业兴趣的职业,都可以提高人们的积极性,促使人们积极地、愉快地从事该职业,且职业兴趣与人格之间存在很高的相关性。霍兰德认为人格可分为社会型、企业型、事务型、实用型、研究型和艺术型6种类型。如表2-1所示。

1. 社会型(S)

共同特征:喜欢与人交往、不断结交新的朋友、善言谈、愿意教导别人。关心社会问题、渴望发挥自己的社会作用。寻求广泛的人际关系,比较看重社会义务和社会道德。典型职业兴趣:喜欢要求与人打交道的工作,能够不断结交新的朋友,从事提供信息、启迪、帮助、培训、开发或治疗等事务,并具备相应能力。如:教育工作者(教师、教育行政人员),社会工作者(咨询人员、公关人员)。

2. 企业型(E)

共同特征:追求权力、权威和物质财富,具有领导才能。喜欢竞争、敢冒风险、有野心、抱负。为人务实,习惯以利益得失、权利、地位、金钱等来衡量做事的价值,做事有较强的目的性。典型职业兴趣:喜欢要求具备经营、管理、劝服、监督和领导才能,以实现机构、政治、社会及经济目标的工作,并具备相应的能力。如项目经理、销售人员、营销管理人员、政府官员、企业领导、法官、律师。

3. 事务型(C)

共同特点:尊重权威和规章制度,喜欢按计划办事,细心、有条理,习惯接受他人的指挥和领导,自己不谋求领导职务。喜欢关注实际和细节情况,通常较为谨慎和保守,缺乏创造性,不喜欢冒险和竞争,富有自我牺牲精神。典型职业兴趣:喜欢要求注意细节、精确度、有系统、有条理,具有记录、归档、据特定要求或程序组织数据和文字信息的职业,并具备相应能力。如:秘书、办公室人员、记事员、会计、行政助理、图书馆管理员、出纳员、打字员、投资分析员。

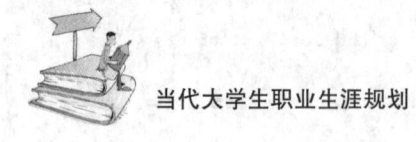

4. 实用型(R)

共同特点:愿意使用工具从事操作性工作,动手能力强,做事手脚灵活,动作协调。偏好于具体任务,不善言辞,做事保守,较为谦虚。缺乏社交能力,通常喜欢独立做事。典型职业兴趣:喜欢使用工具、机器,需要基本操作技能的工作。对要求具备机械方面才能、体力或从事与物件、机器、工具、运动器材、植物、动物相关的职业有兴趣,并具备相应能力。如:技术性职业(计算机硬件人员、摄影师、制图员、机械装配工),技能性职业(木匠、厨师、技工、修理工、农民、一般劳动)。

5. 研究型(I)

共同特点:思想家而非实干家,抽象思维能力强,求知欲强,肯动脑,善思考,不愿动手。喜欢独立的和富有创造性的工作。知识渊博,有学识才能,不善于领导他人。考虑问题理性,做事喜欢精确,喜欢逻辑分析和推理,不断探讨未知的领域。典型职业兴趣:喜欢智力的、抽象的、分析的、独立的定向任务,要求具备智力或分析才能,并将其用于观察、估测、衡量,形成理论,最终解决问题的工作,并具备相应的能力。如科学研究人员、教师、工程师、电脑编程人员、医生、系统分析员。

6. 艺术型(A)

共同特点:有创造力,乐于创造新颖、与众不同的成果,渴望表现自己的个性,实现自身的价值。做事理想化,追求完美,不重实际。具有一定的艺术才能和个性。善于表达、怀旧、心态较为复杂。典型职业兴趣:喜欢的工作要求具备艺术修养、创造力、表达能力和直觉,并将其用于语言、行为、声音、颜色和形式的审美、思索和感受,具备相应的能力。不善于事务性工作。如:艺术方面(演员、导演、艺术设计师、雕刻家、建筑师、摄影家、广告制作人),音乐方面(歌唱家、作曲家、乐队指挥),文学方面(小说家、诗人、剧作家)。

霍兰德经过多年研究,得出人格—职业类型匹配理论(简称 RIASEC 理论),即将人格类型划分为六种,每一种人格都有与之相匹配的职业类型,描述出六种人格特征,并与相应的职业类型对应。人格—职业类型匹配理论经过几十年的验证和检验,体系完善,符合逻辑和实证的科学标准,并且有广泛的应用实例,因此在职业兴趣研究领域影响最大,其职业兴趣分类的标准也得到了大多数人认可。

然而,大多数人都并非只有一种性向(比如,一个人的性向中很可能是同时包含着社会性向、实际性向和调研性向这三种)。霍兰德认为,这些性向越相似,相容性越强,则一个人在选择职业时所面临的内在冲突和犹豫就会越

少。为了帮助描述这种情况,霍兰德建议将这六种性向分别放在一个正六三角形的每一角。

员工的工作满意度与流动倾向性,取决于个体的人格特点与职业环境的匹配程度,当人格和职业相匹配时,会产生最高的满意度和最低的流动率。例如,社会型的个体应该从事社会型的工作,社会型的工作对现实型的人则可能不合适。

霍兰德所划分的六大类型,并非并列的、有着明晰的边界的。他以六边形标示出六大类型的关系(如图 2-1 所示)。

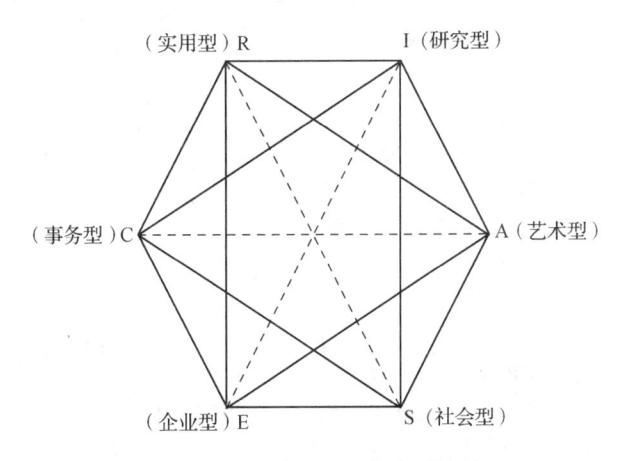

图 2-1 霍兰德职业六大类型的关系

1) 相邻关系,如 RI 与 IR、IA 与 AI、AS 与 SA、SE 与 ES、EC 与 CE、RC 与 CR。属于这种关系的两种类型的个体之间共同点较多,现实型 R、研究型 I 的人就都不太偏好人际交往,这两种职业环境中也都较少机会与人接触。

2) 相隔关系,如 RA 与 RE、IC 与 IS、AR 与 AE、SI 与 SC、EA 与 ER、CI 与 CS,属于这种关系的两种类型个体之间共同点较相邻关系少。

3) 相对关系,在六边形上处于对角位置的类型之间即为相对关系,如 RS 与 IE、AC 与 SR、EI 与 CA 即是,相对关系的人格类型共同点少,因此,一个共同人同时对处于相对关系的两种职业环境都兴趣很浓的情况较为少见。

人们通常倾向选择与自我兴趣类型匹配的职业环境,如具有现实型兴趣的人希望在现实型的职业环境中工作,可以最好地发挥个人的潜能。但职业选择中,个体并非一定要选择与自己兴趣完全对应的职业环境。一则因为个体本身常是多种兴趣类型的综合体,单一类型显著突出的情况不多,因此评价个体的兴趣类型时也时常以其在六大类型中得分居前三位的类型组合而成,

组合时根据分数的高低依次排列字母,构成其兴趣组型,如 RCA、AIS 等;二则因为影响职业选择的因素是多方面的,不完全依据兴趣类型,还要参照社会的职业需求及获得职业的现实可能性。因此,职业选择时会不断妥协,寻求与相邻职业环境甚至相隔职业环境,在这种环境中,个体需要逐渐适应工作环境。但如果个体寻找的是相对的职业环境,意味着所进入的是与自我兴趣完全不同的职业环境,则我们工作起来可能难以适应,或者难以做到工作时觉得很快乐,相反,甚至可能会每天工作得很痛苦。

表2-1 职业兴趣的六种类型

类型	喜欢的活动	职业环境要求	典型职业
实用型 R	用手工具、机器制造或修理东西。愿意从事实物性的工作、体力活动,喜欢户外活动或操作机器,而不喜欢在办公室工作	使用手工或机械技能对物体、工具、机器、动物等进行操作,与"事物"工作的能力比与"人"打交道的能力更为重要	园艺师、木匠、汽车修理工、工程师、军官、兽医、足球教练员
研究型 I	喜欢探索和理解事物,学习研究那些需要分析、思考的抽象问题,喜欢阅读和讨论有关科学性的论题,喜欢独立工作,对未知问题的挑战充满兴趣	分析研究问题、运用复杂和抽象的思考创造地解决问题的能力,谨慎缜密,能运用智慧独立地工作,一定的写作能力	实验室工作人员、生物学家、化学家、心理学家、工程设计师、大学教授
艺术型 A	喜欢自我表达,喜欢文学、音乐、艺术和表演等具有创造性、变化性的工作,重视作品的原创性和创意	创造力,对情感的表现能力,以非传统的方式来表现自己;相当自由、开放	作家、编辑、音乐家、摄影师、厨师、漫画家、导演、室内装潢设计师
社会型 S	喜欢与人合作,热情关心他人的幸福,愿意帮助别人成长或解决困难、为他人提供服务	人际交往能力,教导、医治、帮助他人等方面的技能,对他人表现出精神上的关爱,愿意担负社会责任	教师、社会工作者、牧师、心理咨询师、护士

续表

类型	喜欢的活动	职业环境要求	典型职业
企业型S	喜欢领导和支配别人,通过领导、劝说他人或推销自己的观念、产品而达至个人或组织的目标,希望成就一番事业	说服他人或支配他人的能力,敢于承担风险,目标导向	律师、政治运动领袖、营销商、市场部经理、电视制片人、保险代理
事务型C	喜欢固定的、有秩序的工作或活动希望确切地知道工作的要求和标准,愿意在一个大的机构中处于从属地位,对文字、数据和事物进行细致有序的系统处理以达到特定标准	文书技巧,组织能务,听取并遵从指示的能力,能够按时完成工作并达到严格的标准,有组织有计划	文字编辑、会计师、银行家、簿记员、办事员、税务员和计算机操作员

训练模块

《RCCP通用人职匹配测试量表》

《RCCP通用人职匹配测试量表》可以帮助你根据测试结果获得自己的人格特征适合从事哪方面的工作。请你根据对每一题的第一印象作答,不必仔细推敲,答案没有对错之分,根据与实际情况的符合程度来判断,与实际情况相符合的得2分,不符合的得0分,难以回答的得1分。对于有些你没有机会从事的工作,你可以在假设的情形下做出判断。在做完从现实型到常规型共108道题后,再分类统计各自总分,填入后面的成绩登入表,并依次完成类型确定过程。

1. 实用型(R)问题(1—18题)

① 你曾经将钢笔全部拆散加以清洗并能独立地将它装起来吗?

② 你会用积木搭出许多造型吗?或小时候常拼七巧板吗?

③ 你在中学里喜欢做实验吗?

④ 你对一些动手较多的技术工作(如电工、修钟表、印照片、织毛线、绣花、剪纸等)很感兴趣吗?

⑤ 当你家里有些东西需要小修小补时,常常是由你来做吗?

⑥ 你常常偷偷地去摸弄不让你摸弄的机器或机械(诸如打字机、摩托车、电梯等)吗?

⑦ 你是否深深体会到身边有一把镊指钳或老虎钳等工具,会给你提供许多便利吗?

⑧ 看到老师傅在做活,你能很快地、准确地模仿吗?
⑨ 你喜欢把一件事做完后再做另一件事吗?
⑩ 做事情前,你经常害怕出错,而对工作安排反复检查吗?
⑪ 你喜欢亲自动手制作一些东西,从中得到乐趣吗?
⑫ 你喜欢使用锤子、斧头一类的工具吗?
⑬ 如果掌握一门手艺,并能以此为生,你会感到非常满意吗?
⑭ 你曾经渴望当一名汽车司机吗?
⑮ 小时候,你经常把玩具拆开,把里面看个究竟吗?
⑯ 你喜欢修理自行车、电器一类的工作吗?
⑰ 你喜欢跟各类机械打交道吗?
⑱ 你亲手制作或修理的东西经常令你的朋友满意吗?

2. **研究型(I)问题(1—18题)**
① 你对电视或单位里的智力竞赛很有兴趣吗?
② 你经常到新华书店或图书馆翻阅图书(文艺小说除外)吗?
③ 学生时代你常常会主动地去做一些有趣的习题吗?
④ 你对一件新产品或新事物的构造和工作原理感兴趣吗?
⑤ 当有人向你请教某事物如何做时,你总喜欢讲清内部原理,而不仅仅是操作步骤吗?
⑥ 你常常会对一件想知道但又无法详细知道的事物想象出它将是什么或将怎么变化吗?
⑦ 看到别人在为一个有趣的难题争论不休时,你会加入进去或者独自一人思考,直到解决为止吗?
⑧ 看推理小说或电影时,你常常分析推理谁是罪犯,并且这种分析时常与最后结果吻合吗?
⑨ 你喜欢一些需要运用智力的游戏吗?
⑩ 相比而言,你更喜欢独自一人思考问题吗?
⑪ 你的理想是当一名科学家吗?
⑫ 你经常不停地思考某一问题,直到想出正确的答案吗?
⑬ 你喜欢从事需要运用抽象思维的工作吗?
⑭ 你喜欢解答较难的问题吗?
⑮ 你喜欢阅读自然科学方面的书籍和杂志吗?
⑯ 你能够做那种需要持续集中注意力的工作吗?
⑰ 你喜欢学数学吗?

⑱ 如果独自在实验室里做长时间的实验,你能坚持吗?

3. 艺术型(A)问题(37—18题)

① 你对戏剧、电影、文艺小说、音乐、美术等其中的一、两个方面较感兴趣吗?

② 你常常喜欢对文艺界的明星品头论足吗?

③ 你参加过文艺演出、绘画训练或经常写写诗歌、短文吗?

④ 你的朋友经常赞扬你把自己的房间布置得比较优雅并有品位吗?

⑤ 你对别人的服装、外貌以及家具摆设等能做出比较准确的评价吗?

⑥ 你认为一个人的仪表主要是为了表现一个人对美的追求,而不是为了得到别人的赞扬或羡慕吗?

⑦ 你觉得工作之余坐下来听听音乐、看看画册或欣赏戏剧等,是你最大的乐趣吗?

⑧ 遇到有美术展览会、歌星演唱会等活动,你常常去观赏吗?

⑨ 音乐能使你陶醉吗?

⑩ 你喜欢成为人们注意到的焦点吗?

⑪ 你喜欢不时地夸耀一下自己取得的成就吗?

⑫ 你喜欢做戏剧、音乐、歌舞、摄影等方面的工作吗?

⑬ 你能较为准确地分析美术作品吗?

⑭ 你爱幻想吗?

⑮ 看情感影片或小说时,你常禁不住眼圈红润吗?

⑯ 当接受一项新任务后,你喜欢以自己独特的方法去完成它吗?

⑰ 你有文艺方面的天赋吗?

⑱ 与推理小说相比,你更喜欢言情小说吗?

4. 社会型(S)问题(1—18题)

① 你常常主动给朋友写信或打电话吗?

② 你能列出五个你自认为够朋友的人吗?

③ 你很愿意参加学校、单位或社会团体组织的各种活动吗?

④ 你看到不相识的人遇到困难时,能主动去帮助他,或向他表示你同情与安慰的心情吗?

⑤ 你喜欢去新场所活动并结交新朋友吗?

⑥ 对一些令人讨厌的人,你常常会由于某种理由原谅他、同情他甚至帮助他吗?

⑦ 对一些活动,虽然没有报酬,但你觉得这些活动对社会有好处,就积极参加吗?

⑧ 你很注意你的仪容风度,这主要是为了让人产生良好的印象吗?
⑨ 大家公认你是一名勤劳踏实、愿为大家服务的人吗?
⑩ 旅途中你喜欢与人交谈吗?
⑪ 你喜欢参加各种各样的聚会吗?
⑫ 你很容易结识同性朋友吗?
⑬ 你乐于解除别人的痛苦吗?
⑭ 对于社会问题,你很少持中庸的态度吗?
⑮ 听别人谈"家中被盗"一类的事,很容易引起你的同情吗?
⑯ 你通常不喜欢一个人独处吗?
⑰ 在工作中,你喜欢听取别人的意见吗?
⑱ 和一群人在一起的时候,你经常能找到恰当的话题吗?

5. **企业型(E)问题(1—18题)**

① 当你有了钱后,你愿意用于投资吗?
② 你常常能发现别人组织的活动的某些不足,并提出建议让他们改进吗?
③ 你相信如果让你去做一个个体户,一定会成为富裕户。
④ 你在上学时曾经担任过某些职务(诸如班干部、课代表等)并且自认为干得不错吗?
⑤ 你有信心说服别人接受你的观点吗?
⑥ 你对一大堆的数字感到头疼吗?
⑦ 做一件事情时,你常常事先仔细考虑它的利弊得失吗?
⑧ 在别人跟你算账或讲一套理由时,你常常会换一个角度考虑,并发现其中的漏洞吗?
⑨ 你曾经渴望有机会参加探险吗?
⑩ 你认为在管理活动中以个人的意志影响别人的行为是很必要的吗?
⑪ 如果待遇相同,你宁愿当一名商品推销员,而不愿当一名机关办事员吗?
⑫ 当你开始做一件事后,即使碰到再多的困难,你也执着地干下去吗?
⑬ 你总是主动地向别人提出自己的建议吗?
⑭ 你更喜欢自己下了赌注的比赛或游戏吗?
⑮ 和不熟悉的人交谈对你来说毫不困难吗?
⑯ 和别人谈判时,你不愿放弃自己的观点,是吗?
⑰ 在集体讨论中,你不愿保持沉默,是吗?
⑱ 你不愿意从事虽然工资少,但是比较稳定的职业,是吗?

6. **事务型(C)问题(1—18题)**

① 你能够用一两个小时候坐下来抄写一份你不感兴趣的材料吗?

② 你能按领导或老师的要求尽自己的能力做好每一件事吗？
③ 无论填报什么表格，你都非常认真吗？
④ 在讨论会上，如果不少人已经讲的观点与你的不同，你就发表自己的观点了吗？
⑤ 你常常觉得在你周围有不少人比你更有才能吗？
⑥ 你喜欢重复别人已经做过的事情而不喜欢做那些要自己动脑筋摸索着干的事吗？
⑦ 你喜欢做那些已经很习惯了的工作，同时最好这种工作责任心小一些，工作时还能聊聊天、听听歌曲吗？
⑧ 你经常将非常琐碎的事情整理好吗？
⑨ 你总留有充裕的时间去赴约会吗
⑩ 对别人借你的和你借别人的东西，你都能记得很清楚吗？
⑪ 你喜欢经常请示上级吗？
⑫ 你喜欢按部就班地完成要做的工作吗？
⑬ 对于急躁、爱发脾气的人，你仍能以礼相待吗？
⑭ 你是一个沉静而不易动感情的人吗？
⑮ 你喜欢把一切安排得整整齐齐、井井有条吗？
⑯ 你经常收拾房间，保持房间整洁吗？
⑰ 你办事常常思前想后吗？
⑱ 每次写信你都要好好考虑，写完后至少重复看一遍吗？

请你将上述六个部分答题结果的得分填入下表中：

类型	得分
现实型	
研究型	
艺术型	
社会型	
企业型	
事务型	

如果你在某一部分的得分明显高出其他部分，说明你属于该种典型类型的人。一般人具有综合性的兴趣特征。将得分较高的兴趣类型代号，从高到低依次填入空格。如果第一个特征是 R，第二个特征是 I，则(R)(I)。据此可

知,这位测试者的兴趣特征是现实研究型。然后,就可以依据这个类型代号在前面所列的职业兴趣类型中进行查阅,从而得知自己的主要职业兴趣。

表中 RR、II、AA、SS、EE、CC 为典型类型,其余都是综合类型。各种类型及其相匹配的职业类型如下:

36 种职业兴趣类型表

	现实型(R)	研究型(I)	艺术型(A)	社会型(S)	企业型(E)	事务型(C)
现实型(R)	RR	IR	AR	SR	ER	CR
研究型(I)	RI	II	AI	SI	EI	CI
艺术型(A)	RA	IA	AA	SA	EA	CA
社会型(S)	RS	IS	AS	SS	ES	CS
企业型(E)	RE	IE	AE	SE	EE	CE
事务型(C)	RC	IC	AC	SC	EC	CC

1. 典型现实型(RR):适合进行明确的、具体的、按一定程序要求的技术性、技能性工作,如:机械操作人员、电工技师、技术工人。

2. 研究现实型(IR):适合具有一定科技含量的技术、技能性工作,如:计算机编程人员、工程技术人员、质量检验人员。

3. 艺术现实型(AR):适合需要一定艺术表现的技术或技能性工作,如:雕刻、手工刺绣、家具和服装制作。

4. 社会现实型(SR):适合与人打交道较多的技术或技能性工作,如:出租汽车驾驶员、家电维修人员。

5. 管理现实型(ER):适合一定管理能力的技术或技能性工作,如,领航员、动物管理员。

6. 常规现实型(CR):适合常规性的技术或技能性工作,如:计算机操作人员、机械维护人员。

7. 典型研究型(II):适合需要通过观察、分析而进行系统的创造性活动的科学研究工作和理论性工作,如:数学、物理等学科的研究人员、学术评论者。

8. 现实研究型(RI):适合侧重于技术或技能性的科学研究工作,如:机械、电子、化工行业的工程师,化学技师,研究室的实验人员。

9. 艺术研究型(AI):适合艺术研究方面的工作,如:文艺评论家、艺术作品编辑、艺术理论工作者。

10. 社会研究型(SI):适合社会科学研究方面的工作,如:社会学研究人员、心理学研究人员。

11. 管理研究型(EI)：适合管理研究方面的工作，如：管理学科研者、管理类刊物编辑。

12. 常规研究型(CI)：适合常规性的研究工作，如：数据采集者、资料搜集人员。

13. 典型艺术型(AA)：适合需要通过非系统化的、自由的活动进行艺术表现的工作，如：演员、诗人、作曲家、画家。

14. 现实艺术型(RA)：适合运用现代科技较多的艺术工作，如：电视摄影师、录音师、动画制作人员。

15. 研究艺术型(IA)：适合具有探索性的艺术工作，如：剧作家、时装艺术大师、工艺产品设计师。

16. 社会艺术型(SA)：适合侧重于社会交流或社会问题的艺术工作，如：作家、播音员、广告设计、时装模特。

17. 管理艺术型(EA)：适合需要一定管理能力的艺术工作，如：节目主持人、艺术教师、音乐指挥、导演。

18. 常规艺术型(CA)：适合常规性的艺术工作，如：化妆师、花匠。

19. 典型社会型(SS)：适合需要更多时间与人打交道的说服、教育和治疗工作，如：教师、公关人员、供销人员、社会活动家。

20. 现实社会型(RS)：适合具有一定技术性的社会性工作，如：护士、职业学校教师。

21. 研究社会型(IS)：适合需要作些分析研究的社会性工作，如：医生、大学文科教师、心理咨询人员、市场调研人员、政治思想工作者。

22. 艺术社会型(AS)：适合具有一定艺术性的社会工作，如：记者、律师、翻译。

23. 管理社会型(ES)：适合需要一定管理能力的社会工作，如：工商行政人员、市场管理人员、公安交警。

24. 常规社会型(CS)：适合常规性的公益事务工作，如：环卫工作人员、工勤人员。

25. 典型管理型(EE)：适合需要胆略、冒风险且承担责任的活动，主要指管理、决策方面的工作，如：企业经理、金融投资者。

26. 现实管理型(RE)：适合具有一定技术或技能的管理工作，如：技术经理、护士长、船长。

27. 研究管理型(IE)：适合需侧重于分析研究的管理工作，如：总工程师、总设计师、专利代理人。

28. 艺术管理型(AE)：适合与艺术有关的管理工作，如：广告经理、艺术领域的经纪人。

29. 社会管理型(SE)：适合与社会有关的管理工作，如：销售经理、公关经理。

30. 常规管理型(CE)：适合常规性的管理工作，如：办公室负责人、大堂经理、领班。

31. 典型常规型(CC)：适合严格按照固定的规则、方法进行重复性、习惯性的劳动，并具有一定自控能力的相关工作，如：出纳员、行政办事员、图书管理员。

32. 现实常规型(RC)：适合需要一定技术或技能的常规性工作，如：档案资料管理员、文印人员。

33. 研究常规型(IC)：适合需要经常进行一些研究分析的常规性工作，如：估价员、土地测量人员、报表制作人员、统计分析员。

34. 艺术常规型(AC)：适合与艺术有关的常规性工作，如：美容师、包装人员。

35. 社会常规型(SC)：适合需要更多时间与人打交道的常规性工作，如：售票员、营业员、接待人员、宾馆服务员。

36. 管理常规型(EC)：适合需要一定管理能力的常规性工作，如：机关科员、文秘人员。

> **小练习**
>
> **兴趣岛屿测试**
>
> 　　著名的霍兰德职业兴趣测验是现有的最权威的测试类职业导向分析之一，方便大家针对自身个体类型对未来事业提早做好准备和规划。
>
> 　　测试目的：本测验将霍兰德代码（Holland Codes，即 RIASEC）的6种个体类型比喻成岛屿，通过选择岛屿，洞察自己真正的个体类型，匹配自己所喜欢和不喜欢的职业内容，帮助自己把握好职业定位和方向。
>
> 　　测试题目：我们先来参观一下6个神奇的职业兴趣岛：
>
> 　　A岛——"美丽浪漫岛"　这个岛上到处是美术馆、音乐厅，弥漫着浓厚的艺术文化气息。岛民们保留着传统的舞蹈、音乐与绘画。许多文艺界人士都喜欢来到这里开沙龙派对寻求灵感。
>
> 　　C岛——"现代井然岛"　处处耸立着现代建筑，标志着这是一个进步的、都市形态的岛屿，岛上的户政管理、地政管理及金融管理都十分完善。

岛民们个性冷静保守,处事有条不紊,善于组织规划。

E岛——"显赫富庶岛" 该岛经济高度发展,处处高级饭店、俱乐部、高尔夫球场。岛民性格热情豪爽,善于企业经营和贸易活动。岛上往来者多是企业家、经理人、政治家、律师等等。这些商界名流与上等阶层人士在岛上享受着高品质生活。

I岛——"深思冥想岛" 这个岛平畴绿野,人少僻静,适合夜观星象。岛上有很多天文馆、科技博物馆、科学图书馆。岛民们最喜欢猫在自己的小房子里,天天钻研学问,沉思冥想,探究真知。哲学家、科学家和心理学家们在这里约会,讨论学术,交流思想。

R岛——"自然原始岛" 这是个自然生态优良的绿色之岛。岛上不仅保留有热带雨林等原始生态系统,而且建立了相当规模的植物园、动物园、水族馆。岛民以手工制造见长,他们自己种植花果,栽培蔬菜,修缮房屋,打造器物,制作工具。

S岛——"温暖友善岛" 这个岛的岛民们都性情温和,乐于助人,人际关系十分友善。大家互助合作,重视教育后代。每个社区都能自成一个密切互动的服务网络,处处充满着人文关怀气息。

你总共有15秒钟时间回答以下问题:

1. 如果你必须在6个岛之中的一个岛上生活一辈子,成为这里岛民的一员,你第一会选择哪一个岛?

2. 你第二会选择哪一个岛?

3. 你第三会选择哪一个岛?

4. 你打死都不愿意选择哪一个岛?

选好之后,依次记下4个问题的答案。

测试分析:ACEIRS这6个岛事实上分别代表了6种职业类型,它们的描述以及矛盾关系如下:

A岛—艺术型(Artistic) vs C岛—常规型(Conventional)

E岛—企业型(Enterprising) vs I岛—研究型(Investigative)

R岛—实用型(Realistic) vs S岛—社会型(Social)

问题1的答案体现了你最显著的职业性格特征、最喜欢的活动类型以及最喜欢(很可能是最适合)的大致职业范围。

反之,问题4的答案则是你最不喜欢的活动等。

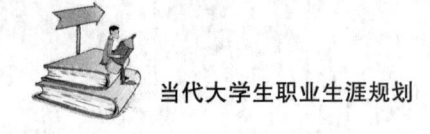

具体内容如下：

A岛——艺术型（Artistic）

总体特征：属于理想主义者，具有独创的思维方式和丰富的想象力，直觉强烈，感情丰富。喜欢活动：喜欢创造和自我表达类型的活动，如音乐、美术、写作、戏剧。喜欢职业：总体来讲，喜欢"非精细管理的创意"类和创造类的工作。如：音乐家、作曲家、乐队指挥、美术家、漫画家、作家、诗人、舞蹈家、演员、戏剧导演、广告设计师、室内装潢设计师。

C岛——常规型（Conventional）

总体特征：追求秩序感，自我抑制，顺从，防卫心理强，追求实际，回避创造性活动。喜欢活动：喜欢固定的、有秩序的活动，如组织和处理数据等。愿意在一个大的机构中处于从属地位，并希望确切知道工作的要求和标准。喜欢职业：总体来讲，喜欢有清楚的规范和要求的、按部就班、精打细算、追求效率的工作。如：税务专家、会计师、银行出纳、簿记、行政助理、秘书、档案文书、计算机操作员。

E岛——企业型（Enterprising）

总体特征：为人乐观，喜欢冒险，行事冲动，对自己充满自信，精力旺盛，喜好发表意见和见解。喜欢活动：喜欢领导和影响别人，或为达到个人或组织的目的而说服别人，成就一番事业。喜欢职业：总体来讲，喜欢那种需要运用领导能力、人际能力、说服能力来达成组织目标的职业。如：商业管理者、市场或销售经理、营销人员、采购员、投资商、电视制片人、保险代理、政治运动领袖、公关人员、律师。

I岛——研究型（Investigative）

总体特征：自主独立，好奇心强烈，敏感，并且慎重，重视分析与内省，爱好抽象推理等智力活动。喜欢活动：喜欢独立的活动，比如独自去探索、研究、理解、思考那些需要严谨分析的抽象问题，独自处理一些信息、观点及理论。喜欢职业：总体来讲，喜欢以观察、学习、探索、分析、评估或解决问题为主要内容的工作。如：实验室工作人员、物理学家、化学家、生物学家、工程师、程序设计员、社会学家。

R岛——实用型（Realistic）

总体特征：个性平和稳重，看重物质，追求实际效果，喜欢实际动手进行操作实践。喜欢活动：愿意从事事务性活动，如户外劳作或操作机器，而不喜欢待在办公室里。喜欢职业：总体来讲，喜欢与户外、动植物、实物、工

具、机器打交道的工作内容。如：农业、林业、渔业、野外生活管理业、制造业、机械业、技术贸易业、特种工程师、军事工作。

S岛——社会型（Social）

总体特征：洞察力强，乐于助人，善于合作，重视友谊，热情关心他人的幸福，有强烈的社会责任感，总是关心自己的工作能对他人及社会做多大贡献。喜欢活动：喜欢与别人合作的活动，帮助别人解决困难。喜欢职业：总体来讲，喜欢帮助、支持、教导类工作。如：牧师、心理咨询员、社会工作者、教师、辅导员、医护人员、其他各种服务性行业人员。

为了更进一步分析，将问题1/2/3的答案依次排列，可形成一个不同岛屿的字母代码组合（如：问题1/2/3的答案分别是A岛、C岛、I岛，组合起来就是ACI），对照下面表格的"兴趣组合"一项，相应找出与自己的答案最接近的排列组合，即找到了可能会使自己真正感兴趣的职业。问题4的答案将作为排除某些组合时所用的参考标准。

兴趣组合	职业名称	职业类别	领域	职位层级
ACI	图书馆管理员	管理员	教育	技术员工
AER	艺术指导	艺术指导	戏剧表演	艺术指导
	设计师（服装/平面/室内）	设计师	艺术设计	设计师
	平面设计师	设计师	艺术设计	设计师
	室内设计师	设计师	艺术设计	设计师
AES	广告经理	经理	市场营销	管理人员
	表演歌手	歌手	戏剧表演	歌手
	作曲家	艺术家	戏剧表演	艺术家
	演员	演员	戏剧表演	演员
	制片人	制片人	戏剧表演	制片人
	导演	导演	制造加工	高级技术员工
	广告文案	广告人员	市场营销	广告人员
	漫画家	艺术家	艺术设计	艺术家
AIE	新闻记者	记者	媒体	记者
AIS	技术性作家	作家	媒体	作家
ARE	陈列设计师	设计师	艺术设计	设计师
	专业摄影师	摄影师	戏剧表演	摄影师

兴趣组合	职业名称	职业类别	领域	职位层级
	摄影师	摄影师	媒体	摄影师
ARI	画家	艺术家	艺术设计	艺术家
	场景设计师	设计师	戏剧表演	设计师
	科学摄影师	摄影师	媒体	摄影师
ARS	产品设计师	设计师	艺术设计	设计师
	素描画家	艺术家	艺术设计	艺术家
ASE	广播电视播音员	播音员	媒体	播音员
	音乐指挥	艺术家	戏剧表演	艺术家
	编辑	编辑	媒体	编辑
ASI	艺术教师	大学教师	教育	教师
	语言教师	大学教师	教育	教师
	翻译	翻译	媒体	翻译
ASR	舞蹈演员	演员	戏剧表演	演员
CEI	预算分析师	顾问	财务	顾问
	审计师	顾问	咨询	顾问
	精算师	精算师	保险	顾问
	会计	会计	财务	员工
CRE	仓库管理员	管理员	物流	员工
	机场控制中心主管	主管	交通运输	管理人员
CRI	工程测量人员	测量人员	建筑工程	技术人员
	建筑监理	监理	建筑工程	管理人员
CRS	邮递员	邮递员	邮电服务	员工
	电话总机接线员	接线员	行政后勤	员工
CSR	设备工程师	工程师	制造加工	技术人员
EAS	公关顾问	顾问	咨询	顾问
ECR	经理(物流/仓储)	经理	物流	管理人员
	生产经理	经理	制造加工	管理人员
	HR主管(福利/培训/招聘)	经理	人力资源	管理人员
	旅游代理人	代理人	旅游休闲	代理人
	保险销售员	销售员	保险	销售人员

兴趣组合	职业名称	职业类别	领域	职位层级
EIC	工业工程师	工程师	制造加工	技术员工
EIS	保险理赔人员	保险人员	保险	普通员工
ERC	生产线线长	主管	制造加工	基层管理人员
	建筑项目经理	经理	建筑工程	管理人员
	司机管理员	主管	交通运输	基层管理人员
	维修主管	主管	客户服务	管理人员
ERI	销售工程师	工程师	市场营销	技术员工
ERS	教练	教练	体育	教练
	产品演示人员	销售员	市场营销	销售人员
	精密设备销售人员	销售员	市场营销	销售人员
ESA	经纪人	经纪人	个人服务	经纪人
ESC	HR经理	经理	人力资源	管理人员
ESI	法官	法官	法律	法官
ESR	警察	警察	社会安全	警察
	医疗设备销售员	销售员	市场营销	销售人员
	零售人员	销售员	市场营销	销售人员
	官员	官员		管理人员
	首席执行官	执行官	管理运营	高层管理人员
	经理(销售/市场/客户服务)	经理	市场营销	管理人员
	经理(行政)	经理	行政后勤	管理人员
	经理(财务)	经理	财务	销售人员
	会务人员	会务人员	行政后勤	员工
	电话销售员	销售员	市场营销	销售人员
ICA	数学家	科学家	科学研究	科学家
ICE	HR顾问	顾问	管理	顾问
	财务分析师	顾问	财务	
ICR	技术支持工程师	工程师	IT技术/设计	技术员工
	统计学家	科学家	科学研究	科学家
	系统分析师	顾问	IT技术/设计	顾问
	工业工程技术人员	技术员	制造加工	技术员工

兴趣组合	职业名称	职业类别	领域	职位层级
	药剂师	医务人员	医疗	医务人员
IEC	管理顾问	顾问	咨询	顾问
	计算机安全工程师	工程师	IT技术/设计	技术员工
IES	营养专家	顾问	服务	顾问
IRA	材料工程师	工程师	材料科学	高级技术员工
	生物工程师	工程师	生命科学	高级技术员工
IRC	计算机程序员	工程师	IT技术/设计	技术员工
	IT实施工程师	工程师	IT技术/设计	技术员工
	计算机安全专家	顾问	IT技术/设计	顾问
	化学工程师	工程师	能源/化工	技术员工
	电子工程师	工程师	电子电器	技术员工
IRE	网络工程师	工程师	IT技术/设计	技术员工
IRS	外科医生	医生	医疗	高级医务人员
	牙医	医生	医疗	高级医务人员
ISA	临床助理	医生助理	医疗	技术员工
	生命科学教师	大学教师	教育	教师
	保健教师	教师	教育	教师
RAC	建筑制图员	技术人员	建筑工程	基层员工
	玻璃雕刻师	工艺员工	艺术设计	技术员工
	装订员	操作人员	印刷/包装	基层员工
RAI	建筑师	工程师	建筑工程	高级技术员工
	音响师	操作人员	媒体/娱乐	高级技术员工
RCE	制版员	操作人员	印刷包装	基层员工
	食品加工工人	操作人员	食品	基层员工
	通信设备安装人员	技术员	信息通讯	技术员工
	商业设备安装人员	技术员	IT技术/技术	技术员工
	裁判	裁判	体育	体育人员
RCI	制图工程师(电子)	工程师	电子电器	技术员工
	制图工程师(机械)	工程师	机械自动化	技术员工
	机械测量人员	技术员	机械自动化	技术员工
	精密制造(加工)操作员	操作人员	制造加工	技术员工

第二章 知己——职业生涯自我探索

兴趣组合	职业名称	职业类别	领域	职位层级
	制造系统维护员	操作人员	制造加工	技术员工
	数控设备程序员	工程师	制造加工	高级技术员工
	机械设备（含汽车）维修人员	技术员	机械自动化	技术员工
	电子电器（含计算机）维修人员	技术员	电子电器	技术员工
REC	轮船工程师	工程师	交通运输	技术员工
	船长	船长	交通运输	管理层
	列车长	列车长	交通运输	管理层
REI	客机飞行员	技术人员	交通运输	技术员工
RIC	计算机硬件工程师	工程师	IT技术/设计	技术员工
	电气工程师	工程师	工程类	技术员工
	海洋工程师	工程师	工程类	技术员工
	机械工程师	工程师	工程类	技术员工
	电子电器技工	技术工人	工程类/生产类	技术员工
	机械装配员	生产人员	制造	基层技术员工
	机械技师	技师	制造	技术员工
	飞机维护员	技师	交通	技术员工
	系统软件工程师	工程师	IT技术/设计	高级技术员工
	土木工程师	工程师	建筑工程	技术员工
RSE	消防员	公共安全人员	公共事务	基层员工
SAE	职业咨询师	顾问	个人服务	顾问
	商业教师	大学教师	教育	教师
	播音员	播音员	媒体	播音员
SAI	幼儿教师	幼儿教师	教育	教师
SEA	学校辅导员	顾问	个人服务	顾问
SEC	个人理财顾问	顾问	个人服务	顾问
	培训发展顾问	顾问	企业服务	顾问
SEI	中小学校长	校长	教育	校长
	职业健康专家	顾问	企业服务	顾问

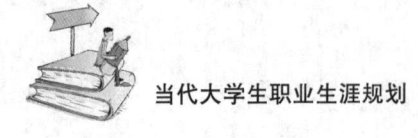

兴趣组合	职业名称	职业类别	领域	职位层级
SIA	心理咨询师	顾问	个人服务	顾问
	小学教师	小学教师	教育	教师
	经济学教师	大学教师	教育	教师
SIC	助教	大学老师	教育	教师
SIR	护士	护士	医疗	医务人员
SRI	体能教练	教练	体育	教练
	理疗医生	医生	医疗	高级医务人员
	食疗专家	顾问	个人服务	顾问

第三节 性格与职业

一、什么是性格

性格是指表现在人对现实的态度和相应的行为方式中的比较稳定的、具有核心意义的个性心理特征，它是一种与社会关系最密切的人格特征，在性格中包含有许多社会道德含义。性格表现了人们对现实和周围世界的态度，并表现在其行为举止中。性格主要体现在对自己、对别人、对事物的态度和所采取的言行上。性格是人对现实的态度和行为方式中较稳定的个性心理特征。它是个性的核心部分，最能表现个别差异。

性格具有以下四个方面的特征。

1. 性格的态度特征：性格的态度特征，是指个体在对现实生活各个方面的态度中表现出来的一般特征。

2. 性格的理智特征：性格的理智特征是指个体在认知活动中表现出来的心理特征。在感知方面，有的能按照一定的目的任务主动地观察，属于主动观察型，有的则明显地受环境刺激的影响，属于被动观察型；有的倾向于观察对象的细节，属于分析型；有的倾向于观察对象的整体和轮廓，属于综合型；有的倾向于快速感知，属于快速感知型；有的倾向于精确地感知，属于精确感知型。想象方面，有主动想象和被动想象之分；有广泛想象与狭隘想象之分。在记忆方面，有主动与被动之分；有善于形象记忆与善于抽象记忆之分等。在思维方面，也有主动与被动之分；有独立思考与依赖他人之分；有深刻与肤浅之分等。

3. 性格情绪特征：性格的情绪特征是指个体在情绪表现方面的心理特征。在情绪的强度方面，有的情绪强烈，不易于控制；有的则情绪微弱，易于控

制。在情绪的稳定性方面,有人情绪波动性大,情绪变化大;有人则情绪稳定,心平气和。在情绪的持久性方面,有的人情绪持续时间长,对工作学习的影响大;有的人则情绪持续时间短,对工作学习的影响小。在主导心境方面,有的人经常情绪饱满,处于愉快的情绪状态;有的人则经常郁郁寡欢。

4. 性格的意志特征:性格的意志特征是指个体在调节自己的心理活动时表现出的心理特征。自觉性、坚定性、果断性、自制力等是主要的意志特征。自觉性是指在行动之前有明确的目的,事先确定了行动的步骤、方法,并且在行动的过程中能克服困难,始终如一地执行的意志特征。与之相反的是盲从或独断专行。坚定性是指能采取一定的方法克服困难,以实现自己的目标的意志特征。与坚定性相反的是执拗性和动摇性,前者不会采取有效的方法,一味我行我素;后者则是轻易改变或放弃自己的计划。果断性是指善于在复杂的情境中辨别是非,迅速做出正确的决定的意志特征。与果断性相反的是优柔寡断或武断、冒失。自制力是指善于控制自己的行为和情绪。与自制力相反的是任性。

性格形成的因素很复杂,如果概括出其形成的主要表现,主要体现在以下三个方面,分别是基因遗传因素、成长期发育因素以及社会环境的影响因素。可以说它既有自己本身的因素,同时也受到相应的环境影响。从这个角度分析,性格是可以改变的,但需要大量量变之后的质变作用。

职业性格是指人们在长期特定的职业生活中所形成的与职业相联系的、稳定的心理特征。例如,有的人对待工作总是一丝不苟,踏实认真;在待人处事中总是表现出高度的原则性,果断、活泼、负责;在对待自己的态度上总是表现为谦虚、自信,严于律己等,所有这些特征的总和就是他的职业性格。

二、性格的类型与测试

(一)卡特尔人格特质理论

雷蒙德·卡特尔(R. B. Cattell)(1905—1998),美国心理学家,最早应用因素分析法研究人格。他对心理测验的研究,对个体差异的测量,以及对应用心理学的倡导,有力地推进了美国心理学的机能主义运动。卡特尔受化学元素周期表的启发,用因素分析法对人格特质进行了分析,提出了基于人格特质的一个理论模型。

卡特尔人格特质理论具有以下四层模型分成:

1. 表面和根源:表面特质是指从外部行为能直接观察到的特质;根源特质是指那些相互联系而以相同原因为基础的行为特质。表面特质和根源特质

既可能是个别的特质,也可能是共同的特质。它们是人格层次中最重要的一层。

2. 体质和环境:在根源特质中可以再分为体质特质和环境特质两类。体质特质是由先天的生物因素决定;而环境特质则由后天的环境决定。

3. 动力和能力:动力特质是指具有动力特征的特质,它使人趋向某一目标;能力特质是表现在知觉和运动方面的差异特质,包括流体和晶体智力。

4. 气质:气质特质是决定一个人情绪反应速度与强度的特质。

卡特尔从乐群、聪慧、自律、独立、敏感、冒险、怀疑等16个相对独立的人格特点对人进行描绘,据此可以了解应试者在环境适应、专业成就和心理健康等方面的表现。他编制的"卡特尔16种人格因素问卷"(Sixteen Personality Factor Questionaire,简称16PF),应用十分广泛。

训练模块

《卡特尔16种人格因素测验》(16PF)

有关性格的自测量表很多,而最著名的是美国心理学家卡特尔编制的16种人格因素测验。卡特尔16种性格因素测验从乐群性、智慧性、稳定性、影响性、活泼性、有恒性、交际性、情感性、怀疑性、想象性、世故性、忧虑性、变革性、独立性、自律性、紧张性16个相对独立的性格维度对人进行评价,能够较全面地反映人的性格特点,该测验共由187道题组成,在职业指导及人员选拔领域被广泛运用。以下为卡特尔16种性格因素测验的评分标准。

1. 原始分

本项测验共包括对16种性格因素的测评,以下是各项性格因素所包括的测试题。

A:3、26、27、51、52、76、101、126、151、176

B:28、53、54、77、78、102、103、127、128、152、153、177、178、180

C:4、5、29、30、55、79、80、104、105、129、130、154、179

E:6、7、31、32、56、57、81、106、131、155、156、180、181

F:8、33、58、82、83、107、108、132、133、157、158、182、183

G:9、34、59、84、109、134、159、160、184、185

H:10、35、36、60、61、85、86、110、111、135、136、161、186

I:11、12、37、62、87、112、137、138、162、163

L:13、38、63、64、88、89、113、114、139、164

M:14、15、39、40、65、90、91、115、116、140、141、165、166

第二章 知己——职业生涯自我探索

N：16、17、41、42、66、67、92、117、142、167
O：18、19、43、44、68、69、93、94、118、119、143、144、168
Q1：20、21、45、46、70、95、120、145、169、170
Q2：22、47、71、72、96、97、121、122、146、171
Q3：23、24、48、73、98、123、147、148、172、173
Q4：25、49、50、74、75、99、100、124、125、149、150、174、175

将每项因素所包括的测试题得分加起来,就是该项性格因素的原始得分。
具体每题的计分方法如下:

(1)下列题凡是选以下对应的选项加1分,否则得0分。
28．B 53．B 54．B 77．C 78．B 102．C 103．B 127．C 128．B 152．B 153．C 177．A 178．A

(2)下列每题凡是选B均加1分,选一下对应的选项加2分,否则得0分。

3．A 4．A 5．C 6．C 7．A 8．C 9．C 10．A 11．C 12．C
13．A 14．C 15．C 16．C 17．A 18．A 19．C 20．A 21．A
22．C 23．C 24．C 25．A 26．C 27．C 29．C 30．A 31．C
32．C 33．A 34．C 35．A 36．A 37．C 38．A 39．A 40．A
41．C 42．A 43．A 44．C 45．C 46．A 47．A 48．A 49．A
50．A 51．C 52．A 55．A 56．C 57．C 58．A 598．A 60．C
61．C 62．C 63．C 64．C 65．A 66．C 67．A 68．C 69．A
70．A 71．A 72．A 73．A 74．C 75．C 76．C 77．C 78．C
79．C 80．C 81．C 82．C 83．C 84．C 85．C 86．C 87．C
88．A 89．C 90．C 91．A 92．C 93．C 94．C 95．C 96．C
97．C 98．A 99．A 100．A 101．A 102．A 103．A 104．A
105．A 106．C 107．A 108．A 109．A 110．A 111．A 112．A
113．A 114．A 115．A 116．A 117．A 118．A 119．A 120．C
121．C 122．C 123．C 124．A 125．C 126．A 129．A 130．A
131．A 132．A 133．A 134．A 135．C 136．A 137．C 138．A
139．C 140．A 141．A 142．A 143．A 144．C 145．A 146．A
147．A 148．A 149．A 150．A 151．A 154．A 155．A 156．A
157．C 158．C 159．C 160．A 161．C 162．C 163．A 164．A
165．C 166．C 167．A 168．A 169．A 170．C 171．A 172．C
173．A 174．A 175．C 176．A 179．A 180．A 181．A 182．A

67

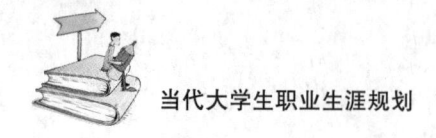

183. A 184. A 185. A 186. A

第1.2.187.题不计分。

2. 标准分换算

在统计出各项性格因素的原始分之后,可对应下表换算成标准分。

因素	1	2	3	4	5	6	7	8	9	10	因素	平均分	标准差
A	0—1	2—3	4—5	6	7—8	9—11	12—13	14	15—16	17—20	A	9.06	3.40
B	0—3	4	5	6	7	8	9	10	11	12—13	B	7.65	1.60
C	0—5	6—7	8—9	10—11	12—13	14—15	17—18	19—20	21—22	23—26	C	14.08	4.11
E	0—2	3—4	5	6—7	8—9	10—12	13—14	15—16	17—18	19—26	E	9.82	3.50
F	0—3	4	5—6	7	8—9	10—12	13—14	15—16	17—18	19—26	F	10.69	3.84
G	0—5	6—7	8—9	10	11—12	13—14	15—16	17	18	19—20	G	1.69	2.85
H	0—1	2	3	4—6	7—8	9—11	12—14	15—16	17—19	20—26	H	8.76	4.95
I	0—5	6	7—8	9	10—11	12—13	14	15—16	17	18—19	I	11.42	2.87
L	0—3	4—5	6	7—8	9—10	11—12	13	14—15	16	17—19	L	10.25	3.05
M	0—5	6—7	8—9	10—11	12—13	14—15	16—17	18—19	20	21—26	M	13.27	3.39
N	0—2	3	4	5—6	7—8	9—10	11	12—13	14	15—20	N	8.21	2.67
O	0—2	3—4	5—6	7—8	9—10	11—12	13—14	15—16	17—18	19—26	O	10.42	3.79
Q1	0—4	5	6—7	8	9—10	11—12	13	14	15	16—20	Q1	10.15	2.54
Q2	0—5	6—7	8	9—10	11—12	13—14	15	16—17	18	19—20	Q2	12.26	2.88
Q3	0—4	5—6	7—8	9—10	11—12	13—14	15	16—17	18	19—20	Q3	12.21	3.41
Q4	0—2	3—4	5—6	7—7	9—11	12—14	15—16	17—19	20—31	22—26	Q4	11.46	4.79
标准分	1	2	3	4	5	6	7	8	9	10			

以下是每项性格因素不同得分者的特征,每项因素得分在8分以上者为高分,3分以下者为低分。测试者在各项因素上得分不同,其适宜的职业也不同。请综合参考各项因素测评结果,再总体权衡你自身的性格适宜哪些类型的职业。

因素A——乐群性

低分数的特征(以下统称低):缄默,孤独,冷漠。标准分低于3者通常固执,对人冷漠,落落寡合,喜欢吹毛求疵,宁愿独自工作,对事而不对人,不轻易

放弃自己的主见,为人做事的标准常常很高。严谨而不苟且。

高分数的特征(以下统称高):外向,热情,乐群。标准分高过 8 者,通常和蔼可亲,与人相处、合作与适应的能力特强。喜欢和别人共同工作,参加或组织各种社团活动,不斤斤计较,容易接受别人的批评。萍水相逢也可以一见如故。

教师和推销员多系高 A,而物理学家和电机工程师则多系低 A。前者需要时时应付人与人之间的复杂情绪或行为问题,而仍然能够保证其乐观的态度。后者则必须极端的冷静严肃与正确才能圆满地完成任务。

因素 B——智慧性

低:思想迟钝,学识浅薄,抽象思考能力弱。低者通常对学习与了解能力不强,不能"举一隅而以三隅反"。迟钝的原因可能由于情绪不稳定,心理病态或失常所致。

高:聪明,富有才识,善于抽象思考。高者通常学习能力强,思考敏捷正确,教育、文化水准高,个人心身状态健康。机警者多有高 B,高 B 反映心理机能的正常。

专业训练需要高 B,但从事例行职务的人如大资源,电话生,家庭主妇等,则因高 B 而对例行琐务发生厌恶,不能久安其职。

因素 C——稳定性

低:情绪激动,易生烦恼。低者通常不能以"逆来顺受"的态度,应付生活上所遭遇的阻挠和挫折,容易受环境的支配,而心神动摇不定。不能面对现实,时时会暴躁不安,心身疲乏,甚至于失眠,噩梦,恐怖等症象。所有神经病人和精神病人都属低 C.

高:情绪稳定而成熟,能面对现实。高者通常以沉着的态度应付现实各项问题。行动充满魄力。能振奋勇气,维持团队的精神。有时高 C 也可能由于不能彻底解决许多生活难题,而不得不自我宽解。

教师,机器工程师,推销员,救火队队员等,凡需要应付日常生活各种难题者应有高 C。但是凡能随心所欲,安排自己工作进度的人,如作家,邮差或清道工等,则虽系低 C,尚无大碍。

因素 E——影响性

低:谦逊,顺从,通融,恭顺。低者通常行为温顺,迎合别人的意旨,也可能因为希望可遇而不可求,即使处在十全十美的境地,而有"事事不如人"之感,许多精神病人都有这样消极的心情。

高:好强固执,独立积极。高者通常自视甚高,自以为是。可能非常的武

断,而时常驾驭不及他的人和反抗权势者。

一般的,领袖以及有地位有成就的人多属高E。救火队员和航空飞行员的因素E高。男人较女人高。

因素F——活泼性

低:严肃,谨慎,冷静,寡言。低者通常行动拘禁,内省而不轻易发言,较消极,忧郁。有时候可能过分深思熟虑,又近乎骄傲自满。在职责上,他常是认真而可靠的工作人员。

高:轻松兴奋,随遇而安。高者通常活泼,愉快,健谈,对人对事热心而富有感情。但是有时也可能会冲动,以致行为变化莫测。

行政主管人员多有高F。竞选人必有高F,才能够获得选民的爱戴,实验技术人员则不必有高F。

因素G——有恒性

低:苟且敷衍,缺乏奉公守法的精神。低者通常缺乏较高的目标和理想,对于人群及社会没有绝对的责任感,甚至于有时不惜执法犯法,不择手段以达到某一目的。但他常能有效地解决实际问题,而无须浪费时间和精力。

高:持恒负责,做事尽职。高者通常细心周到,有始有终。是非善恶是他的行为指针。所结交的朋友多是努力苦干的人,而不十分欣赏诙谐有趣的人。

各种社团组织的领袖需要高G。业务管理和警察具有极高的因素G。任性纵欲,放火杀人的罪犯,因素G极低。

因素H——交际性

低:畏怯退缩,缺乏自信心。低者通常在人群中羞怯。有不自然的姿态,有强烈的自卑感。拙于发言,更不愿和陌生人交谈。凡是采取观望的态度,有时由于过分的自我意识而忽视了社会环境中的重要事物与活动。

高:冒险敢为,少有顾忌。高者通常不掩饰,不畏缩,有敢做敢为的精神,使他能经历艰辛而保持刚毅的一例。有时可能太粗心大意,忽视细节,遭受无谓的打击与挫折。可能无聊多事,喜欢向异性献殷勤卖力。

因素H常随年龄而增强。救火队队员和飞行员有高H,事务员多是低H。团队领导人必具有高H。

因素I——情感性

低:理智的,着重现实,自恃其力。低者通常以客观,坚强,独立的态度处理当前的问题。重视文化修养,可能过分冷酷无情。

高:敏感,感情用事。高者通常心肠软,易受感动,较女性化,爱好艺术,富于幻想。有时过分不切实际,缺乏耐心和恒心,不喜欢接近粗俗的人和做笨重

的工作。在团体活动中,不着实际的看法与行为常常减低了团队的工作效率。

室内设计师,音乐家,艺人,女人属高 I。而工程师,外科医生,统计师等则多低 I。

因素 L——怀疑性

低:信赖随和,易与人相处。低者通常无猜忌,不与人角逐竞争,顺应合作,善于体贴人。

高:怀疑,刚愎,固执己见。高者通常怀疑,不信任别人,与人相处,常常斤斤计较,不顾及到别人的利益。

在团体活动中,低 L 是以团体福利为前提的忠实分子,因素 L 过分高者常常成事不足,败事有余。工程师,机工,精神病护理员多是低 L。而行政人员和警察常是高 L。

因素 M——想象性

低:现实,合乎成规,力求妥善合力。低者通常先要斟酌现实条件,而后决定取舍,不鲁莽从事。在紧要关头时,也能保持镇静,有时可能过分重视现实,为人索然寡趣。

高:幻想的,狂放不羁。高者通常忽视生活的细节,只以本身的动机,当时兴趣等主观因素为行为的出发点。可能富有创造力,有时也过分不务实际,近乎冲动。因而容易被人误解及奚落。

艺术家,作者及从事研究者多有高 M。低 M 多选择需要实际,机警,脚踏实地的工作。

因素 N——世故性

低:坦白,直率,天真。低者通常思想简单,感情用事。与人无争,与世无忤,自许,心满意足。但有时显得幼稚,粗鲁,笨拙,似乎缺乏教养。

高:精明能干,世故。高者通常处事老练,行为得体。能冷静地分析一切,近乎狡猾。对于一切事物的看法是理智的,客观的。

科学家,工程师,飞行员多是高 N。牧师神父,护士等多是低 N,牧师的因素 N 不应太高,低 N 使他不苛求责难,能容忍同情信徒的缺点。

因素 O——忧虑性

低:乐群,沉着,有自信心。低者通常有信心,不轻易动摇,信任自己有应付问题的能力,有安全感,能适应世俗。有时因为缺乏同情,而引发别人的反感与恶意。

高:忧虑抑郁,烦恼自扰。高者通常觉得世道艰辛,人生不如意事常八九,甚至沮丧悲观,时时有患得患失之感。自觉不容于人,也缺乏和人接近的勇

气。各种神经病和精神病人都有高 O。

年老的女招待，低级办事员，以及终生碌碌未尽如意的作家，编辑人等有高 O。职业运动员，电机工，救火队员，护士等多是低 O。

因素 Q1——变革性

低：保守的，尊重传统观念与行为标准。低者通常无条件地接受社会中许多相沿已久而有权威性的见解，不愿尝试探求新的境界。常常激烈地反对新思想以及一切新的变动。在政治与宗教信仰上，墨守成规，可能被称为老顽固或时代的落伍者。

高：自由的，批评激进，不拘泥现实。高者通常喜欢考验一切现有的理论与实施，而予以新的评价，不轻易判断是非，企图了解较前卫的思想与行为。可能广见多闻。愿意充实自己的生活经验。

行政主管人，前卫的政治家，科学家都必须具有高 Q1。护士，牧师神父与许多受高深教育的技工等则多有低 Q1，神经病人的因素 Q1 也比较低。

因素 Q2——独立性

低：依赖，随群附和。低者通常宁欲与人共同工作，而不愿独立孤行。常常放弃个人的主见而附和取得别人的好感，需要团体的支持以维持其自信心，却并非真正的乐群者。

高：自立自强，当机立断。高者通常能够自作主张，独自完成自己的工作计划，不依赖别人，也不受社会舆论的约束，同样也无意控制或支配别人，不嫌恶人，但是也不需要别人的好感。

科学家，行政主管人等多有高 Q2，低 Q2 者不能胜任需要随机应变能力的职务。

因素 Q3——自律性

低：矛盾冲突，不顾大体。低者通常既不能克制自己，又不能尊重礼俗，更不愿考虑别人的需要，充满矛盾却无法解决。生活适应有问题者多低 Q3。

高：知己知彼，自律，严谨。高者通常言行一致，能够合理地支配自己的感情行动。为人处世，总能保持其自尊心，赢得别人的尊重，有时却不免太固执己见。

高 Q3 者多具有领袖能力的才干，主管人，电机工和生产部门的成功也需要高 Q3。

因素 Q4——紧张性

低：心平气和，闲散宁静，低者通常知足常乐，保持内心的平衡。也可能过分疏懒，缺乏进取心。

高:紧张闲扰,激动挣扎。高者通常缺乏耐心,心神不安,态度兴奋。时常感觉疲乏,又无法彻底摆脱以求宁静。在社群中,他对人与事都缺乏信心。每日生活战战兢兢,而不能自给。

未能在生活或职业中发挥本身才智潜能的人多具有高 Q4,如餐店招待,家庭主妇,缺乏生活保障的作业等。

$Y1=[(2A+3E+4F+5H)-(AQ2+11)]/10$

参考:低于 4.5 分属于内向型,高于 6.5 分属于外向型,4.5—6.5 分则为中性。

$Y2=C+F+(11-O)+(11-Q4)$

参考:低分者属于心理健康较差者,高分者属于心理健康状态较好者,此要素总分为 4—40 分,平均值为 22 分。

$Y3=B+G+Q3+(11-F)$

参考:低分者属于学习成长能力较差者,高分者属于学习成长能力较强者。此要素总分为 4—40 分,平均值为 22 分,25 分以上者成功希望较大。

$Y4=2Q3+2G+2C+E+N+Q2+Q1$

参考:低分者为成就较低的人才,高分者为成就较高的人才。此要素总分为 10—100 分,平均值为 55 分,67 分以上者成功希望较大。

$Y5=2(11-A)+2B+E+2(11-F)+H+2I+M+(11-N)+Q1+2Q2$

参考:低分者为创造能力较弱者,高分者为创造能力较强者。Q1、Q2 的标准分高于 7 分或实际得分高于 88 分者,创造能力较强,应有所成就。

(二)MBTI 16 种性格

迈尔斯布里格斯类型指标(MBTI)表征人的性格,是由美国的凯恩琳·布里格斯和她的女儿伊莎贝尔·布里格斯制定的。该指标以瑞士心理学家荣格划分的 8 种类型为基础,加以扩展,形成四个维度,这四个维度就是四把标尺,每个人的性格都会落在标尺的某个点上,这个点靠近哪个端点,就意味着这个人就有哪方面的偏好。如在第一维度上,个体的性格靠近外倾这一端,就偏外倾,而且越接近端点,偏好越强。MBTI 测试题见附录。

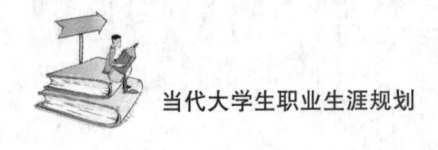

MBTI 维度解释

(一) 能量倾向:你更喜欢将自己的注意力集中于何处?你从何处获得活力?E-I 维度

外倾 extroversion(E)
注意力和能量主要指向外部世界的人和事,而从与人交往和行动中得到活力。

内倾 introversion(I)
注意力和能量集中于自己的内心世界,从对思想、回忆和情感的反思中得到活力。

● 关注外部环境	● 关注自己的内心世界
● 喜欢用谈话的方式进行沟通	● 更愿意用书面的方式沟通
● 通过谈话形成自己的意见	● 通过思考形成自己的意见
● 用实际操作或讨论的方式能学得最好	● 用思考、在头脑中"练习"的方式学得最好
● 兴趣广泛	● 兴趣专注
● 好与人交往,善于表达	● 安静而显得内向
● 先行动,后思考	● 先思考,后行动
● 在工作和人际关系中都很积极主动	● 当事情或事件对他们具有重要意义时会采取主动

(二) 接收信息:你如何获取信息?S-N 维度

感觉 sensing(S)
用自己的五官来获取信息。喜欢收集实实在在的、确实已出现的信息。对于周围所发生的事件观察入微,特别关注现实。

直觉 intuition(N)
通过想象、无意识等超越感觉的方式来获取信息。喜欢看整个事件的全貌,关注事实之间的关联。想要抓住事件的模式,特别善于看到新的可能性。

● 着眼于当前的实际情况	● 着眼于未来的可能
● 现实、具体	● 富于想象力和创造性
● 关注真实的、实际存在的事物	● 关注数据所代表的模式和意义
● 观察敏锐,并能记住细节	● 当细节与某一模式相关时才能够记得
● 经过仔细周详的推理一步步得出结论	● 靠直觉很快得出结论
● 通过实际运用来理解抽象的思维和理论	● 希望在应用理论之前先能对之进行澄清
● 相信自己的经验	● 相信自己的灵感

续表

(三) 处理信息:你是如何做决定的? T-F 维度
思考 thinking(T)
通过分析某一行动或选择的逻辑后果来做出决定。会将自己从情境中分离出来,对事件的正反两方面进行客观的分析。从分析和确认事件中的错误并解决问题中获得活力。目标是要找到一个能应用于有相似情境的或标准的原则。

情感 feeling(F)
喜欢考虑对自己和他人来说什么是重要的,会在头脑中将自己放在情境所牵扯到的所有人的位置上并试图理解别人的感受,然后在此基础上根据自己的价值判断做出决定。从对他人表示赞赏和支持中获得活力。目标是创造和谐的氛围,把每一个人都当作一个独特的个体来对待。

● 好分析的	● 善于体贴他人、感同身受
● 运用因果推理	● 受个人价值观的引导
● 以逻辑的方式解决问题	● 衡量决定对他人产生的后果和影响
● 寻求一个合乎真理的客观标准	● 寻求和谐的气氛和积极地人际交往
● 爱讲理的	● 富于同情心
● 可能显得不近人情	● 可能会显得心肠太软
● 公平意味着每一个人都能得到平等的待遇	● 公平意味着每个人都要被作为独特的个体来对待

(四) 行动方式:你如何与外部世界打交道? J-P 维度
判断 judging(J)
喜欢将事情管理得井井有条,过一种有计划的、井然有序的生活。喜欢做出决定,完成后继续下面的工作。生活通常会比较有规划、有秩序,喜欢把事情敲定下来。照计划和日程安排办事情对他们来说很重要。从完成任务中获得能量。

知觉 perceiving(P)
喜欢以一种灵活、自发的方式生活,更愿意去体验和理解生活而不是去控制它。详细的计划或最后决定会使他们感到被束缚。愿意对新的信息和选择保持开放,直到最后一分钟。足智多谋,善于调节自己适应当前场合的需要,并从中获得能量。

● 有计划的	● 自发的
● 喜欢组织管理自己的生活	● 灵活
● 有系统有计划	● 随意
● 按部就班	● 开放
● 喜欢制定短期和长期计划	● 适应,改变方向
● 喜欢把事情落实敲定	● 不喜欢把事情确定下来,以留有改变的可能性
● 力图避免最后一分钟才做决定或完成任务的压力	● 最后一分钟的压力会使他们感到活力充沛

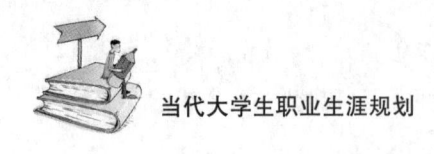

表 2-1　MBTI 16 种性格类型及其通常具有的特征

ISTJ	ISFJ	INFJ	INTJ
沉静，认真；贯彻始终、得人信赖而取得成功。讲求实际，注重事实，能够合情合理地去决定应做的事情，而且坚定不移地把它们完成，不会因外界事物而分散精神。以做事有次序、条理为乐——不论在工作上、家庭上或者生活上。重视传统和忠诚。 适合职业：审计师、会计、财务经理、办公室行政管理、后勤和供应管理、中层经理、公务（法律、税务）执行人员等。银行信贷员、成本估价师、保险精算师、税务经纪人、税务检查员等。机械、电气工程师、计算机程序员、数据库管理员、地质、气象学家、法律研究者、律师等。外科医生、药剂师、实验室技术人员、牙科医生、医学研究员等	沉静，友善，有责任感和谨慎。能坚定不移地承担责任。做事贯彻始终、不辞辛劳和准确无误。忠诚，替人照想，细心；往往记着他所重视的人的种种微小事情，关心别人的感受。努力创造一个有秩序、和谐的工作和家居环境。 适合职业：审计师、会计、财务经理、办公室行政管理、后勤和供应管理、中层经理、公务（法律、税务）执行人员等。银行信贷员、成本估价师、保险精算师、税务经纪人、税务检查员等。机械、电气工程师、计算机程序员、数据库管理员、地质、气象学家、法律研究者、律师等。外科医生、药剂师、实验室技术人员、牙科医生、医学研究员等	探索意念、人际关系和物质拥有欲的意义和他们之间的关系。希望了解什么可以激发人们的推动力，对别人有洞察力。尽责，能够履行他们坚持的价值观念。有一个清晰的理念以谋取大众的最佳利益。能够有条理地、果断地去实践他们的理念。 适合职业：审计师、会计、财务经理、办公室行政管理、后勤和供应管理、中层经理、公务（法律、税务）执行人员等。银行信贷员、成本估价师、保险精算师、税务经纪人、税务检查员等。机械、电气工程师、计算机程序员、数据库管理员、地质、气象学家、法律研究者、律师等。外科医生、药剂师、实验室技术人员、牙科医生、医学研究员等	有具创意的头脑、有很大的冲劲去实践他们的理念和达到目标。能够很快地掌握事情发展的规律，从而想出长远的发展方向。一旦作出承诺，便会有条理地展开工作，直到完成为止。有怀疑精神，独立自主；无论为自己或为他人，有高水准的工作表现。 适合职业：各类科学家、研究所研究人员、设计工程师、系统分析员、计算机程序师、研究开发部经理等。各类技术顾问、技术专家、企业管理顾问、投资专家、法律顾问、医学专家、精神分析学家等。经济学家、投资银行研究员、证券投资和金融分析员、投资银行家、财务计划人、企业并购专家等。各类发明家、建筑师、社论作家、设计师、艺术家等

续表

ISTP	ISFP	INPF	INTP
容忍、有弹性；是冷静的观察者，但当有问题出现，便迅速行动，找出可行的解决方法。能够分析哪些东西可以使事情进行顺利，能够从大量资料中找出实际问题的重心。很重视事件的前因后果，能够以理性的原则把事实组织起来，重视效率。 适合职业：机械、电气、电子工程师、各类技术专家和技师、计算机硬件、系统集成专业人员等。证券分析师、金融、财务顾问、经济学研究者。贸易商、商品经销商、产品代理商(有形产品为主)等。警察、侦探、体育工作者、赛车手、飞行员、雕塑家、手工制作、画家等	沉静，友善，敏感和仁慈。欣赏目前和周遭所发生的事情。喜欢有自己的空间，在做事又能把握自己的时间。忠于自己所重视的人。不喜欢争论和冲突，不会强迫别人接受自己的意见或价值观。 适合职业：时装、首饰设计师、装潢、园艺设计师、陶器、乐器、卡通、漫画制作者、素描画家、舞蹈演员、画家等。出诊医生、出诊护士、理疗师、牙科医生、个人健康和运动教练等。餐饮业、娱乐业主、旅行社销售人员、体育用品、个人理疗用品销售员等	理想主义者，忠于自己的价值观及自己所重视的人。外在的生活与内在的价值观配合。有好奇心，很快看到事情的可能与否，能够加速对理念的实践。试图了解别人，协助别人发展潜能。适应力强，有弹性；如果和他们的价值观没有抵触，往往能包容他人。 适合职业：各类艺术家、插图画家、诗人、小说家、建筑师、设计师、文学编辑、艺术指导、记者等。大学老师(人文类)、心理学工作者、心理辅导和咨询人员、社科类研究人员、社会工作者、教育顾问、图书管理者、翻译家等	对任何感兴趣的事物，都要探索一个合理的解释。喜欢理论和抽象的事情，喜欢理念思维多于社交活动。沉静，满足，有弹性，适应力强。在他们感兴趣的范畴内，有非凡的能力去专注而深入地解决问题。有怀疑精神，有时喜欢批评，常常善于分析。 适合职业：软件设计员、系统分析师、计算机程序员、数据库管理、故障排除专家等。大学教授、科研机构研究人员、数学家、物理学家、经济学家、考古学家、历史学家等。证券分析师、金融投资顾问、律师、法律顾问、财务专家、侦探等。各类发明家、作家、设计师、音乐家、艺术家、艺术鉴赏家等

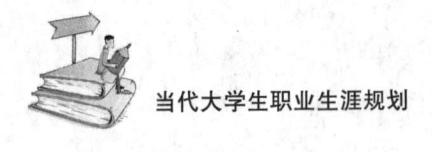

续表

ESTP	ESFP	ENFP	ENTP
有弹性，容忍；讲求实际，专注及时的效益。对理论和概念上的解释感到不耐烦，希望以积极的行动去解决问题。专注于"此时此地"，喜欢主动与别人交往。喜欢物质享受的生活方式。能够通过时间达到最佳的学习效果。 适合职业：各类贸易商、批发商、中间商、零售商、房地产经纪人、保险经济人、汽车销售人员、私家侦探、警察等。餐饮、娱乐及其他各类服务业的业主、主管、特许经营者、自由职业者等。股票经纪人、证券分析师、理财顾问、个人投资者等。娱乐节目主持人、体育节目评论、脱口秀、音乐、舞蹈表演者、健身教练、体育工作者等。	外向，友善，包容。热爱生命、热爱人，爱物质享受。喜欢与别人共事。在工作上，能用常识注意实际现实的情况，使工作富趣味性。富灵活性、即兴性，易接受新朋友和适应新环境。与别人一起学习新技能可以达到最佳的学习效果。 适合职业：精品店、商场销售人员、餐饮业客户经理、房地产销售人员、汽车销售人员、市场营销人员（消费类产品）等。广告企业中的设计师、创意人员、客户经理、时装设计和表演人员、摄影师、节目主持人、脱口秀演员等。旅游企业中的销售、服务人员、导游、社区工作人员、自愿工作者、公共关系专家、健身和运动教练、医护人员等	热情而热心，富于想象力。认为生活是充满很多可能性。能够很快地找出时间和资料之间的关联性，而且有信心地依照他们所看到的模式去做。很需要别人的肯定，有乐于欣赏和支持别人。即兴而富于弹性，时常信赖自己的临场表现和流畅的语言能力。 适合职业：儿童教育老师、大学老师（人文类）、心理学工作者、心理辅导和咨询人员、职业规划顾问、社会工作者、人力资源专家、培训师、演讲家等。记者（访谈类）、节目策划和主持人、专栏作家、剧作家、艺术指导、设计师、卡通制作者、电影、电视制片人等	思维敏捷，机灵，能极力他人，警觉性高，勇于发言。能随机应变地去应付新的和富于挑战性的问题。善于引出在概念上可能发生的问题，然后很有策略地加以分析。善于洞察别人。对日常例行事物感到厌倦。甚少以相同方法处理同一事情，能够灵活地处理接二连三的新事物。 适合职业：投资顾问（房地产、金融、贸易、商业等）、各类项目的策划人和发起者、投资银行家、风险投资人、企业业主（新兴产业）等。市场营销人员、各类产品销售经理、广告创意、艺术总监、访谈类节目主持人、制片人等公共关系专家、公司对外发言人、社团负责人、政治家等

续表

ESTJ	ESFJ	ENFJ	ENTJ
讲求实际,注重现实,注重事实。果断,很快做出实际可行的决定。能够安排计划和组织人员以完成工作,尽可能以最有效率的方法达到目的。能够注意日常例行工作的细节。有一条清晰的逻辑标准,会有系统地跟着去做,也想别人跟着去做。会以强硬态度去执行计划。 适合职业:大、中型外资企业员工、业务经理、中层经理(多分布在财务、营运、物流采购、销售管理、项目管理、工厂管理、人事行政部门)、职业经理人、各类中小型企业主管和业主	有爱心、尽责,合作。渴望有和谐的环境,而且有决心营造这样的环境。喜欢与别人共事以能准确地、准时地完成工作。忠诚,即使在细微的事情上也能如此。能够注意别人在日常生活中的需要而努力供应他们。渴望别人赞赏他们和欣赏他们所做的贡献。 适合职业:办公室行政或管理人员、秘书、总经理助理、项目经理、客户服务部人员、采购和物流管理人员等。内科医生及其他各类医生、牙科医生、护士、健康护理指导师、饮食学、营养学专家、小学教师(班主任)、学校管理者等。银行、酒店、大型企业客户服务代表、客户经理、公共关系部主任、商场经理、餐饮业业主和管理人员等	温情,有同情心,反应敏捷和有责任感。高度关顾别人的情绪、需要和动机。能够看到每个人的潜质,要帮助别人发挥自己的潜能。能够积极地协助他人和组织的成长。忠诚,对赞美和批评都能做出很快的回应。社交活跃,在一组人当中能够惠及别人。 适合职业:人力资源培训主任、销售、沟通团队培训员、职业指导顾问、心理咨询工作者、大学教师(人文学科类)、教育学、心理学研究人员等。记者、撰稿人、节目主持人(新闻、采访类)、公共关系专家、社会活动家、文艺工作者、平面设计师、画家、音乐家等	坦率,果断,乐于作为领导者。很容易看到不合逻辑和缺乏效率的程序和政策,从而开展和实施一个能够顾及全面的制度去解决一些组织上的问题。喜欢有长远的计划,喜欢有一套制定的目标。往往是博学多闻,喜欢追求知识,又能把知识传给别人。能够有力地提出自己的主张。 适合职业:各类企业的高级主管、总经理、企业主、社会团体负责人、政治家等。投资银行家、风险投资家、股票经纪人、公司财务经理、财务顾问、经济学家企业管理顾问、企业战略顾问、项目顾问、专项培训师等。律师、法官、知识产权专家、大学教师、科技专家等

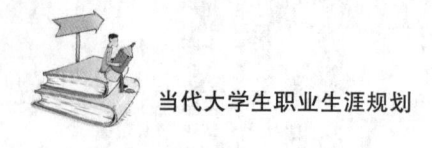

(三) 九型人格学

九型人格学(Enneagram)是一个有 2 000 多年历史的古老学问,它按照人们习惯性的思维模式、情绪反应和行为习惯等性格特质,将人的性格分为九种,性格没有好坏之分,我们要有意识地去整合各个型号的优势,慢慢摒弃自己天然的缺点。我国教育家和心理研究人员根据我国的实际情况,将职业性格的特点和职业匹配总结。如表 2-2 所示。

表 2-2 九型性格类型与职业匹配

性格类型	性格特征	典型职业
完美型	高标准,严要求,容易生气,情绪化,秩序性强,认为自己没犯错,固执	检察官、财务、行政、审计、老师、城管等原则性强的职业
奉献型	助人为乐,以别人为核心,心太软,重视感情、关系,渴望被爱、受人感激认同,不理性、缺乏原则性、防范意识	销售、客服、医生等与人打交道的职业
成就型	以目标为导向,非常自信,个人能力强,工作狂,精力旺盛,行动力强,适应能力强,敢于冒险,执着,有些个人英雄主义,不够踏实稳健	销售、公关、管理者、企业家
浪漫型	渴望自我了解,希望别人了解内心感受,喜欢我行我素,不媚俗,浪漫有创意,想象力丰富、直觉性强,感性,艺术天才,审美独特,情绪变化无常,悲情主义	设计、创作、策划、创意总监、导演、作家、画家等艺术灵感类的职业
思考型	我思故我在,善于思考研究,分析能力强,考虑周密,非常理性,享受独处,追求真理,不够圆融、行动力差	科学家、专家、工程师等学术研究类的职业
质疑型	忠诚,谨慎,善于察言观色,没有安全感,讨厌虚伪,保守派,忧虑担心,没有大的企图心,从众,决断能力差	运营、顾问、人事后勤、财务
活跃型	人生得意须尽欢,活泼开朗,精力充沛,兴趣广泛,非常乐观,话痨,黑色幽默,注重义气,喜欢变化、新鲜,欠缺责任心,玩心重,不够稳重	创作、策划、娱乐主持等有趣味的职业

续表

性格类型	性格特征	典型职业
领导型	权威自信,正义,吃软不吃硬,慷慨负责任,自然领袖,强势冲动,行动力最强,易怒,韧性不足	老板、总经理、管理者
和平型	性格温顺,与世无争,随和,心地善良,善于欣赏别人,吃软也吃硬,心宽,忍气吞声,没企图心,喜欢逃避、拖延	调停、人事、仲裁、调研等工作

小练习

总结一下,我是一个_____的人,我的性格特征有_____

_____

我的职业期望是_____

案例:张健找到满意的工作了吗

张健,国际经济法专业本科毕业,英语通过专业八级。张健毕业后做过贸易,主要是涉及生产计划、跟单以及部分外销,由于公司是一般的国有企业,工资不高,所以张健就跳槽到了目前的公司。工资高了一些,但目前公司虽然是外资代表处,其实业务主要是和江浙一带的小型制造企业打交道,负责采购和出口物流。张健觉得公司很小,管理上不规范,薪资福利上也没什么上升空间。刚进代表处半年多的时候,他曾经找了某职业顾问机构,咨询后,由于设定的目标与张健的实际情况相差比较远,结果在目前代表处做了两年多也没有实现。

张健认为自己的职业经历都是一些小的不规范的公司,希望能进规范的大型企业。但所做的工作与规范企业的工作流程差距很大,不知道如何能切入大企业。

职业顾问通过与张健的多次沟通,了解到张健虽然语言表达能力很强,但在考虑问题和思路方面其实比较主观和固执;受到家庭环境的影响,张健的主动性很差,生活和工作中依赖性比较强;另外在职业选择和工作中,张健决策能力很弱,做事优柔寡断,想法很多,但行动力比较差;张健在与人沟通中存在一些不好的肢体语言。张健的优势在于表达能力,整体形象和职业气质都很不错。职业顾问同时借助权威的职业测评系统对张健进行了职业能力、兴趣等各方面的评估。综合测评结果和职业顾问对张健的评价，职业咨询专家给出了适合张健的职业建议：张健外表给人比较外向的感觉，但其实个性方面偏内向，因此在做事和思考方面有些固执。张健的逻辑分析能力很强，做事有条理，有计划，很注重一个系统的整体性，有很好的全局观。另外，张健做事非常谨慎，都是经过一步一步的计划然后完成。职业咨询专家认为张健会是一个好的计划制订者，在沟通协调方面也很有优势。综合张健的职业经历和潜在的优势，职业咨询专家建议张健应该在一个规范系统的环境下工作，从事与机械五金相关的，如汽车零部件、机械制造、电子等大型外资和合资企业的物流方面的工作。

职业咨询专家亲自指导张健的简历撰写，简历中突出与物流相关的经历以及自己工作的计划性和协调能力。张健根据新的职业目标和简历进行了求职，在2周后就获得了某知名企业的物流职位的面试。张健说这是他第一次去心中向往的企业面试，很紧张。职业咨询专家亲自指导张健的面试，帮他调整好面试的心态，准备好一些基本的面试问题的回答思路，提醒他面试中注意自己的肢体语言，在面试后注意一些礼仪。经过第一轮人力资源和部门主管的面试后，张健收到了复试通知，参加人力资源和部门总监的面试，获得复试的张健非常激动，并再次通过职业咨询专家的指导进行了第二轮面试。在复试后的几天里，张健觉得自己心里非常不安，不能安心工作，很期待面试的结果，但心里又很担心。他说："自己似乎又进入几年前等高考成绩的状态了。"不过，两天后张健接到了该公司的体检通知，并于几天后得到了公司的Offer。通过两年多的努力，张健终于在职业顾问的帮助下消除了困惑，找到了自己梦寐以求的位置。而且，在薪资和福利方面都大大提高了，张健终于完成了人生中最关键的一步。

案例思考

1. 职业咨询专家是如何把张健的性格优劣势和他的职业生涯目标结合起来的？

2. 我们应该如何确定自己的职业生涯目标？

第四节　职业能力的认知

一、能力与职业能力

能力是完成一项目标或者任务所体现出来的素质。人们在完成活动中表现出来的能力有所不同。能力是直接影响活动效率，并使活动顺利完成的个性心理特征。能力总是和人完成一定的实践联系在一起的。离开了具体实践，既不能表现人的能力，也不能发展人的能力。

职业能力可以定义为个体将所学的知识、技能和态度，在特定的职业活动或情境中进行类化迁移与整合所形成的能完成一定职业任务的能力。职业能力主要包含三方面基本要素：1.为了胜任一种具体职业而必须要具备的能力，表现为任职资格；2.指在步入职场之后表现的职业素质；3.开始职业生涯之后具备的职业生涯管理能力。例如：一位教师只具有语言表达能力是不够的，还必须具有对教学的组织和管理能力，对教材的理解和使用能力，对教学问题和教学效果的分析、判断能力等，并且对学生进行有效积极的教育。这才是一个老师的职业能力。

由于职业能力是多种能力的综合，因此，我们可以把职业能力分为一般职业能力、专业能力和综合能力。一般职业能力主要是指一般的学习能力、文字和语言运用能力、数学运用能力、空间判断能力、形体知觉能力、颜色分辨能力、手的灵巧度、手眼协调能力等。此外，任何职业岗位的工作都需要与人打交道，因此，人际交往能力、团队协作能力、对环境的适应能力，以及遇到挫折时良好的心理承受能力都是我们在职业活动中不可缺少的能力。专业能力主要是指从事某一职业的专业能力。在求职过程中，招聘方最关注的就是求职者是否具备胜任岗位工作的专业能力。例如：你去应聘教学工作岗位，对方最看重你是否具备最基本的教学能力。随着中国经济体制改革的深入、法制的不断健全完善，人的社会责任心和诚信将越来越被重视，假冒伪劣将越来越无藏身之地，一个人的职业道德会越来越受到全社会的尊重和赞赏，爱岗敬业、工作负责、注重细节的职业人格会得到全社会的肯定和推崇。

二、职业能力对职业的影响

一定的职业能力是胜任某种职业岗位的必要条件。任何一个职业岗位都有相应的岗位职责要求，一定的职业能力则是胜任某种职业岗位的必要条件。

因此,求职者在进行择业时,首先要明确自己的能力优势以及胜任某种工作的可能性。条件允许的情况下,可以由专业职业指导人员帮助分析,根据求职者的学历状况、职业资格、职业实践等来确定求职者的职业能力,必要时可以通过心理测试作为参考,在基本确定求职者的职业能力和发展可能性的基础上帮助求职者进行职业选择。职业实践和教育培训是职业能力发展的前提。① 职业实践促进职业能力的发展。职业能力是在实践的基础上得到发展和提高的,一个人长期从事某一专业劳动,能促使人的能力向高度专业化发展。例如,计算机文字录用人员,随着工作的熟练和经验的积累,录入的速度会越来越快,准确性也会越来越高。个体的职业能力只有在实际工作中才能不断得到发展、提高和强化。② 教育培训促进教育能力的提高。个体职业能力的提高除了在实践中磨炼和提高,另外最有效的途径就是接受教育和培训。像我们所熟悉的职业教育、专科教育、大学本科教育、研究生教育等,学生通过对有关知识和技能的掌握,对以后更好地胜任本职工作会有极大的帮助。

三、如何进行职业选择

首先要量力而行,发挥个人素质优势。只有先认识自己,才能准确把握身边的情况,保持清醒的头脑。相同的道理一样适用于职业选择的全过程,一个合理、客观的自我认识是择业的前提和基础。毕业生在求职时经常陷入这样的误区:总是用"我想做什么"的思维取向去代替"我能做什么"的能力定位。一字之差,意义迥然。带着这样错误的出发点寻找工作,其实就是脱离自身条件去思考事情,一开始就加大了择业的困难。所以,在我们决定从事什么样的职业前先用客观冷静的眼光全面审视下自己。首先做到,认识自己,包括对自己的身体状况、智能结构、兴趣爱好以及个性特征等特点有充分的了解,并对自身条件做出客观的评价,认识到自己在上述方面的优势和劣势,判断自己是否胜任某种职业,而不能脱离自身条件,单纯地考虑个人需求和职业的薪酬待遇。其次,考虑职业的要求,在对个人条件作出恰如其分的估计以及充分考虑个人职业意向的基础上,对岗位特点及需求进行全面的了解:一是职业对从业者能力素质的要求,包括对从业者的身体、知识、技能等方面的规定;二是了解职业本身的情况,如职业声望、职业收入、职业不利因素等,尤其是职业的不利因素,要有清醒的认识和充分的思想准备,以防今后工作中后悔产生消极情绪。只有全面了解职业的性质和要求,才能清楚个体与职业要求的差距,确定自己能否胜任这一职业或者能否逐渐适应工作。俗话说:"尺有所短,寸有所长",大学生在择业时还应注意趋利避害、为我所利。也就是说,选择职业时

要考虑发挥自己的专业优势和能力优势。比如：有的人语言表达能力较强，适合从事教学、宣传等工作，有的人文字表达能力比较强，则比较适合从事文秘、编辑类的工作等。根据能力去选择职业，既是工作的需要，也是发挥个人潜能、进行创新的需要。选择职业时最好还能适当考虑个体的性格特点，比如有的人性格外向，善于交流，就适合从事管理或营销类的工作。只有选择符合自身条件，能发挥自己特长的职业，才能为职业发展和自身的进步打下良好的基石。

其次要审时度势，努力提升个人能力。能力是实现就业目标的重要基石，是就业定位、职业选择的主要依据。大学生要认真学习和掌握各种技能，把能力培养放在整个学习阶段的重要位置。尤其是把专业能力培养放在首位，围绕专业能力的需要可以自学和辅修第二专业，选修部分科目，注重改进学习方法和养成良好的学习习惯，并保持终身学习的热情，扩大职业选择的范围。同时，注意自身职业能力的培养和提高：如积极参加课外活动，拓展自己的交往范围和活动空间；如参加社团活动、社会实践等，培养自己的组织、设计、管理能力；担任干部，培养个人的适应能力、社会活动能力及组织管理能力，这些都对今后的职业有帮助。培养和锻炼自己的其他能力，如：学习的基本能力（自学能力、思考能力、写作能力等）、社会实践能力（适应能力、应变能力、组织管理能力、人际关系协调能力和团队合作能力等）、科学研究能力（发现问题和解决问题的能力、科学探究能力、分析总结能力等）、创新精神和创造能力等。大学生除了要具备较强的能力因素外，还应该注重自身综合素质的提高。如：个体的道德品质、敬业奉献意识、认真负责精神等。

再次要端正心态，勇敢面对社会选择。为了保证大学毕业生求职择业的顺利进行，当务之急是要引导他们努力转变就业观念，正确认识求职挫折，积极进行心理疏导，建立正确的择业心态。首先，大学生要勇于面对现实，这是求职者健康择业心态的主要表现。现在大学生求职已经从"精英"岗位层面向下移动到"非精英"岗位层面。大学毕业生应克服好高骛远、眼高手低、不切实际的择业心理，不应过分关注工资水平及地理位置。要用科学的眼光和理性的思维来考虑个人的职业生涯规划，真正将个人的职业发展与人生追求有机结合在一起，树立符合国家发展和社会需要的择业观；其次，正视自身心态，大学生应该与时俱进寻找属于自己的恰当位置，而不是死盯着那几个少得可怜的"精英"岗位；最后，培养做自己的勇气，始终要明确我们自己才是职业选择的主体，是择业行为的主导者。现实生活中有些毕业生常常被动地选择职业，他们的思维始终受他人左右，对职业认识模糊，忽视自我能动性的发挥。

俗话说:"知人为聪,知己为明;知人不易,知己更难",职业选择时要灵活地根据现实需要及自身条件调整自己的择业期望,拓宽择业的范围,这是一个非常重要的职业选择策略。

总而言之,就业形势的复杂性和严峻性,使求职择业不像过去那样一步到位了。大学生只有先调整自身定位,根据市场实际状况更新观念,转换思路,合理调整就业预期,端正择业心态,努力提高个人的素质和能力,运用聪明才智与后天勤奋,为找到理想的工作奠定良好的基础,最终实现人生价值。

训练模块

EUREKA 技能问卷工作表

EUREKA 技能问卷从自我管理、情境技能、处理细节技能、动作技能、操作技能、数学技能、沟通技能等 12 个方面对个人的 72 种技能进行测试。此外,北森开发的职业规划测试系统中也包括相应的能力测评,如言语理解、数量关系、逻辑推理和资料分析等。

这份问卷是为帮助你确定你现在拥有的技能,并弄清你工作中最喜欢使用的技能而设计的。

1. 在一张纸上,尽可能从多个方面回答"我已经做了什么"这个问题。列出那些你已在某种程度上展示了技能、达到了期望的目标或者应对了新的挑战的具体业绩或项目。要写出具体的事件,例如,"我盖了个狗窝"而不是"木匠活",或者"写了关于朱利叶斯·恺撒的报告"而不是"写作"。列出让你感觉良好的业绩,不仅仅是那些让你获得称赞和奖赏的事情,它可包括你生活中的所有方面,而不论其是工作、休闲还是学习性质的。从你所列的清单中选出 7 项能说明你个性不同方面的业绩,可包括与工作有关的活动,如果这些活动让你产生满意的话。

2. 在工作表专栏上的表格内列出这些成就,然后阅读每项技能的定义并勾出运用该技能的业绩。这样你便能看出哪些技能你过去使用得最多。

3. 确定你想在将来的工作中使用哪项技能:首先可以选择在技能清单中"令人满意技能"栏中列出的技能;即使在过去的业绩中没有使用过的技能,如果你现在已经掌握或将在走上理想岗位之前掌握它们,那么也可以选择。

4. 决定你最喜欢使用的技能。在下面的"非常令人满意"空格里写下你最满意的 5 项技能。把接着的 10 项作为"中等的满意",再接着的 20 项

作为"还算满意",列出技能的数字即可。不要在不同的地方列出同样的技能。

技能记录

非常满意的技能

___

中等满意的技能

___

还算满意的技能

___

技 能		令人满意的技能						
		1	2	3	4	5	6	7
A. 自我管理	1. 效率:以节省时间或精力的方式安排活动							
	2. 可靠性:始终以同样的质量水准完成要求的任务							
	3. 灵活性:运用各种技能并且准备好应对不断变化的工作任务							
	4. 坚韧性:不受令人分心的事情或者干扰的影响,为了一个目标持久地工作							
	5. 内驱力:促使自己尽最大努力或比其他人都优秀							
	6. 遵从:根据工作的规定或惯例来穿衣打扮和言行举止							
	7. 正直:根据道德伦理的规范而不是利益或流行观点来作出决定							
B. 情境技能	8. 忍耐不适:在身体不舒服的情境或棘手的位置上工作							
	9. 忍耐重复:一而再,再而三地重复同样的操作							
	10. 应对压力:通过加速和迅捷地工作来应对紧急的情境							
	11. 回应反馈:在上司或者你尊敬的人建议和要求的基础上改变自己的行为							

续表

技 能		令人满意的技能
		1　2　3　4　5　6　7
B. 情境技能	12. 情绪控制：当其他人生你的气或感到挫折时能保持冷静	
	13. 对紧急情况的反应：冷静且敏感地处理危险或威胁性的情境	
	14. 冒险：参加可能导致伤害或者经济损失的活动	
C. 处理细节的技能	15. 谨慎：参加活动之前仔细审查这项活动，以避免受伤或者遭到损失	
	16. 精确：认真工作，准确且精确地完成每一项任务	
	17. 警觉：认识到事件的重要性，不管有无要求，恰当地做出反应	
	18. 注意细节：记得去完成很多种不同的工作	
	19. 按照程序办事：准确地按照他人决定的应该遵从的程序完成任务	
	20. 查证检验：为了精确，检查核实数字或者书面材料	
	21. 保存记录：以书面形式跟踪钱、实物或者事实	
	22. 分类：按正确的位置或类别归置物品	
F. 数学技能	32. 数数：能数出某个位置上或者类别内有多少东西	
	33. 计算：能进行基本运算	
	34. 测量：能利用适当的工具精确地测量长度、角度、容积或者质量	
	35. 推算：预测某物的价值、尺寸、成本或者数字运算的结果	
	36. 预算：计划经济需要	
	37. 数字推理：运用数学或统计程序分析数据或解决问题	

续表

技　能		令人满意的技能 1 2 3 4 5 6 7
H. 概念技能	44. 形象化：能根据一个观点、一幅图画或者语言的描述在脑海中形成画面	
	45. 画画：能创作物体图片或心理图像	
	46. 设计：能为一项新工程、建筑物或者产品设计方案	
J. 推理技能	54. 调查：系统查找和搜集信息	
	55. 构建：能通过定义一个系统来组织人、事或者观点	
	56. 计划：确定事情发生的顺序和时间	
	57. 分析：把问题分成几个部分，以便单独解决每一部分	
	58. 整合：用新的和有创意的方式来组织事实和观点	
G. 沟通技能	38. 阅读：从书面材料中获取信息	
	39. 书写：能写出有意义并合乎文法的句子或者文章	
	40. 编辑：从语法、内容和格式上来修改文字材料	
	41. 提问：提出问题促使他人提供有用的信息或者达成新的认识	
	42. 解释：清楚准确地交流信息	
	43. 表达情绪：能描述情绪或者能让他人感受到这种情绪	
K. 人际交往能力	59. 服务：回应其他人的要求或紧急需要	
	60. 治疗：通过治疗来解除身体的或情绪的问题	
	61. 机智：巧妙地处理困难的社交情境，且不会冒犯他人或令他人尴尬	
	62. 合作：为了达到一个共同的目标协调自己和其他人的努力	

续表

技　能		令人满意的技能
		1　2　3　4　5　6　7
K. 人际交往能力	63. 理解：认识并承认他人的感受	
	64. 建议：为他人的问题提供信息或者建议解决方案	
L. 领导技能	65. 决策：选择一项行动并为后果负责	
	66. 指导他人：告诉其他人做什么并且为他们的表现负责	
	67. 开创：开始新的任务、观点、计划或者结识新的伙伴	
	68. 说服：影响其他人的行为或者观点	
	69. 面对：告诉其他人他们不想听到的事情	
	70. 谈判：通过取舍的过程为问题找到双赢的解决办法	
	71. 训练：让人或动物学会新的行为	
	72. 执行：安排小组活动或指导他们	
D. 动作技能	23. 手指灵敏度：精确运用你的手指	
	24. 手工灵敏度：准确运用你的双手	
	25. 协调运动：身体的多个部位能一起准确灵活地运动	
	26. 快速反应：对刺激快速反应	
	27. 耐久力：持续地做令人身体劳累的工作而不会感到疲惫	
	28. 力量：能举起很重的物体或者完成其他类似的身体任务	
E. 操作技能	29. 操作：能控制或操纵机器，电子设备或者其他仪器的运转	
	30. 装配：能把机械装置、拼图或者建筑等拆分并组装起来	
	31. 调整：通过系统地改变设置来提高机器、电子设备、乐器等的性能	

90

续表

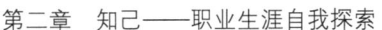

技　能		令人满意的技能						
		1	2	3	4	5	6	7
I.判断技能	47.声音辨别力：能听出声音的细微差别							
	48.颜色辨别力：能看出颜色的细微差别							
	49.形状辨别力：能看出形状、宽度和长度的细微差别							
	50.深度知觉：能精确判断远处物体和你的距离							
	51.运用事实：通过知识或者测量来判断或评价人、事或者观点							
	52.运用经验：运用过去的经验、培训或者观点来判断或评价人、事或者观点							
	53.美学鉴赏力：运用你的美感来判断或评估人、事或者观点							

第五节　职业价值观探索

一、职业价值观的概述

职业价值观，是指一个人在选择职业前所处的状态和具体从事某一职业所具备的能力，也是指人对职业的看法与领悟，包括职业兴趣、职业倾向、工作适应性、工作主动性、成功倾向性、事业成功指数等，其中职业倾向是测评一个人适合从事的职业，对一个人在职业生涯中的合理定位起到决策作用，是组织或者个人在进行工作匹配、职业生涯规划时应该考虑的重要因素。

每个人在面对就业择业的时候，在职业兴趣和适合的工作领域等方面，一般表现出一定的倾向性。然而大多数人并不了解（或不是真正清楚）自己最感兴趣和最适合的工作领域。同时，在现代社会中，不同的行业和职业的数量有成百上千种，人们往往很难在数以千计的职业中，来确定哪种职业最适合自己。因此一个比较可行的方法，是首先将众多庞杂的职业归为数量有限、划分合理的职业群，然后从这几个职业群中去发现自己最感兴趣的职业群，并从中寻找比较适合自己的职业领域。

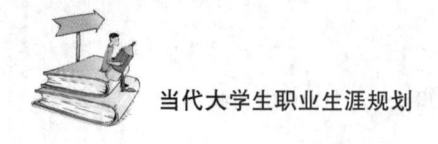

二、职业价值观的类型

俗话说:"人各有志"。这个"志"表现在职业选择上就是职业价值观,它是一种具有明确的目的性、自觉性和坚定性的对职业选择的态度和行为,对一个人职业目标和择业动机起着决定性的作用。

由于个人的身心条件、年龄阅历、教育状况、家庭影响、兴趣爱好等方面的不同,人们对各种职业有着不同的主观评价。从社会来讲,由于社会分工的发展和生产力水平的相对落后,各种职业在劳动性质的内容上,在劳动难度和强度上,在劳动条件和待遇上,在所有制形式和稳定性等诸多问题上,都存在着差别。再加上传统的思想观念等影响,各类职业在人们心目中的声望地位便也有好坏高低之见,这些评价都形成了人的职业价值观,并影响着人们对就业方向和具体职业岗位的选择。

职业价值观决定了人们的职业期望,影响着人们对职业方向和职业目标的选择,决定着人们就业后的工作态度和劳动绩效水平,从而决定了人们的职业发展情况。哪个职业好?哪个岗位适合自己?从事某一项具体工作的目的是什么?这些问题都是职业价值观的具体表现。职业心理学家通过大量的调查,从人们的理想、信念和世界观角度把职业价值观分为9种,9种职业价值观适合从事的职业类型如表2-3所示。

表2-3 职业价值观及其特点

职业价值观	典型特征	适合从事的职业
自由型	不受别人指使,凭自己的能力拥有自己的小"城堡",不愿受人干涉,想充分施展本领	作家、编剧、演员、心理咨询师等
小康型	受尊敬欲望很强,追求虚荣,优越感也很强,渴望能有较高的社会地位和名誉,欲望得不到满足时,由于有过于强烈的自我意识,有时反而很自卑	各类检验、营销、行政岗位职员
支配型	想当上组织的一把手,飞扬跋扈,无视他人的想法,为所欲为,且视此为无比快乐	行政主管、公务员、自主创业者、营销
自我实现型	对诸如平常的幸福、一般的惯例等毫不关心,一心一意发挥个性、追求真理;不考虑收入、地位及其他人;非常在意自己的看法,尽力挖掘自己的潜力,施展自己的本领,并视此为有意义的生活	教师、医生心理咨询师、各类科研人员及技术人员

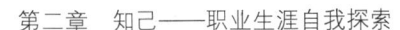

续表

职业价值观	典型特征	适合从事的职业
志愿型	热心公益事业,富于同情心,把他人的痛苦视为自己的痛苦,不愿干表面上哗众取宠的事,把默默地帮助不幸的人视作无比快乐	教师、医生、心理咨询师、护士、福利机构工作者
技术型	认为立足社会的根本在于一技之长,因此他们专研一门技术,认为靠本事吃饭既可靠又稳当	医生、各类工程技术人员
经济型（经理型）	他们断然认为世界上的各种关系都建立在金钱的基础上,包括人与人之间的关系,甚至父母与子女之间的爱也带有金钱的烙印。这种类型的人确信,金钱可以买到世界上所有的幸福	各种职业中都有这种类型的人,商人为多
合作型	人际关系较好,认为朋友是最大的财富	公关人员、推销人员、秘书等
享受型	喜欢安逸的生活,不愿从事任何挑战性的工作	无固定职业类型

三、职业价值观的树立与职业选择

社会上的每一种职业,都是为社会做贡献的整体事业的一部分。不同的职业岗位,确实存在着社会声誉、经济报酬、福利待遇、劳动条件、发展机会等种种差异。因为人们生活环境、生活道路、思想水平、兴趣、性格、能力等诸多方面的不同,所以在择业时,往往表现出不同的职业价值观念。但是,正确的职业观念应首先建立在为社会尽职尽责,实现真正的人生价值上。"职业无高低贵贱之分"、"三百六十行,行行出状元"。任何职业都不会埋没人才,不会束缚人的创造力,关键在于如何对待自己的职业,在平凡的岗位上做出不平凡的业绩。

有了正确的职业价值观,还要有正确的择业观。所谓择业观,就是按照职业理想进行合理择业的一种出发点。选择职业,首先要了解社会的需求,这是考虑择业的基本出发点。个人的能力再强,条件再优越,社会不需要,也无可奈何。只有社会需要,才是择业的前提。怎样看待社会的需求？怎样才算成才？这是摆在所有择业者面前必须解决的问题。社会需要各式各样的人才,人才又分高级、中级、初级不同的层次。接受高等教育把自己培养成社会需要的高层次的人才,这种想法应该给予肯定和赞赏。但是,大学更注重于理论,而企业需要大量应用型的有实践经验的初、中、高级人才,这需要通过选择实战技术过硬的职业技术学校来完成。无论是上大学,还是接受职业技术教育,都是成才之路。有人担心,接受职业技术教育之后,难以成为高级人才。其实,这取决于个人的选择和努力,而教你的专业主讲老师是不是真正在一线工作多年的实战型工程师也是是一个关键因素。

职业选择应处理好以下五种关系:

1. 处理好职业价值观与金钱的关系

金钱是一种成就的报酬,它是在确定职业价值观时首要面对的问题。有些经济条件不太好的大学毕业生在求职时,将金钱作为首选价值观,从根本上讲这并未有错。但是对于一些人来说,现在拥有的知识、能力、经验和阅历,还不足以使其一走上社会就获得大量的金钱回报,因此怀有一夜暴富的心理是不正常的,更是危险的,容易被社会上的不法分子利用,甚至误入歧途。特别是面对严峻的就业形势,更应理性地降低对金钱的期望值,把眼光放远一些,尽可能地将自我成长和自我实现作为在毕业求职时的首选价值观。

2. 处理好职业价值观与个人兴趣和特长的关系

职业价值观、个人兴趣和特长是人们在择业时需要考虑的最重要的三个因素。在确定价值观时,一定要考虑它是否与自己的兴趣和特长相适应。据调查,如果一个人从事自己不喜欢的工作,有80%的人难以在他选择的职业上成功;而如果选择了自己喜欢的工作则可以充分调动人的潜能,获得职业发展的原动力。此外,选择一项自己擅长的工作,也会事半功倍。

3. 处理好职业价值观的排序与取舍的问题

职业价值观的特性决定人们不会只有唯一的职业价值观,人性的本能也会驱使人们希望什么都能得到,但在现实生活中"鱼和熊掌是不可兼得的"。然而在职业选择中,有些人却不能理性对待。既然是选择,就要付出代价,只有舍,才能得。所以,要对自己的职业价值观进行排序,找出你认为最重要、次重要的方面,并提醒自己不可能什么都得到,否则就会患得患失,终其一生也不清楚自己到底想要什么,更谈不上职业生涯的成功和对社会的贡献了。

4. 处理好职业价值观中个人与社会的关系

人不能离开社会而独立存在,个人只有在工作中为社会做贡献才能实现自己的职业价值。当然我们并不是说要忽略择业中的个人因素,只去尽社会责任,这样不但不利于个人发展,也是社会的损失。例如,让一个富于科学创造力、不善言辞的学者去从事普通的教师工作,可能使国家损失一项重大的发明,而社会不过多了一个也许并不出色的老师。因此,我们反对只为个人考虑、毫不考虑国家和社会需要的职业价值观。

5. 处理好淡泊名利与追逐名利的关系

当一个人有了名利才有资格去谈淡泊,没有名利说淡泊那叫"吃不到葡萄说葡萄酸"。名利是人的欲望使然,欲望可以使人成就大的事业,也可使人自我毁灭。以合理、合法、公正、公平的方式追名逐利,在一定程度上对个人对社会都会有益,但它需要一定的度,该知足时则知足,该进取时则进取。

选择职业,还必须有发展的眼光,注意研究职业的演变和发展的趋势。要保持清醒的头脑,不要追逐"浪头",追逐形形色色的"热"和"风"。要审时度势,适时调整择业的目标,做到"人无我有,人有我优",不断开拓进取,做一个真正对社会、对企业有用的人。

训练模块

职业价值观自测量表练习

下面有52道题目,每个题目都有5个备选答案,请根据自己的实际情况或想法,在题目后面圈出相应字母,每题只能选择一个答案。通过测验,你可以大致了解自己的职业价值观念倾向。

A——非常重要　　　　B——比较重要　　　　C——一般
D——较不重要　　　　E——很不重要

1. 你的工作必须经常解决新的问题。A　B　C　D　E
2. 你的工作能为社会福利带来看得见的效果。A　B　C　D　E
3. 你的工作奖金很高。A　B　C　D　E
4. 你的工作内容经常变换。A　B　C　D　E
5. 你能在你的工作范围内自由发挥。A　B　C　D　E
6. 工作能使你的同学、朋友非常羡慕你。A　B　C　D　E
7. 工作带有艺术性。A　B　C　D　E
8. 你的工作能使人感觉到你是团体中的一分子。A　B　C　D　E
9. 不论你怎么干,你总能和大多数人一样晋级和涨工资。A B C D E
10. 你的工作使你有可能经常变换工作地点、场所或方式。A B C D E
11. 在工作中你能接触到各种不同的人。A　B　C　D　E
12. 你的工作上下班时间比较随便、自由。A　B　C　D　E
13. 你的工作使你不断获得成功的感觉。A　B　C　D　E
14. 你的工作赋予你高于别人的权力。A　B　C　D　E
15. 在工作中,你能试行一些自己的新想法。A　B　C　D　E
16. 在工作中你不会因为身体或能力等因素被人瞧不起。A B C D E

17. 你能从工作的成果中,知道自己做得不错。 A B C D E

18. 你的工作经常要外出、参加各种集会和活动。 A B C D E

19. 只要你干上这份工作,就不再被调到其他意想不到的单位和工种上去。 A B C D E

20. 你的工作能使世界更美丽。 A B C D E

21. 在你的工作中,不会有人常来打扰你。 A B C D E

22. 只要努力,你的工资会高于其他同年龄的人,升级或涨工资的可能性比干其他工作大得多。 A B C D E

23. 你的工作是一项对智力的挑战。 A B C D E

24. 你的工作要求你把一些事务管理得井井有条。 A B C D E

25. 你的工作单位有舒适的休息室、更衣室、浴室及其他设备。 A B C D E

26. 你的工作有可能结识各行各业的知名人物。 A B C D E

27. 在你的工作中,能和同事建立良好的关系。 A B C D E

28. 在别人眼中,你的工作是很重要的。 A B C D E

29. 在工作中你经常接触到新鲜的事物。 A B C D E

30. 你的工作使你能常常帮助别人。 A B C D E

31. 你在工作单位中有可能经常变换工作。 A B C D E

32. 你的作风使你被别人尊重。 A B C D E

33. 同事和领导人品较好,相处比较随便。 A B C D E

34. 你的工作会使许多人认识你。 A B C D E

35. 你的工作场所很好,比如有适度的灯光,安静、清洁的工作环境,甚至恒温、恒湿等优越的条件。 A B C D E

36. 在工作中,你为他人服务,使他人感到很满意,你自己也很高兴。 A B C D E

37. 你的工作需要计划和组织别人的工作。 A B C D E

38. 你的工作需要敏锐的思考。 A B C D E

39. 你的工作可以使你获得较多的额外收入,比如:常发实物、常购买打折扣的商品、常发商品的提货券、有机会购买进口货等。 A B C D E

40. 在工作中你是不受别人差遣的。 A B C D E

41. 你的工作结果应该是一种艺术而不是一般的产品。 A B C D E

42. 在工作中不必担心会因为所做的事情领导不满意,而受到训斥或经济惩罚。 A B C D E

43. 在你的工作中能和领导有融洽的关系。　A B C D E
44. 你可以看见你努力工作的成果。　A B C D E
45. 在工作中常常要你提出许多新的想法。　A B C D E
46. 由于你的工作,经常有许多人来感谢你。　A B C D E
47. 你的工作成果常常能得到上级、同事或社会的肯定。　A B C D E
48. 在工作中,你可能做一个负责人,虽然可能只领导很少几个人,你信奉"宁做兵头,不做将尾"的俗语。　A B C D E
49. 你从事的那种工作,经常在报刊、电视中被提到,因而在人们的心目中很有地位。A B C D E
50. 你的工作有数量可观的夜班费、加班费、保健费或营养费等。A B C D E
51. 你的工作比较轻松,精神上也不紧张。A B C D E
52. 你的工作需要和影视、戏剧、音乐、美术、文学等艺术打交道。　A B C D E

评分与评价：

上面的52道题分别代表13项工作价值观。A得5分、B得4分、C得3分、D得2分、E得1分。请你根据下面评价表中每一项前面的题号,计算一下每一项的得分总数,并把它填在每一项的得分栏上。然后在表格下面依次列出得分最高和最低的3项。

评价表

得分	题号	职业价值观	职业价值观呈现的目的和意义说明
	2,30,36,46	利他主义	在于直接为大众的幸福和利益尽一份力
	7,20,41,52	美感	在于能不断地追求美的东西,得到美感的享受
	1,23,38,45	智力刺激	在于不断进行智力的操作,动脑思考,学习以及探索新事物,解决新问题
	13,17,44,47	成就感	在于不断创新,不断取得成就,不断得到领导与同事的赞扬,或不断实现自己想要做的事
	5,15,21,40	独立性	在于能充分发挥自己的独立性和主动性,按自己的方式、步调或想法去做,不受他人的干扰
	6,28,32,49	社会地位	在于所从事的工作在人们的心目中有较高的社会地位,从而使自己得到了人们的重视与尊敬

续表

得分	题号	职业价值观	职业价值观呈现的目的和意义说明
	14,24,37,48	管理	在于获得对他人或某事物的管理支配权,能指挥和调遣一定范围内的人或事物
	3,22,39,50	经济报酬	在于获得优厚的报酬,使自己有足够的财力去获得自己想要的东西,使生活过得较为富足
	11,18,26,34	社会交际	在于能和各种人交往,建立比较广泛的社会联系和关系,甚至能和知名人物结识
	9,16,19,42	安全感	不管自己能力怎样,希望在工作中有一个安稳局面,不会因为奖金、涨工资、调动工作或领导训斥等经常提心吊胆、心烦意乱
	12,25,35,51	舒适	希望能将工作作为一种消遣、休息或享受的方式,追求比较舒适、轻松、自由、优越的工作条件和环境
	8,27,33,43	人际关系	希望一起工作的大多数同事和领导人品较好,相处在一起感到愉快、自然,认为这就是很有价值的事,是一种极大的满足
	4,10,29,31	变异性	希望工作的内容应该经常变换,使工作和生活显得丰富多彩,不单调枯燥

得分最高的三项是:

1. ＿＿＿＿＿＿；2. ＿＿＿＿＿＿；3. ＿＿＿＿＿＿。

得分最低的三项是:

1. ＿＿＿＿＿＿；2. ＿＿＿＿＿＿；3. ＿＿＿＿＿＿。

从得分最高和最低的三项中,可以大致看出你的价值倾向,在选择职业时就可以加以考虑和借鉴。

本章练习

1. 你是怎样理解职业兴趣的?
2. 大学生职业能力和技能可以通过什么途径培养?

第二章　知己——职业生涯自我探索

本章阅读

案例：吕蒙的问题

吕蒙，研一，会计学专业。她出生于知识分子家庭，从小就是班上的佼佼者，成绩一直非常优异，后来如愿考上北大光华会计学专业，本科毕业后又被保送继续攻读本专业的研究生。

可是她越来越发现自己并不喜欢会计专业，将来也不想从事会计行业。她去了职业咨询师那里。在咨询师的引导下，她说："我妈妈是一家大公司的会计，她认为会计这个职业很稳定，收入也比较高，而且年纪大了也不会被淘汰，属于'越老越吃香'的职业。当时，我对专业不是很了解，所以就听妈妈的意见。上大学之后，我才发现自己并不喜欢这个专业，但是周围的同学都很优秀，我觉得自己也不能落下，所以我就很努力地学习，后来就被保研了。"

读研以后，随着对专业方向学习和研究的深入，随着对日后就业方向和职业发展道路的了解，吕蒙越来越发现，从事本专业的工作不是自己想要的生活。而读研意味着自己在会计专业方向上又前进了一步，自己未来的职业道路似乎更要局限于财务、审计、会计师等工作了。想到这儿，她开始焦虑起来，一种强烈的转行愿望开始在她头脑中弥漫开来。

职业咨询师对吕蒙进行了测评。结果显示，她是一个比较外向的女孩，她的职业兴趣偏向社会型和企业型，喜欢与人打交道，喜欢变化和创新，喜欢在快速成长、变化的环境中从事创造性和开拓性的工作，对重复性和细节性的工作则缺乏兴趣和耐心。很明显，会计学和财务工作多偏向与数据、图标、公式打交道，属于事务型，与吕蒙的兴趣类型正好相反，所以，吕蒙不喜欢她的专业，也不想从事会计和财务工作。

职业咨询师告诉吕蒙：职业规划并不是绝对的，要根据社会环境的发展变化以及对自我和职业了解程度的变化而调整和发展。任何职业和个人都不可能百分之百的匹配。我们做职业规划，不是把自己限制在一个很小的职业范围之内，而是要开阔视野，充分了解自我和职业，还要在积极的行动中根据现实情况不断调整和修正自己的职业方向，最终达到选择职业道路的目的。

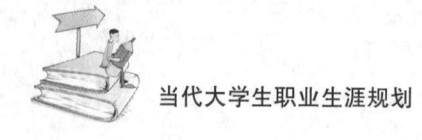

案例思考
1. 吕蒙为什么会在自己不喜欢的专业上浪费了那么多的时间？
2. 吕蒙应该如何去做才能改变目前这种情况？
3. 你是不是像吕蒙一样，缺乏对职业社会和职业知识的了解呢？

阅读链接

职业规划师谈运动员转型秘诀：要拿优点找工作

举重冠军当了搓澡工、马拉松冠军因生活贫困摆地摊、体操冠军在街头卖艺乞讨……每每看到运动员退役后的"再就业"新闻，总会让人扼腕痛惜。其实，对于吃青春饭的运动员来说，转型是必然要面临的现实，但如何转，怎样转成为运动员最关注的话题，毕竟成功者仅限少数。

日前，记者采访到了国内 YBC 创业学院的执行院长、中国十佳培训师杜葵先生。杜葵曾为荷兰飞利浦、中国网通、法国达能、UT 斯达康等知名公司的销售人员实施过拓展训练，在职业规划和就业指导方面颇有心得，还在天津卫视《非你莫属》栏目组担任点评嘉宾。

也许是因为经常在节目中帮助职场"菜鸟"，所以提起运动员转型一事，杜葵颇感兴趣："早就应该关注运动员了，因为退役后，他们的人生道路太窄了。不过在我看来，就业时应该拿着自己的优点找工作，而不应该凑合。"

创成绩，要靠修养

"在国外，每一位能力超群的人首先得是一位体育运动方面的尖子，因为体育能带给他们不同常人的品格，他们是真的爱体育，可是在中国，所有的运动员似乎都只有拿金牌这一个目标。所以，人生价值的不同，让国内的运动员都变成了只有运动能力的人，而没有机会和时间接受完整的教育。"关于运动员转型为何难的问题，还未等记者开问，杜葵就道出了"真相"。

相对体育和艺术工作者而言，需要从小投入大量的精力，可一旦走上专业道路，学习就变成了生活中的"佐味料"，可有可无。"很多运动员之所以选择当教练，是因为他们的人生道路太窄了，似乎除了搞运动外就不会做别的了，缺失了知识和人文素养的积淀，他们经不起社会上的竞争和大浪淘沙。"在杜葵看来，运动员不应该闭门造车，在创成绩的同时，更重要的是加强人文修养。

运动员转型要想成功，就得静下心来，好好设计未来，一味活在自己过往的成绩中，只会毁了自己。"良好的人文修养，是一个人呈现的外在气质，无论从事任何工作，都要和人打交道，这也是求职和转型过程中，最为重要的硬件

素质,而这种锻炼绝非一蹴而就,所以运动员应该尽可能地多读书、读好书。"杜葵的提议非常中肯,看似老生常谈,但如果不从根源出发的话,就业难、转型难、生活难的问题,如同噩梦一般,会长期萦绕在体育圈内。

缩小差距,要拿优点找工作

不知道你是否有这样的感受,每每要去竞争时,总会拿自己和竞争对手做对比,于是就打起了退堂鼓。其实,这是职场大忌,因为你在拿着自己的缺点去和对方的优点相比,又怎么不会长他人志气灭自己威风?"我们可以分析一下运动员的性格特点,帮助他们看清自己。"杜葵非常有逻辑地开始给记者呈现出运动员所具备的优秀品质。

第一,运动员耐力好,控制力好,有超强的意志和毅力。任何职场都需要这类人群,但凡投入一项新的工作,如果能发挥出个性中坚韧的一面,肯定能攻克各种难题,在不久的将来必会成功。

第二,运动员抗压能力强。当他们面对全世界的观众和优秀运动员时,依然能取得奖牌,这种强劲的爆发力和展示自我的能力是常人少有的。军人身上也具有这样的品质,所以很多军人创业后会获得成功,是因为他们能把压力转化为工作的能量和动力。

第三,运动员单纯。从小在运动场上生活,每天就是面对枯燥的训练,在单纯的学习和生活环境中成长,人自然会纯朴一些。杜葵表示,这种单纯并不是意味着"头脑简单",而是品质上的质朴。每个老板都是"人精",他们已经练就了一眼看穿人心的本领,他们也希望工作中能有"小清新"的风格。这类人,比较适合从事客服工作,或者办公室的工作,因为与人打交道,还是单纯、直接比较好。

记者原本想让杜葵为运动员转型出谋划策,但几番交流下来,他已经将转型方案细化,从运动员具备的特性出发,放大其优点,帮他们重建自信的同时,认清自己需要什么。

杜葵感慨地说:"在《非你莫属》的舞台上,我接触过相关的求职人员,他们不敢跟老板提要求,觉得能给他一个工作就是天大的幸福了,其实你不要在乎自己的年龄和背景,一定要敢寻找适合自己的位置。举个例子,有人觉得没本事的人就应该当助理,因为起点低,可是这个工作却恰恰体现了一个人的综合素质,要替领导应酬人际关系,要化解不和谐的社会关系、团队危机……不要小看某一个位置,不要将就某一个职务,更不要小看自己,拿着缺点找工作,你永远都找不到。"杜葵的话斩钉截铁。

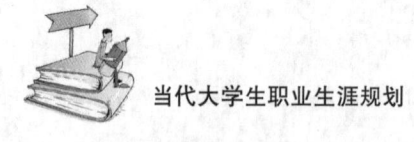

运动员们，大胆迈出你的路

"世上本没路，走的人多了也就成了路。"当人们遇到困难，每每需要另辟蹊径时，总会用这话来鼓励自己。其实，这话同样适合于运动员，只要你敢于迈开自己的步伐，敢于坚持，定能够为自己谋一条光彩的路，相信转型后的如鱼得水总比拿奥运金牌要容易些。

不得不承认，运动员从小在圈子里长大，内敛、羞涩，甚至对于自己只会从事运动而缺失某些技能而自卑，可是做人不是要坦荡点吗？你知道自己的不足，可以去弥补；你哪怕没有某项技能，也完全可以用心去学习，相信在愚公移山面前，学习某项生活技能要容易得多。

特别喜欢杜葵老师说的那句话，"永远不要拿自己的短板去和别人的优势相比，那样你会迷失自己。"是的，我们为什么不呈现自己那么多的优点，去让看笑话、说风凉话的人闭嘴呢？其实，职业不分贵贱，不管你转型做什么，都会有自己坚定的信念在支撑着，也会有你爱的人和爱你的人在背后支持你。失败也好，成功也罢，这是人生中所必然要经历的一种锻炼，因为不经历风雨，就始终不会见到彩虹。退一步来讲，运动员们应该有资格拥有更灿烂的人生，因为他们从小饱受高强度的训练，在展示超过极限的力量的同时，伤痕累累……这样的人在退役后，难道不更应该拥有幸福吗？

至于转型后干什么，这事压根不可怕，怕的是你不能放低自己的姿态，因为干什么不重要，适合自己的才重要。转行经商的，没必要一开始就要大规模、大手笔，即便是开一家小型的卤煮店，用心经营的话，也会有朝一日变成大规模的食品加工厂；跨行玩票也不是不行，既然运动员身上有名人的光环，就可以把它发挥到极致；回归家庭，当家庭主妇，最起码可以陪伴孩子一起成长。

转型，没什么大不了，就看你是否能有迈出第一步的勇气。其实，当你大胆地往前迈进一步时，成功就接近了一步，那份来自公众的掌声，一点也不会逊色于奥运夺冠时观众的呐喊声。大胆迈出你的步子，我们将与你同行。

资料来源：http://sports.sina.com.cn 2012年09月01日 山西新闻网-山西晚报

第三章 知彼——职业生涯环境探索

教学目标

知识：了解影响当代大学生职业生涯规划的环境因素

技能：通过了解环境因素，更好地认清形势，引发大学生职业生涯规划的动态思考。

先行阅读

孟子小时候，父亲早早地死去了，母亲守节没有改嫁。他们住在墓地旁边。有一次，孟子和邻居的小孩一起学着大人跪拜、哭嚎的样子，玩起办理丧事的游戏。孟子的妈妈看到了，就皱起眉头：不行！我不能让我的孩子住在这里了！孟子的妈妈就带着孟子搬到市集旁边去住。到了市集，孟子又和邻居的小孩，学起商人做生意的样子。一会儿鞠躬欢迎客人，一会儿招待客人，一会儿和客人讨价还价，表演得像极了！孟子的妈妈知道了，又皱皱眉头：这个地方也不适合我的孩子居住！于是，他们又搬家了。这一次，他们搬到了学校附近。孟子开始变得守秩序、懂礼貌、喜欢读书。这个时候，孟子的妈妈很满意地点着头说：这才是我儿子应该住的地方呀！

孟母三迁的故事告诉我们，良好的环境对人的成长及品格的养成至关重要。你是否仔细观察分析过自身周边的环境？这些环境对你的成长、人生规划有哪些影响？

人是环境的产物。每一个人都处在一定的环境之中，离开了这个环境，便无法生存与成长。环境为每个人提供了活动的空间、发展的条件、成功的机

遇。特别是近年来,社会的快速变迁、科技的高速发展、市场的竞争加剧等,对个人的发展产生了很大的影响。在这种情况下,个人如果能很好地利用外部环境,就会有助于事业的成功。否则,就会处处碰壁、寸步难行、事倍功半,难以成功。因此,在制定个人的职业生涯规划时,要分析环境条件的特点、环境的发展变化情况、个人与环境的关系、个人在环境中的地位、环境对个人提出的要求以及环境中对自己有利与不利的因素等等。只有对这些环境因素充分了解,才能做到在复杂的环境中趋利避害,使生涯规划具有实际意义,使自己充分适应与满足社会的需要,使个人的人生价值得到最大的实现。

大学生所处的家庭环境、学校环境和社会环境是影响大学生职业生涯规划最主要的三个外部环境因素。家庭环境对大学生的影响是最早和最持久的;学校环境对大学生的影响是阶段性的、系统的;而社会环境伴随人的一生,对大学生的影响是贯彻始终的。从广义上来说,社会环境包含家庭环境和学校环境。大学生若想抓住机遇,建立明确的职业目标,有效降低机会成本和降低选择的风险,那么深入的职业环境分析是必不可少的。

第一节 家庭环境

古语有云:家和万事兴。良好的家庭环境是一个人健康成长、养成优良性格的基础。家庭是社会的细胞,父母是孩子的启蒙老师。家庭环境是一个人最早接触的外界环境,家庭环境对于个人的成长具有持续不断、潜移默化的巨大影响。因此,学生能否健康成长、成才,家庭教育起着至关重要的作用。

一、家庭环境的概念

《中国大百科全书·社会学卷》中指出:家庭是由婚姻、血缘或收养关系所组成的社会生活的基本单位。中国社会学家费孝通认为:家庭是父母子女形成的团体。家庭存在广义和狭义之分,狭义的家庭指个体家庭并且是一夫一妻制;广义的家庭指人类进化的不同阶段上的各种家庭形式,即有婚姻关系和血亲关系人员组成的经常在一个住宅共同生活的社会存在物。根据此定义,家庭具有以下三个特点:是社会存在物并且相对独立,是住宅生活体,是以血亲关系和夫妻关系为纽带的人员组织体。家庭是个体生活不可或缺的载体,个体的成长变化都会受到家庭环境中不同因素的影响,人们在这里学习最初的社会经验,对今后身心发展起到了重要作用,家庭环境是个体各方面社会化的一个初始环境,与个体身心发展有着密切联系。家庭环境分为物质环境和

精神环境两类。物质环境指家庭中一切与衣食住行有关的物品所构成的物质系统；精神环境指家庭中一切家庭成员的气质、道德修养、知识水平、家庭活动氛围等。

二、家庭环境对个人成长的影响

家庭是孩子的第一学校。每个孩子的家庭是造就其素质以至影响职业生涯的主要因素之一。英国教育家约翰·洛克的观点非常明确："家庭教育决定孩子一生的命运。"不同的家庭环境有着不同的教育方式。从1951年开始，美国临床心理学家安妮·罗欧采用谈话、测验和了解个人生活史等方法，来研究杰出的物理学家、生物学家和社会科学家的个人发展史及其人格特征，发现他们早期所受的不同养育方式的教育，影响其追求的职业类型以及在所选择的领域中可能达到的水平。美国学者鲍姆林德（D. Baumrind，1969）的研究，把父母的教养方式分为权威型（authoritative style）、专制型（authoritarian style）和放任型（permissive style）。后来美国心理学家麦科比和马丁（E. E. Maccoby & J. A. Martin，1983）又将放任型进一步分为溺爱型（indulgent style）和忽视型（neglectful style）。这样，父母的家庭教育方式大致可以分为四种类型：权威型（高要求、高反应）、专制型（高要求、低反应）、溺爱型（低要求、高反应）和忽视型（低要求、低反应）。因为权威和专制两词词义含混，近来多用民主型代替权威型。

在民主型家庭中，父母自身言行的示范作用大，孩子自我约束能力强，即便到了青年期，独立性发展了，在自身进行职业生涯规划的过程中，仍然能考虑父母的忠告，并在各个方面按照正确的规则要求自己。并且，父母和子女之间的互相理解能够不断增长，心理上不存在隔阂，双方犹如朋友一样，在遇到各种问题时可以开诚布公地交流沟通，在职业生涯规划的过程中，能合理考虑父母的意见，适度接受父母的指导，有利于学生自身的成长。

专制型家庭的青年与父母的关系十分疏远。感到自己在家中毫无地位，家庭毫无温暖，自己不被理解，父母的要求也常常是无理的，内心对父母不服，很少与父母交流思想，更谈不到讲心里话。专制型的父母和子女，在认识、情感和行为协调上一致性水平较低。在自身进行职业生涯规划时，因为对于父母专制的刻意抵制，子女会将职业选择的方向刻意背离父母要求的方向，或者臣伏于父母的权威，自身没有较深的考虑，导致子女在大学期间意志消沉，消极对待学业和校园生活，甚至会出现心理疾病。

溺爱型家庭，父母常以一种接受、和蔼，甚至有些顺从的方式对待孩子。

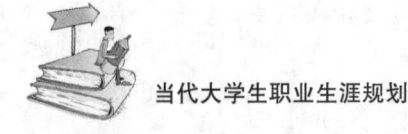

他们较少对孩子提出要求,孩子具有高度的按照自己意愿行动的自由。父母对孩子的溺爱行为主要表现在两个方面:一是过分迁就庇护。这类父母爱子心切,宁肯自己省吃俭用也要无限制地满足子女的一切欲望,不管孩子的需求是否合理,一味迁就,从不违背孩子的意愿。他们几乎看不到孩子的缺点,总拿自己孩子的长处与别人孩子的短处比,放松了对孩子的思想道德教育,甚至不愿意听别人说自己孩子的缺点,对孩子偏袒护短,娇惯纵容。二是过分保护。有的父母总把孩子看成幼小无知、需要处处照顾的弱小生命,生怕孩子遭到不幸,总怕有害于孩子,对孩子的身体及生活照顾得太过分,对孩子的衣食住行样样包办代替,对孩子的学习、游戏、社会交往等方面设置了过多的清规戒律。

在忽视型家庭,父母总是对孩子采取放任的态度,他们对孩子没有明确要求,或没有什么要求。尽可能少与孩子在一起活动,甚至可能对孩子置之不理。他们对子女的活动和去向知道得很少,对子女在学校或与朋友一起时的经历也不感兴趣,很少与子女谈心,做决策时很少考虑子女的意见。他们很少关心孩子的需求,很少注意培养孩子的良好品质与行为习惯,对孩子的奖罚往往凭自己的兴致或情绪,随心所欲。对孩子的表现不重视,视若无睹,甚至对孩子的问题行为,如撒谎、逃学、作弊、抽烟、喝酒、打架、赌博等不管不教,放任自流或纵容。忽视型父母其实是以自己为中心的,而不是按照有利于子女发展的信念来抚养孩子,他们主要围绕自己的需要和兴趣来建设家庭。这类父母与子女,在认识、情感和行为协调上都比较缺乏。青年与父母的关系只是抚养与被抚养的关系,缺乏心理上的交往,他们难得接受到来自家长的责怪或鼓励,对家长的榜样也没有兴趣,激不起心灵上的激动与不安,心里有话也不愿在家中讲。至于必要的理解、尊重、独立自主性的满足、榜样的信息等,则要到社会生活中去寻找。

三、家庭环境对大学生职业生涯规划的影响

在家庭环境中,父母的受教育程度、社会地位及家庭和谐程度,对大学生的成长及职业生涯规划都有一定的影响。家庭环境对个人成长的重要意义已不容置疑,良好的家庭环境有助于子女形成独立、勇敢、自信的性格特点,而不良的家庭环境易导致子女胆小、多虑、不善于交往的缺点,从而对大学生进行职业生涯规划的广度及自主性有较大的影响。近年来,大学生家庭环境的健康和谐程度有所下降,容易表现出不良倾向,家庭矛盾的激化日益凸显。

> 训练模块

家庭环境量表中文版（FES‐CV）

家庭环境量表中文版（FES‐CV）由费立鹏等人于1991年在美国心理学家 Moss R. H. 编制的"家庭环境量表（FES）"的基础上修订改写而成。该量表含有10个分量表，分别评价10个不同的家庭社会和环境特征：(1)亲密度；(2)情感表达；(3)矛盾性；(4)独立性；(5)成功性；(6)知识性；(7)娱乐性；(8)道德宗教观；(9)组织性；(10)控制性。该量表含有90个是非题，答题时间约30分钟，要求受试者具有初等以上教育程度。

指导语：

该问卷用于了解您对您的家庭的看法。请您确定以下问题是否符合你家里的实际情况，如果您认为某一问题符合您家庭的实际情况请答"是"，如不符合或基本上不符合，请答"否"。如果难以判断是否符合，您应该按多数家庭成员的表现或者经常出现的情况作答。如果仍无法确定，就按自己的估计回答。请务必回答每一个问题。有些问句带有"★"，表示此句有否定的含义，请注意正确理解句子内容。记住，该问卷所说的"家庭"是指与您共同食宿的小家庭。在回答问卷时不要推测别人对您的家庭的看法，请一定按实际情况回答。请将答案写在（　）内。

您的姓名（　　）　性别（　　）　职业（　　）　出生日期（　　）

文化程度（　　）

注：本问卷中，1表示"是"，2表示"否"，请用1或者2作答。

1（　）我们家庭成员都总是互相给予最大的帮助和支持。

2（　）家庭成员总是把自己的感情藏在心里，不向其他家庭成员透露。

3（　）家中经常吵架。

4（　）★在家中我们很少自己单独活动。

5（　）家庭成员无论做什么事情都是尽力而为的。

6（　）我们家经常谈论政治和社会问题。

7（　）大多数周末和晚上家庭成员都是在家中度过，而不外出参加社交和娱乐活动。

8（　）我们都认为不管有多大困难，子女应该首先满足老人的各种需求。

9（　）家中较大的活动都是经过仔细安排的。

10（　）★家里人很少强求其他家庭成员遵守家规。

11（　）在家里我们感到很无聊。

12( )在家里我们想说什么就可以说什么。
13( )★家庭成员彼此之间很少公开发怒。
14( )我们都非常鼓励家里人具有独立精神。
15( )为了有好的前途,家庭成员都花了几乎所有的精力。
16( )★我们很少外出听讲座、看电影或去博物馆以及看展览。
17( )家庭成员常外出到朋友家去玩并在一起吃饭。
18( )家庭成员都认为做事应顺应社会风气。
19( )一般来说,我们大家都注意把家收拾得井井有条。
20( )★家中很少有固定的生活规律和家规。
21( )家庭成员愿意花很大的精力做家里的事。
22( )在家中诉苦很容易使家人厌烦。
23( )有时家庭成员发怒时摔东西。
24( )家庭成员都独立思考问题。
25( )家庭成员都认为使生活水平提高比其他任何事情都重要。
26( )我们都认为学会新的知识比其他任何事都重要。
27( )★家中没人参加各种体育活动。
28( )家庭成员在生活上经常帮助周围的老年人和残疾人。
29( )在我们家里,当需要用某些东西时却常常找不到。
30( )在我们家吃饭和睡觉的时间都是一成不变的。
31( )在我们家里有一种和谐一致的气氛。
32( )家中每一个人都可以诉说自己的困难和烦恼。
33( )★家庭成员之间极少发脾气。
34( )我们家的每个人的出入是完全自由的。
35( )我们都相信在任何情况下竞争是好事。
36( )★我们对文化活动不那么感兴趣。
37( )我们常看电影或体育比赛、外出郊游等。
38( )我们认为行贿受贿是一种可以接受的现象。
39( )在我们家很重视做事要准时。
40( )我们家做任何事都有固定的方式。
41( )★家里有事时很少有人自愿去做。
42( )家庭成员经常公开地表达相互之间的感情。
43( )家庭成员之间常互相责备和批评。
44( )★家庭成员做事时很少考虑家里其他人的意见。

第三章 知彼——职业生涯环境探索

45（ ）我们总是不断反省自己,强迫自己尽力把事情做得一次比一次好。

46（ ）★我们很少讨论有关科技知识方面的问题。

47（ ）我们家每个人都对1～2项娱乐活动特别感兴趣。

48（ ）我们认为无论怎么样,晚辈都应该接受长辈的劝导。

49（ ）我们家的人常常改变他们的计划。

50（ ）我们家非常强调要遵守固定的生活规律和家规。

51（ ）家庭成员都总是衷心地互相支持。

52（ ）如果在家里说出对家事的不满,会有人觉得不舒服。

53（ ）家庭成员有时互相打架。

54（ ）家庭成员都依赖家人的帮助去解决他们遇到的困难。

55（ ）★家庭成员不太关心职务升级、学习成绩等问题。

56（ ）家中有人玩乐器。

57（ ）★家庭成员除工作学习外,不常进行娱乐活动。

58（ ）家庭成员都自愿维护公共环境卫生。

59（ ）家庭成员认真地保持自己房间的整洁。

60（ ）家庭成员夜间可以随意外出,不必事先与家人商量。

61（ ）★我们家的集体精神很少。

62（ ）我们家里可以公开地谈论家里的经济问题。

63（ ）家庭成员的意见产生分歧时,我们都一直回避它,以保持和气。

64（ ）家庭成员希望家里人独立解决问题。

65（ ）★我们家里人对获得成就并不那么积极。

66（ ）家庭成员常去图书馆。

67（ ）家庭成员有时按个人爱好或兴趣参加娱乐性学习。

68（ ）家庭成员都认为要死守道德教条去办事。

69（ ）在我们家每个人的分工是明确的。

70（ ）★在我们家没有严格的规则来约束我们。

71（ ）家庭成员彼此之间都一直合得来。

72（ ）家庭成员之间讲话时都很注意避免伤害对方的感情。

73（ ）家庭成员常彼此想胜过对方。

74（ ）如果家庭成员经常独自活动,会伤家里其他人的感情。

75（ ）先工作后享受是我们家的老习惯。

76（ ）在我们家看电视比读书更重要。

77（　　）家庭成员常在业余时间参加家庭以外的社交活动。

78（　　）我们认为无论怎么样，离婚是不道德的。

79（　　）★我们家花钱没有计划。

80（　　）我们家的生活规律或家规是不能改变的。

81（　　）家庭的每个成员都一直得到充分的关心。

82（　　）我们家经常自发地谈论家人很敏感的问题。

83（　　）家人有矛盾时，有时会大声争吵。

84（　　）在我们家确实鼓励成员都自由活动。

85（　　）家庭成员常常与别人比较，看谁的学习工作好。

86（　　）家庭成员很喜欢音乐、艺术和文学。

87（　　）我们娱乐活动的方式是看电视、听广播而不是外出活动。

88（　　）我们认为提高家里的生活水平比严守道德标准还要重要。

89（　　）我们家饭后必须立即有人去洗碗。

90（　　）在家里违反家规者会受到严厉的批评。

家庭环境量表中文版(FES—CV)评分标准

"家庭环境量表"(FES)系 Moss 等于1981年编制，共设90条是非题，需要大约30分钟完成。该量表分为10个分量表，分别评价10个不同的家庭社会和环境特征。在很多西方国家，FES已广泛应用于描述不同类型正常家庭的特征和危机状态下的家庭状况，评价家庭干预下的家庭环境变化，以及对家庭环境与家庭生活的其他方面进行比较。

FES 所评价的家庭特征包括：(1) 亲密度(Cohesion)，即家庭成员之间相互承诺、帮助和支持的程度；(2) 情感表达(Expressiveness)，即鼓励家庭成员公开活动，直接表达其情感的程度；(3) 矛盾性(Conflict)，也就是家庭成员之间公开表露愤怒、攻击和矛盾的程度；(4) 独立性(Independence)，即家庭成员的自尊、自信和自主程度；(5) 成功性(Achievement Orientation)，是指将一般性活动(如上学和工作)变为成就性或竞争性活动的程度；(6) 知识性(Intellectual—Cultural Orientation)，即对政治、社会、智力和文化活动的兴趣大小；(7) 娱乐性(Active—Recreational Orientation)，即参与社交和娱乐活动的程度；(8) 道德宗教观(Moral—Religious Emphasis)，即对伦理、宗教和价值的重视程度；(9) 组织性(Organization)，即指安排家庭活动和责任时有明确的组织和结构的程度；(10) 控制性(Control)，即使用固定家规和程序来安排家庭生活的程度。

独立性、道德宗教观和情感表达这三个分量表的内部一致性较差可能是由于文化差异所致。在西方国家，家庭成员的相对独立性（尤其是孩子）是一个核心问题，但在中国却显得并不那样重要。事实上，在中国家庭中，孩子的独立性常被看成是不受欢迎的事情。因此评价中国家庭独立性这一概念的项目之间仅有微弱相关不足以为奇。在西方文化中，宗教信仰的程度与道德观紧密相连，但在中国大陆却不是这样。因此评价中国家庭道德观的重要性，应按完全不同的标准来进行。同样，在中国家庭内表达意见和情感的方式也与西方不同，在家里相互之间的坦露直率常被认为是不合适的，因而也需要对情感表达分量表的项目进行大量的修改以适合中国国情。

将对照组家庭参试者得分与美国家庭进行比较，发现两者之间大多数分量表的均分都有显著差异。中国家庭亲密度、成功性、道德宗教观和组织性比美国家庭要突出；而美国家庭的矛盾性、独立性、娱乐性和控制性比中国家庭要显得突出。除了控制性在美国家庭显得突出外，上述其他的差异，与有关对美国和中国家庭的描述性资料结果相一致，但由于有些分量表的内部一致性较差，在解释这些差异时必须十分谨慎。此外，这些差异可能并非因处于两种文化的家庭的实际差别所致，可能是由于改变了FES—CV某些项目原文的意义，或中国参试者与西方参试者对同样项目有不同的理解所致。

量表的评分与分析

所有90个项目按选择的答案来评分，若回答"是"评"1"分，若回答"否"则评为"2"分。然后按下列方法计算分量表得分（"I_x"表示第"X"条项目的得分）。

亲密度 $= (I_{11}-1)+(I_{41}-1)+(I_{61}-1)-[(I_1-2)+(I_{21}-2)+(I_{31}-2)+(I_{51}-2)+(I_{71}-2)+(I_{81}-2)]$

情感表达 $= [(I_2-1)+(I_{22}-1)+(I_{52}-1)+(I_{72}-1)]-[I(I_{12}-2)+(I_{32}-2)+(I_{42}-2)+(I_{62}-2)+(I_{82}-2)]$

矛盾性 $= (I_{13}-1)+(I_{33}-1)+(I_{63}-1)-[(I_3-2)+(I_{23}-2)+(I_{43}-2)+(I_{53}-2)+(I_{73}-2)+(I_{83}-2)]$

独立性 $= (I_4-1)+(I_{54}-1)-[(I_{14}-2)+(I_{24}-2)+(I_{34}-2)+(I_{44}-2)+(I_{64}-2)+(I_{74}-2)+(I_{84}-2)]$

成功性 $= (I_{55}-1)+(I_{65}-1)-[(I_5-2)-(I_{15}-2)+$

$(I_{25}-2)+(I_{35}-2)+(I_{45}-2)+(I_{75}-2)+$
$(I_{85}-2)]$

知识性 $= (I_{16}-1)+(I_{36}-1)+(I_{46}-1)+(I_{76}-1)-$
$[(I_6-2)+(I_{26}-2)+(I_{56}-2)+(I_{66}-2)+$
$(I_{86}-2)]$

娱乐性 $= (I_7-1)+(I_{27}-2)+(I_{57}-1)+(I_{87}-1)-$
$[(I_{17}-2)+(I_{37}-2)+(I_{47}-2)+(I_{67}-2)+$
$(I_{77}-2)]$

道德宗教观 $=(I_{18}-1)+(I_{38}-1)+(I_{88}-1)-[(I_8-2)+$
$(I_{28}-2)+(I_{48}-2)+(I_{58}-2)+(I_{58}-2)+$
$(I_{68}-2)+(I_{78}-2)]$

组织性 $= (I_{29}-1)+(I_{49}-1)+(I_{79}-1)-[(I_{19}-2)+$
$(I_{39}-2)+(I_{59}-2)+(I_{69}-2)+(I_{89}-2)]$

控制性 $= (I_{10}-1)+(I_{20}-1)+(I_{60}-1)+(I_{70}-1)-$
$[(I_{30}-2)+(I_{40}-2)+(I_{50}-2)+(I_{80}-2)+$
$(I_{90}-2)]$

小练习

认识自己的家庭：
(1) 你的家庭成员有：＿＿＿＿＿＿＿＿＿＿＿＿＿＿＿＿
(2) 你的家庭成员里对你的成长影响最大的人是：＿＿＿＿＿＿＿＿＿
(3) 你的家庭成员里对你的成长影响最大的人从事的职业：＿＿＿＿＿
(4) 父母的职业：＿＿＿＿＿＿＿＿＿＿＿＿＿＿＿＿＿＿＿
(5) 父母对你的期望：＿＿＿＿＿＿＿＿＿＿＿＿＿＿＿＿＿
(6) 你认为父母身上最值得你借鉴的品德是：＿＿＿＿＿＿＿＿＿＿
(7) 你对于自己以后从事职业的期望：＿＿＿＿＿＿＿＿＿＿＿＿
(8) 父母对你的教育有哪些内容有利于你期望从事的职业：＿＿＿＿
(9) 父母对你的教育有哪些内容有悖于你期望从事的职业：＿＿＿＿

第二节　学校环境

一、学校环境的概念

许多学生在选择学校及专业之时，并没有针对自身的情况以及学校和科系做一番全面细致的分析，或者是分析不准确，导致入校之后，发现就读专业与兴趣不合，希望转系，影响了学习。还有很多学生缺乏奋斗目标，感觉空虚、迷茫，对未来不知何去何从。而对自我认识的不够、学习动力不足、自我控制能力不强、时间管理能力差等问题也在大学生群体中一一浮现。这些情况严重影响了大学生的准确定位和提前准备，对未来踏入社会以及后续的发展非常不利。大学生处于就职前后的过渡时期、对未来前途的探索阶段，是生涯发展的关键时期，他们面临着学业、职业、婚姻等方面的重大抉择。这一时期的青年学生，尚未形成稳定的心理状态，从中学生到大学生的角色变化，以及中学生活和大学生活的极大差异性，使得许多学生不知如何应对大学生活。

大学生生活在校园里，校园是大学生生活的主要环境，大学生主要受到校园生活环境的影响。当今倡导的校园环境，主要指的是校园文化，大学生职业生涯规划也会无形地受到校园文化各方面的影响。

校园文化是指学校所具有的特定精神生活环境和文化生活氛围，包括校园建筑设计、校园景观、校园绿化等物化形态的内容，也包括学校的传统、校风、学风、人际关系、集体舆论等属于精神生活层面的内容。校园文化的建设会促进对大学生世界观、人生观和价值观的培养。校园全面开展的就业文化建设，通过形式多样、生动活泼的就业文化宣传教育活动，引导学生树立正确的职业价值观、就业观。校园文化主要分为制度文化、物质文化等。

二、校园文化对职业生涯规划的影响

学校的制度是各个学校在党的教育方针和政策指导下，经过发展而逐步建立和完善起来的，是学校内一切学习、工作和生活的依据和保障。这些规范性、约束性很强的制度，在实践过程中形成和具备了文化的特质。这种制度文化对大学生职业生涯规划有独特的指导和规范作用。比如竞争择优的就业推荐制度，使大学生能从一年级起就重视自己的创新和开拓能力，培养

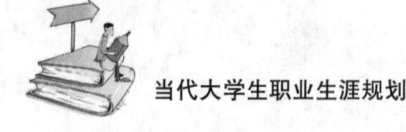

自己不甘落后的拼搏精神。还有高年级毕业实习和就业预备期结合的制度，使他们能迅速融入实习单位的事业中，潜心钻研业务。总之，在校园制度文化的熏陶中，大学生能够更科学地选择自己的就业途径，更理性地去对待日益规范化、制度化的行业发展态势，从而也更全面而又合乎规律地去发展自我。

在校园内的教学科研、生活后勤以及环境等方面的种种设施都属于物质构件，但它在校园内包含着文化的内涵。因为它们都是由设计施工人员创造出来的，是他们精神世界对象化的物化，其中更蕴含着学校领导者和员工们的思想、感情等精神因素。比如校园的实训基地中大量的是物的因素，但这些也会时时影响着学生的职业选择。学习汽车应用技术的，在接触大量的这方面材料后，熟能生巧，增加了对这些东西的了解和兴趣，甚至有某种程度的亲切感。学习建筑设计的，在不断绘制大量图纸的过程中，也会培养出职业爱好。特别是在现代的、流畅的校园建筑中学习、生活，更激发出他们学好本专业，献身本行业的事业心和工作热情。这些看似无声的设施和材料，往往会外化成凝固的音乐组合，给人以扣人心弦的感觉。它们使学生更贴近现实、更热爱专业、更会去传承和发扬物质文化中的理性内涵。

在校园中，行为文化无处不在地对大学生产生影响，这种影响存在于学生参与学校活动的各个方面。如许多学生通过学生社团组织的专业技能比赛，能够直接或间接地参与和了解与今后职业活动密切相关的技能，并熟悉、汲取、交流、切磋这方面的基本操作流程，这必然会影响到他们今后进行职业生涯的规划。还有，校园的毕业实践工作，通常有着丰富而又比较可行的模式和行为规范，这也具有影响力。除了通过校方的正常安排和引导外，历年来一批批毕业生在实习过程中形成的习惯、做法和影响往往会积淀下来，形成一种实习文化，自然地得以传承。而这种影响更实际、更有操作性，对毕业生的职业生涯设计有着不可低估的作用。同时，校园的行为文化处于不断丰富和创新的过程，它会随着时代的发展，社会的需求，经济实体的提升，而逐渐新颖化、层次化、实在化。

校园文化建设对学生职业生涯设计起着不可低估的促进作用，而一批又一批大学生职业生涯设计的实践，使其充满着活力，将进一步丰富校园文化建设的内涵，这两者会随着高校的健康发展而日趋紧密地融合起来。

三、大学教育对职业生涯规划的影响

大学教育是按照专业门类来培养学生适应职业需要的基本素质和能力

的过程。这一过程是通过基础课、专业基础课的教学活动和其他教育活动，使学生从某一专业的逻辑起点达到能够解决该专业一定问题的理论和技术修养水平，从而形成适应某类或某种职业需要的专业特长。也就是说，大学生所受的专业教育直接制约着其职业适应的范围。如果大学生所学的专业面较窄，其职业适应的范围就小；反之，职业适应的范围就相对宽广。因此，高校也要不断地根据社会职业的需要来设置专业或对业已形成的专业结构进行调整，扩大学生的就业范围，增强适应能力。近年来，针对毕业生知识面较窄、知识结构不合理、动手能力不强、组织管理能力不高等问题，我国高校努力通过改革教育模式和教学内容，来培养专才与通才相结合、文理交叉、工管相兼的复合型人才。为此，也相应地建立起一套行之有效的机制，如主辅修制，双学位制等。这些都为有效地扩大学生的专业面，提高学生的综合素质创造了有利条件。随着高校招生和毕业生就业制度改革的深入和学分制的实行，满足学生专业志愿和扩大其职业适应领域等方面的情况，会得到更好的改变。

四、职业生涯规划在国内外高校的发展

在西方一些发达国家以及我国的香港、台湾地区，生涯规划理论已经发展的比较成熟，形成了自己独特的理论与实践体系，生涯教育体系较为完备，各高校根据自身特点发展出各具特色的生涯辅导模式，为学生的生涯规划提供了有力的帮助。大陆地区进行学生职业发展、生涯规划教育的时间则比较晚，一直到20世纪末、21世纪初才开始学习和推广比较前沿的理论和实践。大学生的生涯规划也越来越受到高校的关注，生涯辅导工作被提上议程。高校建立了专门的机构负责学生生涯辅导工作，从事生涯辅导的工作者专业化水平逐渐提高。

阅读模块

日本：20世纪中后期，随着教育改革的深入，职业生涯指导被正式地列入学校的教育计划，职业生涯教育开始进入"课程化"时期。1958年和1960年，文部省分别对初中和高中的学习指导大纲进行了全面修订。在这两个大纲中，正式把职业指导更名为"出路指导"。目的在于使学校的职业指导与社会上的职业指导有所区别。学校进行的职业指导，实际上既包含着就业指导又包含着升学指导。进入70年代以后，根据日本社会产业结构和就业结构的变化，文部省曾多次提出加强、改善和充实学校出路指导的意见。强调要有计

划、有组织地进行指导;要着重培养学生的职业观和价值观以及自主选择决定将来出路的能力。

美国:美国的职业指导从1903年帕森斯倡导至今已有百年的历史,各种职业指导的理论模式差不多都是由美国学者提出的,至今已经形成了一套较为完整的职业指导理论模式和较为系统的就业指导方法。而职业生涯规划与管理学说起源于20世纪60年代,现已成为西方国家人力资源管理的重要内容。在美国的教育历史上,曾两次专门以政府法案的形式进行了职业生涯教育改革,对美国的教育产生了重大影响,它们分别是20世纪70年代的《生计教育法案》以及90年代的《学校—就业法案》。

英国:教育部门在教育改革的实践中也注意到社会与教育的相互作用,注意利用各方力量。在一些相关法令中规定,相关社会各部门要为学生熟悉各种职业提供便利条件。各企业、事业单位、工厂要和学校建立广泛的合作关系,给学生们提供参观和就地实习,以熟悉各专业、职业和工种的机会,以利于学生做出正确的选择。同时,学校也注意赢得学生家长的支持。定期举办家长的培训,使他们注意从小对学生进行职业意识的灌输,锻炼他们的独立能力,这些都保证了学校教育改革得以有序地进行。

瑞典:学校在学校内设置职业指导课程,帮助学生根据个人的知识和能力选择职业。职业指导课程在义务学校中设置,也在高中设置,这种课程每校必备,不是职业指导专家进行的个别行为。该课程贯穿在全部学习中,老师的责任不仅是教理论课,也教职业指导课。其中20%的职业指导课程在校外进行,由职业指导老师自己设置。同时,增强家长和学生对职业与培训选择的全面了解。请家长到校听职业指导课,对家长进行职业、培训方面的宣传,使家长帮助学生确定职业和学习科目的选择;安排学生到父母工作的工厂参观,增强其对社会的了解;聘请职业指导专家帮助学生确定所选专业,帮助学生制定个人发展计划。让学生先试选职业培训课程,试读后再确定课程,做到职业培训与学校文化教育相结合,并将职业培训融汇于3年学制之中。

小练习

了解自己的学校环境:
(1) 你所在学校的名称:＿＿＿＿＿＿＿＿＿＿＿＿＿＿＿＿＿
(2) 你所在学校的校训:＿＿＿＿＿＿＿＿＿＿＿＿＿＿＿＿＿
(3) 你对校训的理解是:＿＿＿＿＿＿＿＿＿＿＿＿＿＿＿＿＿
(4) 你学校的所在地:＿＿＿＿＿＿＿＿＿＿＿＿＿＿＿＿＿

(5) 学校所在省市的特点是：_____
(6) 学校的资源有：_____
(7) 你的学校在全国高校里排名：_____
(8) 你的学校的专业有：_____ 其中特色专业有：_____
(9) 你所学的专业培养优势在于：_____
(10) 你是否喜欢自己的专业：_____
(11) 学校开设的第二专业有：_____
(12) 你在学校参加的社团有：_____，从中你学到的与你期望职业有关的经验有：_____
(13) 你在参加的学生组织有：_____，你在其中担任的职务有：_____，从中你学到的与你期望职业有关的经验有：_____
(14) 同专业，从你的学校毕业的学长从事的工作：_____，其中，你最敬仰的学长是：_____，他/她从事的职业是：_____

第三节 社会环境

自1999年大学扩招至今，大学毕业生的数量呈爆发式增长。至2015年，毕业生的数量达到749万。在当前这种就业形势之下，很多学生在走出象牙塔，踏入社会之时，仍旧是一脸迷茫，不知所措。在找寻工作过程中，许多学生一头雾水，不知从何处下手，不会制订适当的计划，最终很难找到一份适合自己的工作。而大学生对工作的期望值较高，对工作岗位不满意，或是对工作的不适应，使得离职率高的现象也非常突出。大学毕业生无法顺利地完成从"校园人"到"社会人"的角色转换，形成对社会不适应的局面。因此时刻关注社会环境，有利于大学生及早定位自身，客观地进行职业生涯规划。

一、经济环境

经济环境是指构成企业生存和发展的社会经济状况和国家经济政策。一个国家、一个地区在一定时期内的经济状况，直接影响其劳动就业状况。大学生选择职业，不可避免地要受到当时的社会经济状况的影响。从整个国家范

围来说,经济的发展和科学技术的进步,劳动生产率的提高,职业演化速度的加快,就业岗位的增加,都是极为相关的因素。从一个国家的区域性经济发展状况来说,由于其不平衡性,往往使经济发展速度快的地区成为大学生择业的热点。目前,我国经济增长方式的转变和经济结构的调整以及科教兴国和可持续发展两大战略的实施,对大学生就业的影响已显现出来。

社会经济状况直接反映到职业的经济地位和行业的经济状况上。毕业生就业的结构性矛盾,表现为专业与需求、层次与需求的失衡现象。由于学校培养周期与社会需求变化的频率非同步发生,学校针对社会需求的调适往往滞后以致错位,这就要求大学生要认识客观经济环境对就业的直接影响,充分发挥主观能动性,克服客观环境的不利因素,主动适应社会需要。

二、政策环境

大学生就业政策是国家为实现一定时期的路线、方针而制订高层次人力资源配置的行动准则,体现了一定时期社会发展的需要,是大学生就业过程中所应遵循的基本规范。我国大学生就业制度经历了一个不断发展和改革的过程,有关的政策也作过相应的调整。不同历史阶段有着不同的政策内容,政策体现着一定的导向性、调控性和约束性。

在统包统配的就业制度条件下,人才资源配置的方式同其他经济资源配置的方式都是一元化的计划控制。毕业生虽然在国家下达的分配计划内有选择个人志愿的权利,但最终必须服从学校具体制订的调配方案。在这样的政策条件下,毕业生是依附性就业。就政策特点来说,调控性和约束性极强,其导向性主要是通过政治思想教育和学生自觉服从社会需要的主导择业观来实现。在今天看来,这样的政策一定程度上忽略了学生个人的择业意愿,且易使人才资源配置失当。但是,在当时的历史条件下,它有其存在的合理性,是与当时的经济体制相配套的,也曾经为社会经济的发展起过重要的作用。

当前,在社会主义市场经济条件下,高等教育适应市场经济发展的契合点,首先表现在毕业生就业这一环节上。现在正在实行的毕业生就业制度,是在国家就业方针、政策指导下,毕业生和用人单位双向选择的制度。

虽然毕业生有自主择业的权力,但不是说,就业政策就失去了导向、调控、约束的功能,但用人单位也有自主用工的权力。因此毕业生自主择业不是毕业生的一厢情愿或随心所欲。双向选择是选择与被选择的关系,是主客体的辩证统一,选择的双方不是谁必须服从谁的问题,而是双方在相互满足对方需要基础上而达成的一种契约关系。因此,双向选择体现毕业生就业中的更本

质的关系。既然是契约关系，就摆脱不了政策的导向、调控和约束。比如，挑选毕业生单位的劳动用工政策、吸引人才的政策，发达地区和中心城市的进入控制政策，都将对毕业生择业产生重要的制约作用。而且还要看到，有些约束性的政策不是在择业期才体现出来，而是在招生时和培养过程中就形成的一种契约关系，比如对委托培养生、定向培养生以及享受专业奖学金的学生的政策等，都直接制约着择业者的择业行为。

除大学生就业政策的直接影响外，劳动人事制度中诸如人才流动、工资、公务员制度等，以及社会职业结构调整的有关政策，都会对大学生择业产生直接的或间接的影响。

> **小练习**
>
> 了解大学生就业政策：
> (1) 在校大学生入伍的政策是：_____
> (2) 我国研究生招考的政策是：_____
> (3) 应届毕业生报考国家及省市公务员的政策是：_____
> (4) 应届毕业生到部队就业的政策是：_____
> (5) 应届毕业生出国留学的类型及政策是：_____
> (6) 大学生自谋职业和创业的政策是：_____

延伸阅读

自主创业持续上升"重心下沉"趋势初显

——2015 年中国大学毕业生就业报告

编者按

又是一年毕业季。今年全国高校毕业生人数近 750 万，再创历史新高。应届大学毕业生就业情况怎样？大学生毕业后职业发展如何？毕业生需求有哪些新的趋势？这些问题牵涉千千万万毕业生和家长的心。今天，我们特别编发麦可思研究院日前发布的《2015 年中国大学生就业报告》，该报告基于麦可思研究院对 2014 届大学生毕业半年后的调查研究，以及对 2011 届大学生毕业三年后的跟踪调查研究，其中的数据及结论，期望能对教育主管部门、高校和大学生就业创业具有参考价值。

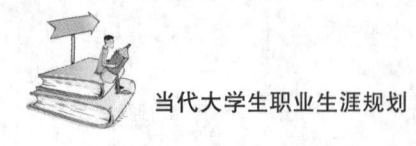

一、近三届大学毕业生半年后就业率稳定

1. 近三届毕业生半年后就业率稳定

2014届大学生毕业半年后的就业率(92.1%)比2013届(91.4%)略有上升,比2012届(90.9%)上升1.2个百分点。其中,本科院校2014届毕业生半年后的就业率为92.6%,比2013届、2012届(分别为91.8%、91.5%)均有所上升(分别上升0.8、1.1个百分点);高职高专院校2014届毕业生半年后的就业率为91.5%,比2013届(90.9%)略有上升,比2012届(90.4%)上升1.1个百分点。近三届大学毕业生半年后就业率呈现稳定趋势。

2. 选择创业、升学的毕业生比例持续增加

2014届大学毕业生"受雇全职工作"的比例(79.2%)与2013届、2012届(分别为80.6%、81.3%)相比有所下降,但总体就业情况能保持稳定。主要是因为自主创业的毕业生比例从上届的2.3%上升到了2.9%,同时本科毕业生读研比例从上届的10.8%上升到11.7%,高职高专读本的比例从上届的3.8%上升到4.2%。

3. 各专业就业状况具有持续性

根据就业状况,可以把各专业分为"红、黄、绿牌"专业。红牌专业指的是失业量较大,就业率、薪资和就业满意度综合较低的专业,为高失业风险型专业。黄牌专业指的是除红牌专业外,失业量较大,就业率、薪资和就业满意度综合较低的专业。绿牌指的是失业量较小,就业率、薪资和就业满意度综合较高的专业,为需求增长型专业。

2015年大学毕业生红牌本科和高职高专专业,与2014年相比,部分专业一致,各专业就业状况具有持续性。2015年本科就业红牌专业有生物工程、美术学、生物科学、应用物理学、应用心理学、法学、音乐表演,其中法学、生物工程、美术学专业上届也是红牌专业。高职高专红牌专业有法律事务、语文教育、初等教育、投资与理财、应用日语、国际金融,其中法律事务、语文教育专业上届也是红牌专业。2015年本科就业黄牌专业有体育教育、动画、英语、工商管理、汉语言文学。高职高专黄牌专业有会计电算化、工商企业管理、计算机多媒体技术、计算机应用技术。2015年本科绿牌专业有建筑学、软件工程、网络工程、通信工程、建筑环境与设备工程、车辆工程、矿物加工工程。高职高专绿牌专业有铁道工程技术、电气化铁道技术、石油化工生产技术、电力系统自动化技术、供用电技术、楼宇智能化工程技术。出现红、黄牌专业的原因既可能是供大于求,也可能是培养质量达不到岗位需求,反映的是全国本专业的总体状态。

二、毕业生自主创业比例持续上升

1. 毕业生自主创业比例持续上升,创新能力持续提升

2014届大学毕业生自主创业比例为2.9%,比2013届(2.3%)高0.6个百分点,比2012届(2.0%)高0.9个百分点。其中,应届本科毕业生创业比例为2.0%,比上届(1.2%)高了0.8个百分点;高职高专毕业生创业比例为3.8%,比上届(3.3%)高了0.5个百分点。从近三届的趋势可以看出,大学毕业生自主创业的比例呈现持续和较大的上升趋势。

从区域来看,2014届本科毕业生自主创业比例最高的就业经济区域为泛长江三角洲区域经济体(2.5%)。2014届高职高专毕业生自主创业比例最高的就业经济区域为泛长江三角洲区域经济体和中原区域经济体(均为4.6%)。从行业来看,2014届本科毕业生自主创业集中的前两位行业类是教育业(13.0%)、零售商业(11.1%),高职高专毕业生自主创业集中的前两位行业类是零售商业(14.2%)和建筑业(8.2%)。从原因来看,就业困难不是创业最主要的原因。大学毕业生创业的主要动因是"理想就是成为创业者"和"有好的创业项目",其中属于机会型创业的毕业生占创业总体的85%。培养创业意识是提升大学毕业生自主创业能力的有效途径。此外,在国家对大学生创新创业政策的支持下,高校对大学生创新能力的培养成果开始显现。2014届大学毕业生毕业时的创新能力掌握水平(54%)比2013届(53%)、2012届(50%)略有提升。

2. 近半数半年后创业者三年内退出创业

2011届大学生毕业半年后有1.6%的人自主创业(本科为1.0%,高职高专为2.2%),三年后有5.5%的人自主创业(本科为3.3%,高职高专为7.7%),与毕业时相比提升了2.4倍,其中本科毕业三年后创业比例上升了2.3倍,高职高专毕业三年后上升了2.5倍。说明有更多的毕业生在毕业三年内选择了自主创业。2011届大学毕业生毕业时就创业的人群,三年后仍坚持创业的比例为47.5%,与上届(43.3%)相比上升。其中本科有44.8%的人三年后还在继续自主创业,比2010届(41.1%)增长了3.7个百分点;有49.6%的人退出创业,选择了受雇全职工作,比2010届(53.4%)减少了3.8个百分点。高职高专有48.9%的人三年后还在继续自主创业,比2010届(42.6%)增长了6.3个百分点,有42.7%的人退出创业,选择了受雇全职工作,比2010届(50.3%)减少了7.6个百分点。大学毕业生创业具有持续性,所以评价和扶持大学毕业生创业不能只着眼于毕业时。

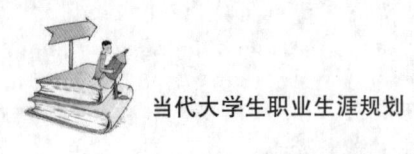

三、大学生就业质量稳步提升,大学教育长期回报显著

1. 近三届大学生实际工资保持稳定上升趋势

2014届大学毕业生半年后月收入(3 487元)比2013届(3 250元)增长了237元,比2012届(3 048元)增长了439元,三届增幅为14.4%。其中,本科毕业生2014届(3 773元)比2013届(3 560元)增长了213元,比2012届(3 366元)增长了407元,三届增幅为12.1%;高职高专毕业生2014届(3 200元)比2013届(2 940元)增长了260元,比2012届(2731元)增长了469元,三届增幅为17.2%。从近三届的趋势可以看出,大学毕业生半年后月收入呈现上升趋势。扣除当年居民消费价格指数(CPI)增长的影响后(2012—2014年居民消费价格指数分别为102.6,102.6,102.0),近三届大学生实际工资仍保持着稳定上升的趋势。2011届大学生毕业三年后平均月收入为5 484元(本科为6 155元,高职高专为4 812元)。2011届毕业生半年后的月收入为2 766元(本科为3 051元,高职高专为2 482元),三年来月收入增长2 718元,涨幅比例为98%,超过城市居民同期平均薪资涨幅(17.4%)。大学教育的长期回报是明显的,读大学比不读大学在收入的长期提升中有较大优势。

2. 毕业生工作与专业相关度稳定

2014届本科和高职高专毕业生的工作与专业相关度分别为69%、62%,均与2013届、2012届(分别为69%、62%)持平。从近三届的趋势可以看出,大学毕业生的工作与专业相关度呈现平稳趋势。

大学毕业生自愿选择专业不相关的工作,主要是对专业相关工作不认同,这可能来自对所学专业不认同,或对专业相关的职业认识不足。2014届本科毕业生选择与专业无关工作的主要原因是"专业工作不符合自己的职业期待"(33%),其次为"迫于现实先就业再择业"(24%)。2014届高职高专毕业生选择与专业无关工作的主要原因是"迫于现实先就业再择业"(29%)、"专业工作不符合自己的职业期待"(28%)。

3. 毕业生毕业半年内离职率稳定

2014届大学毕业生毕业半年内的离职率(33%)与2013届(34%)基本持平。其中,本科院校2014届毕业半年内离职率为23%,与2013届(24%)基本持平;高职高专院校2014届毕业半年内离职率为42%,与2012届(43%)基本持平。在本科院校中,"211"院校半年内离职率为12%,非"211"本科院校为25%。2014届本科毕业生半年内离职的人群有98%发生过主动离职,主动离职的主要原因是"个人发展空间不够"(50%)、"薪资福利偏低"(43%)。2014届高职高专毕业生半年内离职的人群有98%发生过主动离职,主动离职

的主要原因是"个人发展空间不够"、"薪资福利偏低"(均为49％)。专业性越强,职场稳定性越好。在2014届本科学科门类中,医学半年内离职率最低(14％),文学的半年内离职率最高(30％)。2014届高职高专专业大类中,医药卫生大类半年内离职率最低(20％),艺术设计传媒大类的半年内离职率最高(51％)。调查显示,在毕业后工作三年中,职场忠诚度越高,收入就越高。2011届本科毕业生中,毕业三年内一直为1个雇主工作的毕业生月收入最高(6 494元);为5个及以上雇主工作过的本科生毕业三年后月收入最低,仅为5 535元。2011届高职高专毕业生中,毕业三年内一直为1个雇主工作的毕业生月收入同样最高(5 191元)。工作过的雇主数越多,其月收入反而越低。

4. 毕业生三年内获得职位晋升比例与上届持平

2011届大学生毕业三年内有57％的人获得职位晋升,与2010届持平。其中本科这一比例为54％,低于高职高专毕业生的晋升比例(60％)。2011届本科从事"房地产经营"职业类的毕业生三年内获得职位晋升的比例最高(76％),从事"公安/检察/法院/经济执法"职业类的毕业生职位晋升的比例最低(32％)。2011届本科毕业生认为对职位晋升有帮助的大学活动主要是课外自学的知识和技能(含培训)(45％)、课堂上所学的知识和技能(36％)。高职高专毕业生认为对职位晋升有帮助的大学活动主要是假期实习/课外兼职(33％)、扩大社会人脉关系(33％)、课外自学的知识和技能(含培训)(32％)。

四、大学生就业显现"重心下沉"趋势

1. 就业于民企的比例上升

"民营企业/个体"是2014届大学毕业生就业最多的用人单位类型,本科院校中有50％的毕业生就业于"民营企业/个体",高职高专院校中有65％的毕业生就业于"民营企业/个体",均比2013届(本科45％,高职高专63％)有所上升。本科毕业生在民营企业的就业比例呈上升趋势,五年上涨10个百分点,已接近五成。高职高专毕业生在民营企业的就业比例基本持平,略有波动,在过去五年都维持在六成以上。其他类型的雇主需求也有所变化,其中国企和外企对本科毕业生的需求下降明显。2014届大学毕业生就业比例最高的用人单位规模是300人及以下规模的中小型用人单位(51％),与2013届持平。其中本科毕业生这一比例为47％,高职高专毕业生为56％。这五年来,本科毕业生的去向主要从大型企业流向了中小型企业。2010~2014届本科毕业生中,在300人以下中小型企业就业的人数比例呈上升趋势(从35％增长到47％),在300人以上大型企业就业的人数比例呈下降趋势(从36％下降到26％)。高职高专毕业生雇主规模这五年无明显变化。

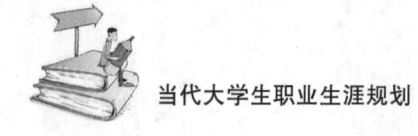

2. 高职高专毕业生就业于地级市及以下比例上升

从毕业去向的城市类型来看，2010～2014届本科毕业生在地级市及以下就业的比例基本持平，高职高专毕业生在地级市及以下就业的比例从56%上升到60%。数据表明，在过去五年里，大学毕业生的就业城市分布已经初步出现"重心下沉"。如果加强这方面的政策引导，大学毕业生去向与城市化进程的不匹配现象有望得到进一步缓解。

五、大学生就业满意度明显上升

1. 大学生对就业的自我感受有所改善

2014届大学毕业生的就业满意度明显上升，为61%，比2013届(56%)高5个百分点。其中，本科院校2014届毕业生的就业满意度为62%，比2013届(58%)高4个百分点；高职高专院校2014届毕业生的就业满意度为59%，比2013届(54%)高5个百分点。在本科院校中，"211"院校2014届毕业生的就业满意度为63%，非"211"本科院校2014届毕业生的就业满意度为62%。2014届本科毕业生对就业现状不满意的主要原因是"收入低"（本科、高职高专均为66%）、"发展空间不够"（本科、高职高专均为59%）。2014届本科学科门类中，毕业生毕业半年后就业满意度最高的为教育学和经济学（均为64%），就业满意度最低的为工学(59%)。2014届高职高专专业大类中，就业满意度最高的为文化教育大类(63%)，最低的为资源开发与测绘大类(52%)。

2. 工作与职业期待吻合度上升

2014届大学毕业生工作与职业期待的吻合度为46%，比2013届(43%)高3个百分点。其中，本科院校2014届毕业生工作与职业期待的吻合度为49%，比2013届(46%)高3个百分点；高职高专院校2014届毕业生工作与职业期待的吻合度为43%，比2013届(40%)高3个百分点。认为工作与职业期待不吻合的大学毕业生中，本科、高职高专均各有33%的人认为是"不符合自己的职业发展规划"，其次是"不符合自己的兴趣爱好"（本科、高职高专各有23%）。2014届本科学科门类中，毕业生半年后职业期待吻合度最高的为医学和教育学（均为53%），职业期待吻合度最低的为农学(46%)。高职高专专业大类中，毕业生半年后职业期待吻合度最高的为医药卫生大类(50%)，最低的为资源开发与测绘大类(37%)。

资料来源：中华人民共和国教育部 http://www.moe.edu.cn/

第四章 职业能力测评

教学目标

知识：理解职业能力和测评的基本知识。

技能：学会正确使用测评工具，科学地理解使用测评结果。

理念：树立全面分析自己的能力结构，正确认识自己能力的长短，发掘优势潜能的理念。

先行阅读

"寂寞鸵鸟"的网上成功之道

"寂寞鸵鸟"是阿辉的网名。因为他喜欢独来独往。

他的想法总是与别人不一样，所以经常与别人辩论，而且一定要辩得明明白白。有时候大家正说得来劲，他总要插几句话，而且尽扫人的兴。

阿辉在业务上没得说，绝对的IT高手，软硬精通，参加过几年前的中美黑客大战，曾是红客阵营里的一员。他虽然做事、思维怪异，但这正是他的与众不同之处。老板也许是为了公司的业务，也许是表现出有容人之量，还是容忍了他的"怪"，让他做技术主管。可是阿辉跟谁都合不来，总是遭到投诉，老板也多次找他谈话，可是"本性难移"，阿辉仍旧我行我素，丝毫没有意识到自己的"问题"。

最触动阿辉的事是他暗恋上了一个女同事，犹豫了几个月后，有一天，终于鼓起勇气向女孩表白，却得到了一顿抢白："我要是跟一个怪人谈恋爱，别人还以为我有毛病呢！"甩下这句话，女孩走了，阿辉实在难以承受这样的打击，几天以后，他辞职了。他开始避开与人打交道，成天把自己关在一个屋子里，制作FLASH动画。那时，他可以任凭自己异想天开，恣意地驰骋在想象的天

空,他是他所创造的世界的主宰。这时候他感觉最快乐,就像赵传唱的那首歌:在不被了解的另一面,散发着自我的尊严。

一次,阿辉上网找工作的时候,看到了一个职业指导中心在网上发表的一篇文章,引起了他的兴趣。于是,阿辉走进了职业顾问会客室。

面对职业顾问,阿辉说:似乎自己跟别人不是一个世界的人。也许注定飞不起来了,谁见过鸵鸟会飞呢?

阿辉接受了职业指导中心的指导和建议后,又自学了更高级的游戏编程软件,现在任职于中关村某软件开发公司,专门做游戏软件的开发。他经常在家里干活,与其他同事的交流也经常在网上进行,不用天天去公司。做项目时,兴致来了可以熬上两天两夜,没有进入状态又可以睡上一整天。他享受这样的自由,享受这样的工作。

鸵鸟虽然寂寞,但却很快乐。鸵鸟虽然不会飞,可是他跑得像飞一样快。

阿辉通过职业指导中心的指导和建议,探索自己的潜能,提升自己的职业能力,并且找到了适合自己的人际交往方式和生活方式。

第一节 职业能力和测评的基本概念

职业能力是招聘者最关注的也是简历中我们重点强调的特征,面试中考官也经常会问:"你有哪些能力?"那么究竟什么是职业能力?它包含哪些内容?

一、能力和职业能力的含义

（一）能力

从心理学角度,能力是指人们顺利完成某种活动所必备的个性心理特征。它是遗传与环境交互作用的产物。

心理学家把能力分为显能和潜能。显能是指一个人现在已经具有的现实能力;潜能也称为能力倾向,是指一个人经过进一步的学习和训练而达到更高水平的可能性。

由于对能力理解的角度不同,产生了对能力的多种分类。

从使用范围角度,可以分为一般能力和特殊能力。一般能力通常称为智力,包括注意力、观察力、记忆力、思维能力和想象力。特殊能力指从事某项专业活动的能力,也可称为特长,如计算能力、音乐能力、动作协调能力、语言表达能力、空间判断能力、形态知觉能力、事务能力、手指灵活度等。

从所涉及的领域，可分为认知能力、操作能力和社交能力。认知能力是指吸收、加工、储存和应用信息的能力，是人们成功地完成活动最重要的心理条件，如知觉能力、记忆能力、注意力、思维能力和想象力。美国心理学家加涅提出三种认知能力：言语信息（回答世界是什么问题的能力），智慧技能（回答为什么和怎么办问题的能力），认知策略（有意识地调节与监控自己的认知加工过程的能力）。操作能力指操纵、制作和运动的能力，包括劳动能力、艺术表现能力、体育运动能力、实验操作能力。社交能力指人们在社会交往中所表现出来的能力，如组织管理能力、言语感染能力等。三者的关系是：认知能力和操作能力紧密联系着，认知能力中必然有操作能力，操作能力中也一定有认知能力，而社交能力中包含有认知能力和操作能力。

从能力的先天禀赋和社会文化因素的影响角度，可以分为晶体能力和液体能力。晶体能力是指获得语言、数学知识的能力。它决定了后天的学习，与社会文化有密切的关系。受后天的经验影响较大，主要表现为运用已有知识和技能去吸收新知识和解决问题的能力，在人的一生中一直在发展，25岁之后发展速度趋缓。液体能力是指在信息加工和问题解决过程中所表现出来的能力。如对关系的认识，类比、演绎推理能力，形成抽象概念的能力等。它较少地依赖于文化和知识的内容，而决定于个人的禀赋。液体能力的发展与年龄有密切相关。一般人在20岁左右，液体能力的发展达到顶峰，30岁以后将随年龄的增长而降低。

从发展水平角度，可分为再造能力和创造能力。再造能力是指在活动中能把握的知识、技能按照所提供的样式予以实现，具有模仿性。创造能力是指会创造出新的、独特的东西。

（二）职业能力

职业能力是人们从事其职业的多种能力的综合，可以定义为个体将所学的知识、技能和态度在特定的职业活动或情境中进行类化迁移与整合所形成的能完成一定职业任务的能力。我们可以把职业能力分为一般职业能力、专业能力和综合能力。

一般职业能力主要是指一般的学习能力、文字和语言运用能力、数学运用能力、空间判断能力、形体知觉能力、颜色分辨能力、手的灵巧度、手眼协调能力等。此外，任何职业岗位的工作都需要与人打交道，因此，人际交往能力、团队协作能力、对环境的适应能力，以及遇到挫折时良好的心理承受能力，都是我们在职业活动中不可缺少的能力。

专业能力主要是指从事某一职业的专业能力。在求职过程中，招聘方最

关注的就是求职者是否具备胜任岗位工作的专业能力。例如：你去应聘教学工作岗位，对方最看重你是否具备最基本的教学能力。

职业综合能力，主要介绍国际上普遍注重培养的"关键能力"，主要包括四个方面。

1. *跨职业的专业能力*

从以下三方面可以体现出一个人跨职业的专业能力：一是运用数学和测量方法的能力；二是计算机应用能力；三是运用外语解决技术问题和进行交流的能力。

2. *方法能力*

一是信息收集和筛选能力；二是掌握制定工作计划、独立决策和实施的能力；三是具备准确的自我评价能力和接受他人评价的承受力，并能够从成败经历中有效地吸取经验教训。

3. *社会能力*

社会能力主要是指一个人的团队协作能力、人际交往和善于沟通的能力。在工作中能够协同他人共同完成工作，对他人公正宽容，具有准确裁定事物的判断力和自律能力等，这是岗位胜任和在工作中开拓进取的重要条件。

4. *个人能力*

随着中国经济体制改革的深入、法制的不断健全完善，人的社会责任心和诚信将越来越被重视，假冒伪劣将越来越无藏身之地，一个人的职业道德会越来越受到全社会的尊重和赞赏，爱岗敬业、工作负责、注重细节的职业人格会得到全社会的肯定和推崇。

二、测评的含义

测评是通过科学的、客观的、标准的测量手段，对人的职业素质进行测量、分析和评价。职业能力测试是通过某些测试来预测参测者或者被测者的职业定位以及适合的职业类型还有性格之类。一般这属于一种倾向性的测试，又称之为职业能力倾向性测试。

职业能力测试可以帮助参测者根据自己的性格、能力来确定自己的职业生涯发展规划，帮助参测者确定职业目标，尽可能发挥自己最大的潜能；多角度专业化的职业测评，可以帮助参测者提高个人的工作技能，提升自己的职场竞争力，更好地确定一个人对其从事职业的综合考量。

职业规划测评则是在职业规划过程中所做的关于自我探索的测评，测评内容主要包括性格、气质、兴趣、价值观等方面，目的是帮助人们更加客观、科

学、全面地了解自己。职业规划测评有自测量表和他测量表,现介绍几种自我探索中用到的自测量表。

(一) 职业性格自我测评量表

该量表(表4-1)由国际高智商协会开发,请参测者根据每个句子的陈述,按照自身情况进行自我评估,在1到10之间给自己选一个分数。如果你给自己打1分,就意味着那个陈述对你来说一点都不对;10分则意味着这个陈述完全适合你;5分或6分将意味着这个陈述有时对你来说是正确的,有时是不正确的。也就是说,你给自己的分越高,这个陈述就越符合你。看一看自己最适合做什么,只有如实回答,才能了解自己。

1. 测试表格

表4-1 职业性格自我测评量表

项 目	符合程度										类别
(1) 我喜欢独自完成工作。	1	2	3	4	5	6	7	8	9	10	SO
(2) 我想让每个人都知道我。	1	2	3	4	5	6	7	8	9	10	A
(3) 我总是相信自己的答案是正确的。	1	2	3	4	5	6	7	8	9	10	F
(4) 我常常没有经过充分的思考就讲话或行动。	1	2	3	4	5	6	7	8	9	10	SP
(5) 我对自己面临的困难无法忘却。	1	2	3	4	5	6	7	8	9	10	I
(6) 我会花适当的时间来准备可能会有困难的事情。	1	2	3	4	5	6	7	8	9	10	D
(7) 如果我有话要讲,没有人能阻止我。	1	2	3	4	5	6	7	8	9	10	A
(8) 我喜欢让别人领导我。	1	2	3	4	5	6	7	8	9	10	P
(9) 我不喜欢做和我的朋友迥然不同的事情。	1	2	3	4	5	6	7	8	9	10	G
(10) 我容易受别人的情绪影响。	1	2	3	4	5	6	7	8	9	10	I
(11) 我确信自己所做的尽善尽美。	1	2	3	4	5	6	7	8	9	10	D
(12) 我能很快感觉到别人的困难。	1	2	3	4	5	6	7	8	9	10	I
(13) 如果可能的话,我会尽量回避感情。	1	2	3	4	5	6	7	8	9	10	F
(14) 我不会匆匆地做出反应。	1	2	3	4	5	6	7	8	9	10	D
(15) 和别人在一起工作的时候,我总是处于最佳状态。	1	2	3	4	5	6	7	8	9	10	G

续表

项　　目	符合程度	类别
(16) 我不喜欢经常出去。	1　2　3　4　5　6　7　8　9　10	P
(17) 在空闲时间找点乐趣和娱乐对我来说非常重要。	1　2　3　4　5　6　7　8　9　10	SP
(18) 我不注意别人的感受方式。	1　2　3　4　5　6　7　8　9　10	F
(19) 我很容易就感到厌烦。	1　2　3　4　5　6　7　8　9　10	SP
(20) 我没有其他人敏感。	1　2　3　4　5　6　7　8　9　10	F
(21) 打消我的自信需要很长时间。	1　2　3　4　5　6　7　8　9　10	F
(22) 我喜欢经常做一些新鲜和不同的事情。	1　2　3　4　5　6　7　8　9　10	SP
(23) 我喜欢的活动之一就是让朋友高兴。	1　2　3　4　5　6　7　8　9　10	G
(24) 我会控制自己的烦躁感。	1　2　3　4　5　6　7　8　9　10	P
(25) 我总是直言不讳。	1　2　3　4　5　6　7　8　9　10	A
(26) 当我想到过去的事情时，我可能会失眠。	1　2　3　4　5　6　7　8　9　10	I
(27) 我不盼望与人相处。	1　2　3　4　5　6　7　8　9　10	SO
(28) 我是一个容易满足的人。	1　2　3　4　5　6　7　8　9　10	D
(29) 我可以自己轻易地作出决定。	1　2　3　4　5　6　7　8　9　10	SO
(30) 我不喜欢说服别人改变他们的想法。	1　2　3　4　5　6　7　8　9　10	P
(31) 我并不觉得坚持一件事情很困难。	1　2　3　4　5　6　7　8　9　10	D
(32) 我可能会在片刻之间因为注意到某件事情而改变想法。	1　2　3　4　5　6　7　8　9　10	SP
(33) 当人们聚在一起的时候，我常常能让他们都投入到当前的活动。	1　2　3　4　5　6　7　8　9　10	A
(34) 我并不认为把自信传递给朋友是一件不好的事。	1　2　3　4　5　6　7　8　9　10	G
(35) 人们认为我很有洞察力。	1　2　3　4　5　6　7　8　9　10	I
(36) 如果其他人对某事感觉强烈的话，我往往会同意他们。	1　2　3　4　5　6　7　8　9　10	P
(37) 在辩论中我常常取胜。	1　2　3　4　5　6　7　8　9　10	A
(38) 朋友对我说并不十分重要。	1　2　3　4　5　6　7　8　9　10	SO
(39) 我不喜欢别人侵入我的空间。	1　2　3　4　5　6　7　8　9　10	SO
(40) 我不喜欢别人在任何时候给我打电话。	1　2　3　4　5　6　7　8　9　10	G

2. 分数累计

按 SO、G、A、P、I、F、SP、D 分类统计,并将统计分数填入表 4-2。将每一行中的两个分数进行比较,分数大的所表示的字母就是"主要字母",将其填入表内,两个分数的差值,就是分数差值。如,SO=25G=10,那么主要字母就是 SO,分数差值就是 15。

表 4-2

总得分值	主要字母	分数差值
SO=	G=	
A=	P=	
I=	F=	
SP=	D=	

3. 测评结果

根据表 4-3 的"主要字母"就可以在表 4-3 个性类型图表中找到自己的个性类型。查找的方法是先看表 2 的第一列,主要字母是"SO"还是"G",再看最后一列主要字母是"A"还是"P",这时已经确定你的性格类型在哪一行里。然后再看第一行你的主要字母是"F"还是"I",再看表 2 最后一行是"D"还是"SP",确定你的性格类型在哪一列。行与列的交叉点,就是你的性格类型。

表 4-3 个性类型图表

	尊重事实(F)	尊重事实(F)	富有想象(I)	富有想象(I)	
合群(G)	(1)指导型	(2)投机型	(3)裁判型	(4)卫道型	果断(A)
合群(G)	(5)扫尾型	(6)联络型	(7)知心型	(8)共事型	消极被动(P)
喜欢独处(So)	(9)统筹型	(10)顾问型	(11)设计型	(12)理想型	果断(A)
喜欢独处(So)	(13)查阅资料型	(14)协助型	(15)专业型	(16)漫游型	消极被动(P)
	深思熟虑(D)	跟着感觉走(Sp)	深思熟虑(D)	跟着感觉走(Sp)	

4. 性格类型解释与适应的职业

(1) FDAG—指导型

个性特点:尊重事实,深思熟虑,合群而且果断。

适合职业:军官,银行经理,总经理,酒店经理,生产部经理,零售主管,运送部经理。

(2) FSpAG—投机型

个性特点:尊重事实,有主创意识,合群而且果断。

适合职业:广告执行总监,拍卖主持,俱乐部秘书,财产代理,公共关系指导,政治家,运动裁判或组织者,高级管理者,资金筹集者。

(3) IDAG—裁判型

个性特点:富有想象力,深思熟虑,合群而且果断。

适合职业:医生,食道学家,心理医生,护士长,高中教师,社会工作者,青少年工作者。

(4) ISpAG—卫道型

个性特点:独立,有主创意识,果断而且合群。

适合职业:公民权维护者,美容师,展示艺术家,记者,公关人员,戏剧教师,社团代表。

(5) FDPG—扫尾型

个性特点:尊重事实,深思熟虑,消极而且合群。

适合职业:救护人员,武装部队,出纳员,护士,警察,狱警,消防员,警卫。

(6) FSpPG—联络型

个性特点:尊重事实,有主创意识,消极而且合群。

适合职业:广播主持,邮递员,酒吧招待,牙医助理,美发师,主角,中学教师,秘书,运动助理,团队领导。

(7) IDPG—知心型

个性特点:独立,深思熟虑,消极且合群。

适合职业:医院搬运工,物业管理人员,精神病护士,幼儿园教师,社工,治疗专家。

(8) ISpPG—共事型

个性特点:独立,有主创意识,消极被动,合群。

适合职业:顾问,市场助理,幼儿教师,接待员,零售助理,剧务,侍应生。

(9) FDASo—统筹型

个性特点:注重事实,深思熟虑,果断,爱独处。

适合职业:法律顾问,督察,公诉人,工作研究官员,海关官员,税务员。

(10) FSpASo—顾问型

个性特点:注重事实,有主创意识,果断,爱独处。

适合职业:进出口商,采购人员,企业家,现货或期货交易商,销售指导,市场交易人员,不动产投机商,道路管理人员,俱乐部经理。

(11) IDASo—设计型

个性特点：富有想象力，深思熟虑，果断，爱独处。

适合职业：分析家，建筑师，商业顾问，检察员，记者，图书馆员，社会学家，医学家。

(12) ISpASo—理想型

个性特点：独立，有主创意识，果断，爱独处。

适合职业：建筑师，艺术家，作家，厨师长，舞蹈家，室内设计师，音乐家，雕塑家。

(13) FDPSo—查阅资料型

个性特点：注重事实，深思熟虑，消极，爱独处。

适合职业：会计技师，档案员，拍卖商，司机，工程师，行动调查员。

(14) FSpPSo—协助型

个性特点：注重事实，有主创意识，消极，爱独处。

适合职业：会计技师，导游，厨师，神职人员，翻译，计算机技师，道路巡警，医师。

(15) IDPSo—专业型

个性特点：独立，深思熟虑，消极，爱独处。

适合职业：植物学家，农场工人，旅游景点工作者，园艺师，历史学家，传递员，陶工，牧人，房屋修理工，马夫，机械制造者，规划者。

(16) ISpPSo—漫游型

个性特点：独立，有主创意识，消极，爱独立。

适合职业：酒吧招待，舞蹈家，娱乐艺人，模特，搬运工，生产线工人，售货员，侍应生。

5. 个性维度

个性测试有两个描述和其他人关系的维度：(1) 你是倾向于喜欢独处还是合群；(2) 你是倾向于果断主动还是消极被动。测试这两个维度的要素是：

(1) SO—喜欢独处

自立，主动，有时被看成是安静，也可能被看成是傲慢，甚至被看成是"局外人"。自行其是，可以与人相处，但有时会害羞，人多的时候感到不自在。超然，有目的性，自己做决定。机智，不会传播"小道消息"。

适合的职业：考古学家，农场工人，手足病医生，翻译，邮递员，火车驾驶员，作家，银匠，技工，摄影师，出租车司机，程序员。

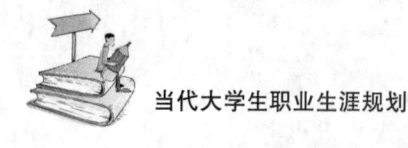

(2) G—合群

合群,但不一定是领导人物。喜欢呼朋唤友,讨厌孤独。忠诚并会提供帮助。为了得到接纳,会轻易地被说服。为了合群会改变自己的行为。能解决人与人之间的分歧。爱参与,喜欢和别人一起做决定。

适合的职业:飞机机组人员,拍卖人员,俱乐部秘书,娱乐官员,物业管理人员,活动组织者,公共人员,水手,士兵,青年工作者,教练。

(3) A—果断

富有攻击性,可能会有主宰倾向并比较固执。常常被看成是"急于求成"。大声讲话,直接切中要点。有决断力,有时会冒险去得到自己想要的东西。能"打破砂锅问到底"。可能会被看成是"爱出风头",但也赢得别人的尊重。可能对别人的感受视而不见。有批判性,咄咄逼人。勇于承担责任。

适合的职业:经纪人,俱乐部经理,演员,邮递员,新闻编辑,销售代理,酒店管理员,时装采购员,谈判人员,戏剧老师,运输经理,记者。

(4) P—消极被动

把问题留给自己,宁愿放弃也不愿和别人争论。容易相处,通常是好的合作伙伴。乐于助人而且不会轻易烦躁。可能不会直接说出自己的想法。避免对抗,努力去取悦别人。容易合作,会尊重别人及帮助别人。

适合的职业:书本装订商,计算机操作人员,制衣商,篆刻师,猎场看守,减肥专家,园丁,陶工,店主,科技读物作者,专利审查人员。

6. 工作维度

反映工作关系有两个维度:(1)你是富有想象力还是尊重事实;(2)你是倾向于跟着感觉走,还是深思熟虑。测试这两个维度的要素有:

(1) I—富有想象力:对别人的感受比较敏感。情绪化,而且往往善于表达自己。思考后再作出决定,而且不是靠一时的冲动。容易被别人影响,会受别人批评的伤害。常常在小事上花太多的时间。常常感到沮丧和挫折。富有创新性,对感受和想法反应敏感。

适合的职业:艺术家,作家(非科技读物),音乐家,舞蹈家,植物学家,音乐医师,演讲和戏剧教师,橱窗装饰师。

(2) F—尊重事实:有逻辑地看待事物。通常比较冷静,而且"脚踏实地"。喜欢有秩序、有组织的行为方式。不容易被别的事情分散精力。以一种克制的方式做事。客观,善于分析,能看出问题的关键。能避开烦扰别人的细节。喜欢信息和事实。

适合的职业:律师,摄影师,海关官员,潜水员,不动产代理商,技工,狱警,

技术人员,交通警察。

(3) SP—跟着感觉走:活泼但比较冲动。喜欢变化、快速移动和不同的环境。常常感到难以坚持某件事情,或无法自始至终地完成某项工作。为人风趣,充满热情,富有感染力。因为老是在改变自己追逐的对象,容易被看成是缺乏"深度"。尽管会发挥很大的作用,但可能会忘记组织纪律。

适合的职业:舞蹈演员,展示人员,服装师,美发师,广告助理,按摩师,模特,公关助理,零售助理,酒吧招待。

(4) D—深思熟虑:冷静,平稳而且可靠。耐心地等待事情的发生。沉着,不容易为外界干扰。能根据变化的情况处理问题。做事很慢,深思熟虑,这样会使人对他们产生信赖。看起来可能有点缺乏生气或反应迟钝。平淡无奇。自鸣得意——属于那种会说"我早就告诉过你"的人。压力面前应付自如。井井有条地完成任务。

适合的职业:救护人员,行政官员,临床医学家,国际跳棋队员,生物工程学者,救火队员,安全官员,整骨疗法专家,修补人员,外科医生,工作指导专家。

(二)气质类型自测量表

气质并不决定和影响人的行为,因此无所谓优、劣,请你阅读表 4-4 中问题,然后在与你的实际情况相符的问题后面给予相应的评分。(很适合 2 分、比较适合 1 分、介于之间 0 分、比较不符合-1 分、完全不符合-2 分)

表 4-4 气质自测量表

题 号	题 目	答 案
1	做事力求稳妥、不做无把握的事	
2	遇到可气的事就怒不可遏,想把心里话全都说出来才痛快	
3	宁肯一个人干事、不愿很多人在一起	
4	到一个新环境很快就能适应	
5	厌恶那些强烈的刺激,如尖叫、噪音、危险镜头	
6	和人争吵时,总是先发制人,喜欢挑衅	
7	喜欢安静的环境	
8	善于和人交往	
9	羡慕那种善于克制自己感情的人	

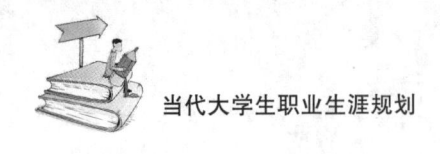

续表

题号	题目	答案
10	生活有规律，很少违反作息制度	
11	在多数情况下情绪是乐观的	
12	碰到陌生人觉得很拘束	
13	遇到令人气愤的事，能很好地自我控制	
14	做事总是有旺盛的精力	
15	遇到问题时常举棋不定，优柔寡断	
16	在人群中从不觉得过分拘束	
17	情绪高昂时，觉得干什么都有趣；情绪低落时，又觉得干什么都没有意思	
18	当注意力集中于一事物时，别的事很难使我分心	
19	理解问题总比别人快	
20	碰到危险情景时，常有一种极度恐惧感	
21	对学习、工作、事业怀有很高的热情	
22	能够长时间做枯燥、单调的工作	
23	符合兴趣的事情干起来劲头十足，否则就不想干	
24	一点小事就能引起情绪波动	
25	讨厌做那种需要耐心、细致的工作	
26	与人交往不卑不亢	
27	喜欢参加热烈的活动	
28	爱看感情细腻、描写人物内心活动的文学作品	
29	工作、学习时间长了，常感到厌倦	
30	不喜欢长时间谈论一个问题，愿意实际动手干	
31	宁愿侃侃而谈，不愿窃窃私语	
32	别人说我总是闷闷不乐	
33	理解得常比别人慢些	
34	疲倦时只要短暂的休息就能精神抖擞，重新投入工作	
35	心里有话，宁愿自己想，不愿说出来	

续表

题号	题目	答案
36	认准一个目标就希望尽快实现,不达目的,誓不罢休	
37	同样和别人学习、工作一段时间后,常比别人更疲倦	
38	做事有些莽撞,常常不考虑后果	
39	老师或师傅讲授新知识、新技术时,总是希里他讲慢些,多重复几遍	
40	能够很快地忘记那些不愉快的事情	
41	做作业或完成一件工作总比别人花的时间多	
42	喜欢运动量大的剧烈体育活动,或参加各种文艺活动	
43	不能很好地把注意力从一件事转移到另一件事上去	
44	接受一个任务后,就希望把它迅速解决	
45	认为墨守成规比冒风险强些	
46	能够同时注意几件事物	
47	当我烦闷的时候,别人很难使我高兴起来	
48	爱看情节起伏跌宕、激动人心的小说	
49	对工作抱着认真严谨、始终如一的态度	
50	和周围的人们的关系总是相处不好	
51	喜欢复习学过的知识,重复做已经掌握的工作	
52	希望做变化大,花样多的工作	
53	对小时候会背的诗歌,我似乎比别人记得更清楚	
54	别人说我"出语伤人",可我并不觉得这样	
55	在体育活动中,常因反应慢而落后	
56	反应敏捷,头脑机智	
57	喜欢有条理而不甚麻烦的工作	
58	兴奋的事常常使我失眠	
59	老师讲新概念,常常听不懂,但是懂了以后就很难忘记	
60	假如工作枯燥,马上就会情绪低落	

气质自测量表得分卡如表 4-5 所示。

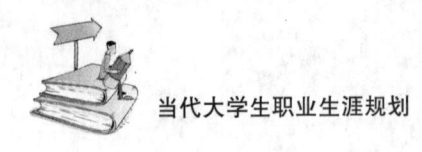

表 4-5　气质自测量表得分卡

胆汁质	题号	2	6	9	14	17	21	27	31	36	42	48	50	54	58	总 分
	得分															
多血质	题号	4	8	11	16	19	23	24	25	29	44	46	52	56	60	总 分
	得分															
黏液质	题号	1	7	10	13	18	22	26	32	33	43	45	49	55	57	总 分
	得分															
抑郁质	题号	3	5	12	15	20	24	28	32	37	41	47	51	53	59	总 分
	得分															

说明：

(1) 如果某类气质得分明显高出其他三种，且高出4分以上，则可定为该类型；此外，如果该类型得分超过20分，则为典型；如果在10～20分，则为一般。

(2) 两种气质类型得分相近，其差异低于3分，而且又明显高于其他两种，高出4分以上，则可定为这两种气质的混合型。

(3) 三种气质得分均高于第四种，而且接近，则为三种气质的混合型。

(三) 职业兴趣自评量表

人格即个性，它与职业有着密切的关系，不同职业对从业者的人格特征的要求是有差距的。如果通过科学的测试，可以预知自己的人格特征，这有助于选择适合于个人发展的职业。职业价格自测问卷(表4-6)，可以帮助你作一次简单的人格自评，从而了解自己的人格特征更适合从事哪方面的工作。

请根据对每一题目的第一印象作答，不必仔细推敲，答案没有好坏、对错之分。具体填写方法是，根据自己的情况回答"是"或"否。"

表 4-6　职业价格自测问卷

题　　目	是	否
1. 我喜欢把一件事情做完后再做另一件事。		
2. 在工作中我喜欢独自筹划，不愿受别人干涉。		
3. 在集体讨论中，我往往保持沉默。		

续表

题　　目	是	否
4. 我喜欢做戏剧、音乐、歌舞、新闻采访等方面的工作。		
5. 每次写信我都一挥而就，不再重复。		
6. 我经常不停地思考某一问题，直到想出正确的答案。		
7. 对别人借我的和我借别人的东西，我都能记得很清楚。		
8. 我喜欢抽象思维的工作，不喜欢动手的工作。		
9. 我喜欢成为人们注意的焦点。		
10. 我喜欢不时地夸耀一下自己取得的好成绩。		
11. 我曾经渴望有机会参加探险。		
12. 当我一个人独处时，会感到更愉快。		
13. 我喜欢在做事情前，对此事情做出细致的安排。		
14. 我讨厌修理自行车、电器一类的工作。		
15. 我喜欢参加各种各样的聚会。		
16. 我愿意从事虽然工资少、但是比较稳定的职业。		
17. 音乐能使我陶醉。		
18. 我办事很少思前想后。		
19. 我喜欢经常请示上级。		
20. 我喜欢需要运用智力的游戏。		
21. 我很难做那种需要持续集中注意力的工作。		
22. 我喜欢亲自动手制作一些东西，从中得到乐趣。		
23. 我的动手能力很差。		
24. 和不熟悉的人交谈对我来说毫不困难。		
25. 和别人谈判时，我总是很容易放弃自己的观点。		
26. 我很容易结识同性别朋友。		
27. 对于社会问题，我通常持中庸的态度。		
28. 当我开始做一件事情后，即使碰到再多的困难，我也要执着地干下去。		
29. 我是一个沉静而不易动感情的人。		

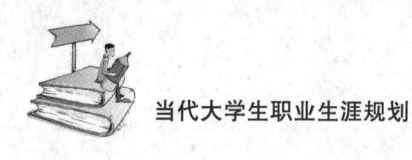

续表

题　目	是	否
30. 当我工作时,我喜欢避免干扰。		
31. 我的理想是当一名科学家。		
32. 与言情小说相比,我更喜欢推理小说。		
33. 有些人太霸道,有时明明知道他们是对的,也要和他们对着干。		
34. 我爱幻想。		
35. 我总是主动地向别人提出自己的建议。		
36. 我喜欢使用榔头一类的工具。		
37. 我乐于解除别人的痛苦。		
38. 我更喜欢自己下了赌注的比赛或游戏。		
39. 我喜欢按部就班地完成要做的工作。		
40. 我希望能经常换不同的工作来做。		
41. 我总留有充裕的时间去赴约会。		
42. 我喜欢阅读自然科学方面的书籍和杂志。		
43. 如果掌握一门手艺并能以此为生,我会感到非常满意。		
44. 我曾渴望当一名汽车司机。		
45. 听别人谈"家中被盗"一类的事,很难引起我的同情。		
46. 如果待遇相同,我宁愿当商品推销员,而不愿当图书管理员。		
47. 我讨厌跟各类机械打交道。		
48. 我小时候经常把玩具拆开,把里面看个究竟。		
49. 当接受新任务后,我喜欢以自己的独特方法去完成它。		
50. 我有文艺方面的天赋。		
51. 我喜欢把一切安排得整整齐齐、井井有条。		
52. 我喜欢做一名教师。		
53. 和一群人在一起的时候,我总想不出恰当的话来说。		
54. 看情感影片时,我常禁不住眼圈红润。		

续表

题 目	是	否
55. 我讨厌学数学。		
56. 在实验室里独自做实验会令我寂寞难耐。		
57. 对于急躁、爱发脾气的人,我仍能以礼相待。		
58. 遇到难解答的问题时,我常常放弃。		
59. 大家公认我是一名勤劳踏实、愿为大家服务的人。		
60. 我喜欢在人事部门工作。		

职业人格的类型:(符合以下"是"或"否"答案的记1分,不符合的记0分)
常规型:是(7,19,29,39,41,51,57),否(5,18,40)
现实型:是(2,13,22,36,43),否(14,23,44,47,48)
研究型:是(6,8,20,30,31,42),否(21,55,56,58)
管理型:是(11,24,28,35,38,46,60),否(3,16,25)
社会型:是(26,37,52,59),否(1,12,15,27,45,53)
艺术型:是(4,9,10,17,33,34,49,50,54),否(32)

请将得分最高的三种类型从高到低排列,得出一个(或两个)三位组合答案,再对照《人格类型与职业环境的匹配》(表4-7)和《测试结果与职业匹配对照表》(表4-8)得出人格类型所匹配的职业。

表4-7 人格类型与职业环境的匹配

型态	人格倾向	典型职业
研究型Ⅰ	具有分析、谨慎、批评、好奇、独立、聪明、内向、条理、谦逊、精确、理性、保守的特征,表现为: 1. 喜爱研究性的职业或情境,避免企业性的职业或情境。 2. 用研究的能力解决工作及其他方面的问题,即自觉、好学、自信、重视科学,但缺乏领导方面的才能。	科研人员、数学、生物方面的专家
艺术型A	具有复杂、想象、冲动、独立、直觉、无秩序、情绪化、理想化、不顺从、有创意、富有表情、不重实际的特征,表现为: 1. 喜爱艺术性的职业或情境,避免传统性的职业或情境。 2. 富有表达能力和直觉、独立、具创意、不顺从(包括表演、写作、语言),并重视审美的领域。	诗人、艺术家

续表

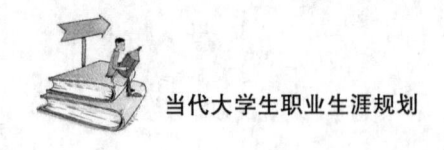

型态	人格倾向	典型职业
社会型 S	具有合作、友善、慷慨、助人、仁慈、负责、圆滑、善社交、善解人意、说服他人、理想主义等特征,表现为: 1. 喜爱社会型的职业或情境,避免实用性的职业或情境,并以社交方面的能力解决工作及其他方面的问题,但缺乏机械能力与科学能力。 2. 喜欢帮助别人、了解别人,有教导别人的能力,且重视社会与伦理的活动与问题。	教师、牧师、辅导人员
企业型 E	具有冒险、野心、独断、冲动、乐观、自信、追求享受、精力充沛、善于社交、获取注意、知名度等特征,表现为: 1. 喜欢企业性质的职业或环境,避免研究性质的职业或情境,会以企业方面的能力解决工作或其他方面问题的能力。 2. 有冲动、自信、善社交、知名度高、有领导与语言能力,缺乏科学能力,但重视政治与经济上的成就。	推销员、政治家企业家
传统型 C	具有顺从、谨慎、保守、自控、服从、规律、坚毅、实际、稳重、有效率、但缺乏想象力等特征,表现为: 1. 喜欢传统性质的职业或环境,避免艺术性质的职业或情境,会以传统的能力解决工作或其他方面的问题。 2. 喜欢顺从、规律、有文书与数字能力,并重视商业与经济上的成就。	出纳、会计秘书
现实型 R	具有顺从、坦率、谦虚、自然、坚毅、实际、有礼、害羞、稳健、节俭的特征,表现为: 1. 喜爱实用性的职业或情境,从事所喜好的活动,避免社会性的职业或情境。 2. 用具体实际的能力解决工作及其他方面的问题,较缺乏人际关系方面的能力。 3. 重视具体的事物,如金钱、权力、地位等。	工人、农民土木工程师

表 4-8 测试结果与职业匹配对照表

代码	匹配职业
RIA	牙科技术员、陶工、建筑设计员、模型工、细木工、制作链条人员。
RIS	厨师、林务员、跳水员、潜水员、染色员、电器修理、眼镜制作、电工、纺织机器装配工、服务员、装玻璃工人、发电厂工人、焊接工。

续表

代码	匹配职业
RIE	建筑和桥梁工程、环境工程、航空工程、公路工程、电力工程、信号工程、电话工程、一般机械工程、自动工程、矿业工程、海洋工程、交通工程技术人员、制图员、家政经济人员、计量员、农民、农场工人、农业机械操作、清洁工、无线电修理、汽车修理、手表修理、管工、线路装配工、工具仓库管理员。
RIC	船上工作人员、接待员、杂志保管员、牙医助手、制帽工、磨坊工、石匠、机器制造、机车(火车头)制造、农业机器装配、汽车装配工、缝纫机装配工、钟表装配和检验、电动器具装配、鞋匠、锁匠、货物检验员、电梯机修工、装配工、托儿所所长、钢琴调音员、印刷工、建筑 钢铁工人、卡车司机。
RAI	手工雕刻、玻璃雕刻、制作模型人员、家具木工、制作皮革品、手工绣花、手工钩针纺织、排字工作、印刷工作、图画雕刻、装订工。
RSE	消防员、交通巡警、警察、门卫、理发师、房间清洁工、屠夫、锻工、开凿工人、管道安装工、出租汽车驾驶员、货物搬运工、送报员、勘探员、娱乐场所的服务员、起卸机操作工、灭害虫者、电梯操作工、厨房助手。
RSI	纺织工、编织工、农业学校教师、某些职业课程教师(诸如艺术、商业、技术、工艺课程)、雨衣上胶工。
REC	抄水表员、保姆、实验室动物饲养员、动物管理员。
REI	轮船船长、航海领航员、大副、试管实验员。
RES	旅馆服务员、家畜饲养员、渔民、渔网修补工、水手长、收割机操作工、搬运行李工人、公园服务员、救生员、登山导游、火车工程技术员、建筑工作、铺轨工人。
RCI	测量员、勘测员、仪表操作者、农业工程技术、化学工程技师、民用工程技师、石油工程技师、资料室管理员、探矿工、煅烧工、烧窑工、矿工、炮手、保养工、磨床工、取样工、样品检验员、纺纱工、漂洗工、电焊工、锯木工、刨床工、制帽工、手工缝纫工、油漆工、染色工、按摩工、木匠、农民、建筑工、电影放映员、勘测员助手。
RCS	公共汽车驾驶员、一等水手、游泳池服务员、裁缝、建筑工人、石匠、烟囱修建工、混凝土工、电话修理工、爆炸手、邮递员、矿工、裱糊工人、纺纱工。
RCE	打井工、吊车驾驶员、农场工人、邮件分类员、铲车司机、拖拉机司机。
IAS	普通经济学家、农场经济学家、财政经济学家、国际贸易经济学家、实验心理学家、工程心理学家、心理学家、哲学家、内科医生、数学家。

续表

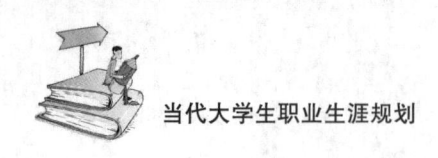

代码	匹配职业
IAR	人类学家、天文学家、化学家、物理学家、医学病理、动物标本剥制者、化石修复者、艺术品管理者。
ISE	营养学家、饮食顾问、火灾检查员、邮政服务检查员。
ISC	侦察员、电视播音室修理员、电视修理服务员、验尸室人员、编目录者、医学实验室技师、调查研究者。
ISR	水生生物学者、昆虫学者、微生物学家、配镜师、矫正视力者、细菌学家、牙科医生、骨科医生。
ISA	实验心理学家、普通心理学家、发展心理学家、教育心理学家、社会心理学家、临床心理学家、目标学家、皮肤病学家、精神病学家、妇产科医师、眼科医生、五官科医生、医学实验室技术专家、民航医务人员、护士。
IES	细菌学家、生理学家、化学专家、地质专家、地理物理学专家、纺织技术专家、医院药剂师、工业药剂师、药房营业员。
IEC	档案保管员、保险统计员。
ICR	质量检验技术员、地质学技师、工程师、法官、图书馆技术辅导员、计算机操作员、医院听诊员、家禽检查员。
IRA	地理学家、地质学家、声学物理学家、矿物学家、古生物学家、石油学家、地震学家、声学物理学家、气象学家、原子和分子物理学家、电学和磁学物理学家、设计审核员、人口统计学家、数学统计学家、外科医生、城市规划家、气象员。
IRS	流体物理学家、物理海洋学家、等离子体物理学家、农业科学家、动物学家、食品科学家、园艺学家、植物学家、细菌学家、解剖学家、动物病理学家、作物病理学家、药物学家、生物化学家、生物物理学家、细胞生物学家、临床化学家、遗传学家、分子生物学家、质量控制工程师、地理学家、兽医、放射性治疗技师。
IRE	化验员、化学工程师、纺织工程师、食品技师、渔业技术专家、材料和测试工程师、电气工程师、土木工程师、航空工程师、行政官员、冶金专家、原子核工程师、陶瓷工程师、地质工程师、电力工程师、口腔科医生、牙科医生。

续表

代码	匹配职业
IRC	飞机领航员、飞行员、物理实验室技师、文献检查员、农业技术专家、生物技师、动植物技术专家、油管检查员、工商业规划者、矿藏安全检查员、纺织品检验员、照相机修理者、工程技术员、编计算程序者、工具设计者、仪器维修工。
CRI	簿记员、会计、记时员、铸造机操作工、打字员、按键操作工、复印机操作工。
CRS	仓库保管员、档案管理员、缝纫工、讲述员、收款人。
CRE	标价员、实验室工作者、广告管理员、自动打字机操作员、电动机装配工、缝纫机操作工。
CIS	记账员、顾客服务员、报刊发行员、土地测量员、保险公司职员、会计师、估价员、邮政检查员、外贸检查员。
CIE	打字员、统计员、支票记录员、订货员、校对员、办公室工作人员。
CIR	校对员、工程职员、海底电报员、检修计划员、发报员。
CSE	接待员、通讯员、电话接线员、卖票员、旅馆服务员、私人职员、商学教师、旅游办事员。
CSR	运货代理商、铁路职员、交通检查员、办公室通信员、簿记员、出纳员、银行财务职员。
CSA	秘书、图书管理员、办公室办事员。
CER	邮递员、数据处理员、办公室办事员。
CEI	推销员、经济分析家。
CES	银行会计、记账员、法人秘书、速记员、法院报告人。
ECI	银行行长、审计员、信用管理员、地产管理员、商业管理员。
ECS	信用办事员、保险人员、各类进货员、海关服务经理、售货员、购买员、会计。
ERI	建筑物管理员、工业工程师、护士长、农场管理员、农业经营管理人员。
ERS	仓库管理员、房屋管理员、货栈监督管理员。
ERC	邮政局长、渔船船长、机械操作领班、木工领班、瓦工领班、驾驶员领班。
EIR	科学、技术和有关周期出版物的管理员。
EIC	专利代理人、鉴定人、运输服务检查员、安全检查员、废品收购人员。
EIS	警官、侦察员、交通检验员、安全咨询员、合同管理者、商人。

续表

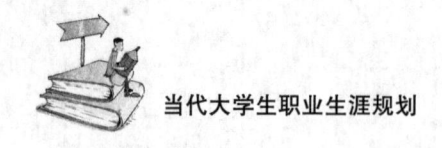

代码	匹配职业
EAS	法官、律师、公证人。
EAR	展览室管理员、舞台管理员、播音员、驯兽员。
ESC	理发师、裁判员、政府行政管理员、财政管理员、工程管理员、售货员、职业病防治、商业经理、办公室主任、人事负责人、调度员。
ESR	家具售货员、书店售货员、公共汽车的驾驶员、日用品售货员、护士长、自然科学和工程的行政领导。
ESI	博物馆管理员、图书馆管理员、古迹管理员、饮食业经理、地区安全服务管理员、技术服务咨询者、超级市场管理员、零售商品店店员、批发商、出租汽车服务站调度。
ESA	博物馆馆长、报刊管理员、音乐器材售货员、广告商、营业员、导游、(轮船或班机上的)事务长、飞机上的服务员、船员、法官、律师。
ASE	戏剧导演、舞蹈教师、广告撰稿人、报刊、专栏作者、记者、演员、英语翻译。
ASI	音乐教师、乐器教师、美术教师、管弦乐指挥、合唱队指挥、歌星、演奏家、哲学家、作家、广告经理、时装模特。
AER	新闻摄影师、电视摄影师、艺术指导、录音指导、丑角演员、魔术师、木偶戏演员、骑士、跳水员。
AEI	音乐指挥、舞台指导、电影导演。
AES	流行歌手、舞蹈演员、电影导演、广播节目主持人、舞蹈教师、口技表演者、喜剧演员、模特。
AIS	画家、剧作家、编辑、评论家、时装艺术大师、新闻摄影师、男演员、文学作者。
AIE	花匠、皮衣设计师、工业产品设计师、剪影艺术家、复制雕刻品大师。
AIR	建筑师、画家、摄影师、绘图员、雕刻家、环境美化工、包装设计师、绣花工、陶器设计师、漫画工。
SEC	社会活动家、退伍军人服务官员、工商会事务代表、教育咨询者、宿舍管理员、旅馆经理、饮食服务管理员。
SER	体育教练、游泳指导。
SEI	大学校长、学院院长、医院行政管理员、历史学家、家政经济学家、职业学校教师、资料员。
SEA	娱乐活动管理员、国外服务办事员、社会服务助理、一般咨询者、宗教教育工作者。

续表

代码	匹配职业
SCE	部长助理、福利机构职员、生产协调人、环境卫生管理人员、戏院经理、餐馆经理、售票员。
SRI	外科医师助手、医院服务员。
SRE	体育教师、职业病治疗者、体育教练、专业运动员、房管员、儿童家庭教师、警察、引座员、传达员、保姆。
SRC	护理员、护理助理、医院勤杂工、理发师、学校儿童服务人员。
SIA	社会学家、心理咨询者、学校心理学家、政治科学家、大学或学院的系主任、大学或学院的教育学教师、大学农业教师、大学法律教师、大学工程和建筑课程的教师、大学数学、医学、物理教师、大学社会科学、生命科学教师、研究生助教、成人教育教师。
SIE	营养学家、饮食学家、海关检查员、安全检查员、税务稽查员、校长。
SIC	描图员、兽医助手、诊所助理、体检检查员、娱乐指导者、监督缓刑犯的工作者、咨询人员、社会科学教师。
SIR	理疗员、救护队工作人员、手足病医生、职业病治疗助手。

(四)职业价值观自评量表

这里介绍舒伯的职业价值观量表(表4-9),下面有60道题目,每个题目都有5个备选答案,请根据自己的实际情况或想法,在题目后面给出相应的分值,每题只能选择一个答案。通过测验,你可以大致了解自己的职业价值观念倾向。

5分——非常符合,4分——比较符合,3分——一般,2分——较不符合,1分——很不符合。

表4-9 职业价值观量表

分值	题号	题目	分值	题号	题目
	1	能参与救灾济贫的工作		6	可以经常看到自己的工作成果
	2	能经常欣赏完美的工艺作品		7	能在社会扮演更重要的角色
	3	能经常尝试新的构想		8	能知道别人如何处理事务
	4	必须花精力去深入思考		9	收入能比相同条件的人高
	5	在职责范围内有充分自由		10	能有稳定的收入

续表

分值	题号	题目	分值	题号	题目
	11	能有清静的工作场所		36	能知道自己的工作绩效
	12	主管善解人意		37	能让你觉得出人头地
	13	能经常和同事一起休闲		38	可以发挥自己的领导能力
	14	能经常变换职务		39	可使你存下很多钱
	15	能成为你想成为的人		40	有好的保险和福利制度
	16	能帮助贫困和不幸的人		41	工作场所有现代化的设备
	17	能增添社会的文化气息		42	主管能采取民主领导方式
	18	可以自由地提出新颖的想法		43	不必和同事有利益冲突
	19	必须不断学习才能胜任		44	可以经常变换工作场所
	20	工作不受他人干涉		45	常让你觉得如鱼得水
	21	常觉得自己的辛劳没有白费		46	能常帮助他人解决困难
	22	能使你更有社会地位		47	能创作优美的作品
	23	能够分配调整他人的工作		48	常需提出不同的处理方案
	24	能常常加薪		49	需对事情深入分析研究
	25	生病时能有妥善照顾		50	可以自行调整工作进度
	26	工作地点光线通风好		51	工作结果受到他人肯定
	27	有一个公正的主管		52	能自豪地介绍自己的工作
	28	能与同事建立深厚的友谊		53	能为团体拟定工作计划
	29	工作性质常会变化		54	收入高于其他行业
	30	能实现自己的理想		55	不会轻易地被解雇或裁员
	31	能够减少别人的苦难		56	工作场所整洁卫生
	32	能运用自己的鉴赏力		57	主管学识和品德让你钦佩
	33	常需构思新的解决方法		58	能够认识很多风趣的伙伴
	34	必须不断地解决新的难题		59	工作内容随时间变化
	35	能自行决定工作方式		60	能充分发挥自己的专长

计分及解释(表4-10)

表4-10 舒伯的《职业价值观量表》的计分及解释

得分	对应题目	职业价值观	得分	对应题目	职业价值观
	1、16、31、46	利他主义		9、24、39、54	经济报酬
	2、17、32、47	美的追求		10、25、40、55	安全稳定
	3、18、33、48	创造发明		11、26、41、56	工作环境
	4、19、34、49	智力激发		12、27、42、57	上司关系
	5、20、35、50	独立自主		13、28、43、58	同事关系
	6、21、36、51	成就满足		14、29、44、59	多样变化
	7、22、37、52	声望地位		15、30、45、60	生活方式
	8、23、38、53	管理权力			

小练习

认真探索自身能力并思考和其他人之间的异同,还有哪些需要提升的能力?

第二节 职业能力测评

在先行阅读中,阿辉在职业指导中心对自己的职业能力进行了探索,并且针对自身的不足对相应的职业能力进行了提升,那么有哪些测验可以帮助我们进行职业能力探索呢?

本节主要介绍普通职业能力倾向测验和部分特殊职业能力倾向测验。

一、普通职业能力倾向测验

普通能力倾向成套测验(General Aptitude Test Battery)由美国劳工部从1934年开始花费十多年时间研制,简称GATB。它是对许多职业群同时检查各自的不适合者的一种成套测验。

由于这套测验在许多国家被广泛使用,因而备受推崇。后来,日本劳动省将GATB进行了日本版的标准化,制定成《一般职业适应性检查》(1969年修订版)。这套测验主要是进行对许多职业领域中工作所必需的几种能力倾向的测定。它由15种测验项目构成,其中11种是纸笔测验,其余4种是操作测

验,两种测验可以测定9种能力倾向。

中国科学院方俐洛、凌文辁于1989—1993年,借鉴日本GATB测验,吸收其分测验多而费时少(费时五十分钟,不到美国的二分之一)的特点和结构框架,形成了由15个分测验构成的中国版GATB测验。通过因素分析将能力倾向分为三种能力倾向群:认知机能、知觉机能和运动机能群。对应的职业类型基本模型为三种:认知型、知觉型和运动机能型。在两个群中都优秀的归为认知-知觉型、知觉-运动型、认知-运动型中的一类,三群都优秀的为万能型,以上任何一类都不符合的人称为不定型。上海教育科学研究所的沈之菲于20世纪80年代借鉴美国GATB测验,编制研究、修订并标准化了中学生一般能力倾向成套测验,简称SS-GATB,包含了同样9种能力的测验。

普通能力倾向成套测验主要含以下9种能力倾向:

G——智能(Intelligence)。指一般的学习能力。对测验说明、指导语和诸原理的理解能力、推理判断的能力、迅速适应新环境的能力。

V——言语能力(Verbal aptitude)。指理解言语的意义及与它关联的概念,并有效地掌握它的能力。对言语相互关系及文章和句子意义的理解能力。也包括表达信息和自己想法的能力。

N——数理能力(Numerical)。指在正确快速进行计算的同时,能进行推理,解决应用问题的能力。

Q——书写知觉(Clerical perception)。指对词、印刷物、各种票类之细微部分正确知觉的能力。能直观地比较辨别词和数字,发现有错误或校正的能力。

S——空间判断能力(Spatial)。指对立体图形以及平面图形与立体图形之间关系的理解、判断能力。

P——形状知觉(Form perception)。指对实物或图解之细微部分的正确知觉和能力。根据视觉能够对图形的形状和阴影部分的细微差异进行比较辨别的能力。

K——运动协调(Motor coordination)。指正确而迅速地使眼和手相协调,并迅速完成操作的能力。要求手能跟随着眼能看到的东西正确而迅速地做出反应动作,并进行准确控制的能力。

F——手指灵巧度(Finger dexterity)。指快速而正确地活动手指,用手指很准确地操作细小东西的能力。

M——手腕灵巧度(Manual dexterity)。指随心所欲地、灵巧地活动手及手腕的能力。如拿着、放置、调换、翻转物体时手的精巧运动和手腕的自由运动能力。

职业能力倾向自我评定量表是测量上述9种能力倾向的简易量表(表4-11),每种能力倾向都有五道试题。测验时,请仔细阅读每一道题,以五级评分法对自己进行评定。

表4-11 职业能力倾向自我评定量表

测评项目	自我测评等级				
一般能力倾向(G)	强(1)	较强(2)	一般(3)	较弱(4)	弱(5)
1. 快而容易地学习新内容					
2. 快而正确地解决数学题目					
3. 你的学习成绩总的来说处于					
4. 对文章的字、词、段落、篇章的理解、分析和综合能力					
5. 对学习过的材料的记忆能力					
语言能力倾向(V)	强(1)	较强(2)	一般(3)	较弱(4)	弱(5)
1. 善于表达自己的观点					
2. 阅读速度和理解能力					
3. 掌握词汇的程度					
4. 你的语文成绩					
5 你的写作能力					
算术能力倾向(N)	强(1)	较强(2)	一般(3)	较弱(4)	弱(5)
1. 作出精确测量					
2. 笔算能力					
3. 口算能力					
4. 做算术应用题的能力					
5. 你的数学成绩					
空间判断能力倾向(S)	强(1)	较强(2)	一般(3)	较弱(4)	弱(5)
1. 解答立体几何方面的问题					
2. 画三维的立体图形					
3. 看几何图形的立体感					

续表

测评项目	自我测评等级				
4. 想象盒子展开后的平面形状					
5. 想象三维的物体					
形状知觉能力倾向(P)	强(1)	较强(2)	一般(3)	较弱(4)	弱(5)
1. 发现相似图形中的细微差别					
2. 识别物体的形状差异					
3. 注意物体的细节部分					
4. 观察物体的图案是否正确					
5. 对物体的细微描述					
书写知觉能力(Q)	强(1)	较强(2)	一般(3)	较弱(4)	弱(5)
1. 快而准确地抄写资料(如姓名、日期、电话号码)					
2. 发现错别字					
3. 发现计算错误					
4. 能很快查找编码卡片					
5. 自我控制能力(如较长时间抄写资料)					
眼手运动协调能力倾向(K)	强(1)	较强(2)	一般(3)	较弱(4)	弱(5)
1. 玩电子游戏					
2. 篮球、足球、排球一类运动					
3. 乒乓球、羽毛球运动					
4. 打算盘					
5. 打字能力					
手脚灵巧度(F)	强(1)	较强(2)	一般(3)	较弱(4)	弱(5)
1. 灵活使用很小的工具					
2. 穿针眼、编织等使用手指的活动					
3. 用手指做一件小工艺品					
4. 使用计算机的灵巧程度					

续表

测评项目	自我测评等级				
5. 弹琴					
手腕灵巧度(M)	强(1)	较强(2)	一般(3)	较弱(4)	弱(5)
1. 用手把东西分类					
2. 在推拉东西时手的灵活度					
3. 很快地削水果					
4. 灵活地使用手工工具					
5. 在绘画、雕刻等手工活动中手的灵活性					

统计分数方法：各项等级计分＝[("强"次数×1)＋("较强"次数×2)＋("一般"次数×3)＋("较弱"次数×4)＋("弱"次数×5)]/5。职业能力倾向自我测评成绩表如表4-12所示。

表4-12 职业能力倾向自我测评成绩表

职业能力倾向	平均等级分	职业能力倾向	平均等级分
G		Q	
V		K	
N		F	
S		M	
P			

不同的职业，对各项基本能力的要求也不同。职业对人的职业能力倾向的要求如表4-13所示。

表4-13 职业对人的职业能力倾向的要求表

职业类型	G	V	N	S	P	Q	K	F	M
生物学家	1	1	1	2	2	3	3	2	3
建筑师	1	1	1	1	2	3	3	3	3
测量员	2	2	2	2	3	3	3	3	3
测量辅导员	4	4	4	4	4	3	3	3	3

续表

制图员	2	3	2	2	2	3	2	2	3
建筑和工程技术专家	2	2	2	2	2	3	3	3	3
建筑和工程技术员	2	3	3	3	3	3	3	3	3
物理科学技术专家	2	2	2	2	3	3	3	3	3
物理科学技术员	2	3	3	3	2	3	3	3	3
农业、生物、动物、植物学的技术专家	2	2	2	4	2	3	3	2	3
农业、生物、动物、植物学的技术员	2	3	3	4	2	3	3	3	3
数学家和统计学家	1	1	1	3	3	2	4	4	4
统计分析和计算机程序编译者	2	2	2	3	3	3	3	3	3
经济学家	1	1	1	4	4	2	4	4	4
社会学家、人类学者	1	1	3	2	2	3	4	4	4
心理学家	1	1	2	2	2	3	4	4	4
历史学家	1	1	3	4	4	3	4	4	4
哲学家	1	1	4	3	3	3	4	3	4
政治学家	1	1	3	4	4	3	4	4	4
政治经济学家	2	2	2	3	3	3	3	3	5
社会工作者	2	2	3	4	4	3	4	4	4
社会服务助理人员	3	3	3	4	4	3	4	4	4
法官	1	1	3	4	3	3	4	4	4
律师	1	1	3	4	4	3	4	4	4
公证人	2	2	3	4	4	3	4	4	4
图书馆管理学专家	2	2	3	3	4	2	3	4	4
图书馆、博物馆和档案管理员	3	3	3	2	2	4	3	2	3
职业指导者	2	2	3	4	3	3	4	4	4
大学教师	1	1	3	3	2	3	4	4	4
中学教师	2	2	3	4	3	3	4	4	4
小学和幼儿园教师	2	2	3	3	3	3	3	3	3

续表

职业学校教师（职业课）	2	2	2	3	3	3	3	3	3
职业学校教师（普通课）	2	2	3	4	3	3	4	4	4
内、外、牙科医生	1	1	2	1	2	3	2	2	2
兽医学家	1	1	2	1	2	3	2	2	3
护士	2	2	3	3	3	3	3	3	3
护士助理	2	4	4	4	2	2	2	3	2
工业药剂师	2	1	2	3	2	3	2	2	3
医院药剂师	2	2	2	4	2	3	3	3	3
营养学家	2	2	2	3	3	3	4	4	4
配镜师（医）	2	2	2	2	2	3	3	3	3
配眼镜商	3	3	3	3	3	4	3	2	3
放射科技术人员	3	3	3	3	3	3	3	3	3
药物实验室技术专家	2	2	2	3	3	3	3	2	3
药物实验室技术员	2	3	3	3	3	3	3	3	3
画家、雕刻家	2	3	4	2	2	5	2	1	2
产品设计和内部装饰者	2	2	3	2	2	4	2	2	3
舞蹈家	2	2	3	2	3	2	2	2	3
演员	2	2	4	3	4	4	4	4	4
电台播音员	2	2	3	4	4	3	4	4	4
作家和编辑	2	1	3	3	3	3	4	4	4
翻译人员	2	1	4	4	4	4	4	4	4
体育教练	2	2	2	4	3	4	4	4	4
运动员	3	3	4	2	3	4	2	2	2
秘书	3	3	3	4	3	2	3	3	3
打字员	3	3	4	4	4	3	3	3	3
记账员	3	3	3	4	3	3	3	3	4
出纳员	3	3	3	4	4	2	3	3	4

续表

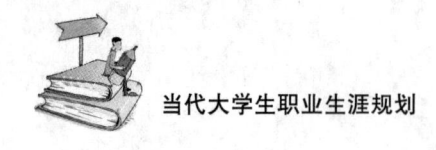

统计员	3	3	2	4	3	2	3	4
电话接线员	3	3	4	4	4	3	3	3
一般办公室职员	3	4	3	4	4	3	4	4
商业经营管理者	2	2	3	4	4	3	4	4
售货员	3	3	3	4	3	4	4	4
警察	3	3	4	3	3	3	4	3
门卫	4	4	5	4	4	4	4	4
厨师	4	4	4	4	3	3	3	3
招待员	3	3	4	4	4	4	3	3
理发员	3	3	4	2	4	3	3	3
导游	3	3	4	3	3	5	3	3
驾驶员	3	3	3	3	3	3	4	3
农民	3	4	4	4	4	4	4	4
动物饲养员	3	4	4	4	4	4	4	4
渔民	4	4	4	4	4	5	3	4	3
矿工	3	4	4	3	4	5	3	4	3
纺织工人	4	4	4	4	3	5	3	3	3
机床操作工	3	4	4	3	3	4	3	3
锻工	3	4	4	4	3	4	3	3
无线电修理工	3	3	3	3	2	4	3	3
细木工	3	3	3	3	3	4	3	4	4
家具木工	3	3	3	3	3	4	3	3
一般木工	3	4	4	3	4	3	4	3
电工	3	3	3	3	3	3	3	3
裁缝	3	3	4	3	3	4	3	2	3

注：各项数字为能力倾向最低水平。

使用说明：填写《职业能力倾向自我评定量表》，根据表下方的统计分数方法得出职业能力倾向自我测评成绩并填表，再对应《职业对人的职业能力倾向

的要求表》得出个人适合的职业,注意表中数字是最小要求数字。例如:数字为 2 说明本项中得分为 2 和 1 的都适合。

二、特殊职业能力倾向测验

(一) 音乐能力的自我测评

目前的音乐能力倾向测验主要是根据西肖尔(C. E. SeaShore)对音乐的研究结果编制的。西肖尔认为音乐是由定量的与可测量的声波所组成的,声波的质与量都能影响听者,测量声波也可用科学方法进行;同时对音乐情感的分析与对反应的解析方面的进步,也使得对音乐的测验成为可能。下列量表是音乐能力倾向的简易测验,仅供自我测评之用,以帮助大学生们对自己的音乐能力倾向有一个粗略的了解。

音乐能力自我测验量表。它从 3 个方面测查你的音乐能力:Ⅰ音乐欣赏力;Ⅱ音乐技能;Ⅲ音乐节奏感。满分 30 分,不限时间,但请务必据实回答。

Ⅰ部分:请从下面每题的 3 个备选答案中圈出最适合你的答案。

1. 你对音乐敏感吗?
   A. 这要看是什么音乐。　　B. 敏感(包括悦耳和不悦耳的音乐)。
   C. 不敏感。

2. 在看电影的时候:
   A. 你觉得音乐加强了影片的气氛。
   B. 你不太注意音乐。
   C. 你能感觉到音乐的存在,但有时候很讨厌音乐的出现。

3. 有些音乐能使你回忆起生活中某些往事吗?
   A. 经常　　　　B. 有时　　　　C. 很少

4. 你放一些能抒发自己的感情的唱片吗?
   A. 经常　　　　B. 有时　　　　C. 很少

5. 当你打开收音机的时候:
   A. 你无论什么都听。
   B. 你优先听音乐。
   C. 你优先听音乐节目、戏剧节目及新闻广播。

6. 你去参加聚会时:
   A. 多数情况你喜欢伴随令人振奋的音乐跳舞。
   B. 总是同一两个合得来的人在一起

C. 如果整个聚会都充满音乐舞蹈你会觉得心烦。

7. 你去听音乐会吗？

　　A. 能避免去，就不去。　　　　B. 只有在特别想听的时候才去。

　　C. 经常去。

8. 你通过收音机或电视机听音乐时（不论是古典的还是现代）

　　A. 你通常能就音乐、演员或作者加以评价。

　　B. 你只是谈谈音乐，有时也能说出一些演员或作者的名字。

　　C. 很少评论。

9. 你同别人一起非正式地听听音乐吗？

　　A. 经常　　　　　B. 有时　　　　　C. 很少

10. 你认为下面哪一项是孩子们在学校最该学习的？

　　A. 陶器制造，编织或木工等手工技术。B. 乐器演奏或音乐欣赏。

　　C. 摄影技术。

Ⅱ部分：请考虑下面10个问题，回答"是"或"否"。

11. 你能演奏一种乐器吗？

12. 你唱歌的调准吗？

13. 你能说唱时的调子准确与否吗？

14. 如果有人唱得不合拍子，你能纠正吗？

15. 当你听到别人演奏乐器或唱歌跑调的时候，你觉得很难受吗？

16. 你能凭借听觉用钢琴或其他乐器奏出你以前没有练习过的曲子吗？

17. 你听一两遍后能准确地记住这段音乐的旋律吗？

18. 你能边听音乐边准确地打出节拍吗？

19. 听音乐时，你能凭借听觉跟着主旋律至少唱一个声部（或自己根据和声只是配上一个声部）？

20. 你听音乐时能辨出一种或多种演奏的乐器吗？

Ⅲ部分：对21—25题，请回答"是"或"否"；对26—30题，请从所给的三个备选答案中选择最适合的答案。

21. 你迷恋音乐吗？

22. 你能分别用手和脚同时打出两种不同的节奏吗？

23. 你会情不自禁地随着节奏感强烈的音乐晃动身体吗？

24. 如果你对23题的回答是肯定的，那你听背景音乐（如广播、电视的配乐）也晃动身体吗？

25. 如果在现代或民间音乐会上或在剧院里，有人叫你随演员拍手唱，你会这样做吗？

26. 你跳舞时：

A. 全身都动。

B. 只是腿和胯部动，而胳膊和头部几乎一点都不动。

C. 尽可能很少动，怕弄丑了自己。

27. 你：

A. 偶尔同你所爱的人单独跳舞，过一个浪漫的夜晚。

B. 如果愿意，不论何时，哪怕就你自己也要跳舞。

C. 只是在舞会上不能不跳时才跳。

28. 当你听到从别人录音机里传出来的节奏感非常强的音乐时：

A. 你会情不自禁地随之摇动。

B. 你会让他们把声音关小点。

C. 你只是欣赏，没有要动的倾向。

29. 你认为音乐：

A. 是供个人享受的。

B. 是你在别人的陪伴下，更愿意欣赏的艺术。

C. 是社交活动才用得着的配乐。

30. 如果你只能听一种音乐，你选择下面哪一种？

A. 强烈的摇摆舞曲或流行音乐。

B. 轻音乐或幻想曲。

C. 古典音乐。

音乐能力自我测验的计分方法与解释 I 部分：1—10 题选项的分值见表 4-14。

表 4-14　I 部分 1—10 题选项的分值

题目	选项及记分			分值
	A	B	C	
1	3	5	1	
2	3	1	5	
3	5	3	1	
4	5	3	1	
5	3	5	1	

续表

题目	选项及记分 A	选项及记分 B	选项及记分 C	分值
6	5	3	1	
7	1	3	5	
8	5	3	1	
9	1	5	3	
10	1	5	3	
总计				

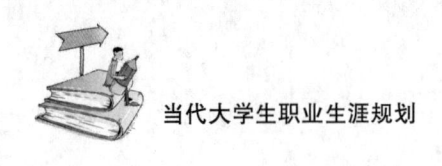

Ⅱ部分：回答"是"，均得5分；回答"否"均得0分。

Ⅲ部分：21—25题回答"是"均得2分，回答"否"均得0分；26—30题选项的分值见表4-15。

表4-15　Ⅲ部分26—30题选项的分值

题目	选项及记分 A	选项及记分 B	选项及记分 C	分值
26	5	3	1	
27	3	5	1	
28	5	1	3	
29	3	5	1	
30	5	3	5	

请分别计算你在上述Ⅰ、Ⅱ、Ⅲ部分的得分。你可以根据各部分的得分，从下面的解释中了解到自己的音乐能力倾向。

Ⅰ部分：音乐欣赏力的自我评价

36分以上，具有很高的音乐欣赏力和音乐修养，具备了从事音乐工作的基本条件之一。

21~35分，有一定的音乐欣赏力，但仍需要再学习。

20分以下，音乐欣赏力很低。

Ⅱ部分：音乐技能的自我评价

36分以上，具有相当高的音乐技能水平，并已具备向他人传授音乐技能的能力。

21~35分,可能在音乐的某一方面具有一定的特长,总体音乐技能水平中等。

20分以下,音乐技能水平低下。

Ⅲ部分:音乐节奏感的自我评价

先换算你在这部分的得分:如果你的得分在0~11之间,加5分;12~23之间,加10分;24以上,加15分。换算后的分数可以做如下解释:

36分以上,具有很强的乐感,动作与音乐的情绪配合得当。

21~35分,具有较好的节奏感。

20分以下,在音乐领域的感受力比较低,对音乐节奏反应迟钝。

(二)创造力的自我测评

现代教育中,人们越来越重视培养学生的创造力,创造力培养应包括创造性认知行为和创造性情意行为,即创造性人才应具有创造性个性,它包括性格上的好奇心、想象力、挑战性和冒险性。创造性也是现代教学的目标之一。威廉斯创造力倾向测量表用于评价受测者在好奇性、想象力、挑战性和冒险性等四项行为特质上的程度。

1. 测验方法

威廉斯创造力倾向测量表(表4-16)为纸笔测验,它包括一份题目,一份答题纸,共包含50道题,要求受测者判断是否符合自己的行为特点。

A. 完全符合　　　　　B. 部分符合　　　　　C. 根本不可能

表4-16　威廉斯创造力倾向测量量表

测试题	符合程度
1. 在学校里,我喜欢试着对事情或问题作猜测,即使不一定都猜对也无所谓。	A B C
2. 我喜欢仔细观察我没有看过的东西,以了解详细的情形。	A B C
3. 我喜欢听变化多端和富有想象力的故事。	A B C
4. 画图时我喜欢临摹别人的作品。	A B C
5. 我喜欢利用旧报纸、旧日历及旧罐头等废物来做成各种好玩的东西。	A B C
6. 我喜欢幻想一些我知道或想做的事。	A B C
7. 如果事情不能一次完成,我会继续尝试,直到成功为止。	A B C

续表

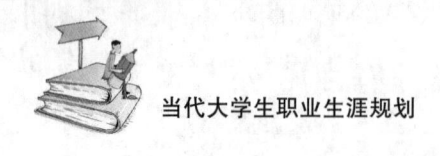

测试题	符合程度
8. 做功课时我喜欢参考各种不同的资料，以便得到多方面的了解。	A　B　C
9. 我喜欢用相同的方法做事情，不喜欢去找其他新的方法。	A　B　C
10. 我喜欢探究事情的真假。	A　B　C
11. 我喜欢做许多新鲜的事。	A　B　C
12. 我不喜欢交新朋友。	A　B　C
13. 我喜欢想一些不会在我身上发生的事情。	A　B　C
14. 我喜欢想象有一天能成为艺术家、音乐家或诗人。	A　B　C
15. 我会因为一些令人兴奋的念头而忘记了其他的事。	A　B　C
16. 我宁愿生活在太空站，也不喜欢住在地球上。	A　B　C
17. 我认为所有的问题都有固定的答案。	A　B　C
18. 我喜欢与众不同的事情。	A　B　C
19. 我常想要知道别人正在想什么。	A　B　C
20. 我喜欢故事或电视节目所描写的事。	A　B　C
21. 我喜欢和朋友一起，和他们分享我的想法。	A　B　C
22. 如果故事书的最后一页被撕掉了，我就自己编造一个故事，把结局补上去。	A　B　C
23. 我长大后，想做一些别人从没想过的事情。	A　B　C
24. 尝试新的游戏和活动，是一件有趣的事。	A　B　C
25. 我不喜欢太多的规则限制。	A　B　C
26. 我喜欢解决问题，即使没有正确的答案也没关系。	A　B　C
27. 有许多事情我都很想亲自去尝试。	A　B　C
28. 我喜欢唱没有人知道的新歌。	A　B　C
29. 我不喜欢在班上同学面前发表意见。	A　B　C
30. 当我读小说或看电视时，我喜欢把自己想成故事中的人物。	A　B　C
31. 我喜欢幻想200年前人类生活的情形。	A　B　C
32. 我常想自己编一首新歌。	A　B　C
33. 我喜欢翻箱倒柜，看看有些什么东西在里面。	A　B　C

续表

测试题	符合程度
34. 画图时,我很喜欢改变各种东西的颜色和形状。	A　B　C
35. 我不敢确定我对事情的看法都是对的。	A　B　C
36. 对于一件事情先猜猜看,然后再看是不是猜对了,这种方法很有趣。	A　B　C
37. 玩猜谜之类的游戏很有趣,因为我想要知道结果如何。	A　B　C
38. 我对机器有兴趣,也很想知道它里面是什么样子,以及它是怎样转动的。	A　B　C
39. 我喜欢可以拆开来的玩具。	A　B　C
40. 我喜欢想一些新点子,即使用不着也无所谓。	A　B　C

2. 量表解释

好奇性:包含 2、8、11、12、19、27、33、34、37、38、39、47、48、49 这 14 道题,其中 12、14 为反面题,其余为正面题目。得分顺序分别为两种,正面题目:完全符合 3 分,部分符合 2 分,完全不符 1 分;反面题目:完全不符 1 分,部分符合 2 分,完全符合 3 分。在好奇性特征上得分高,表明受测者具有下列个性品质:富有追根究底的精神;主意多;乐于接触暧昧迷离的情境;肯深入思索事物的奥妙;能把握特殊的现象并观察其结果。在好奇性特征上得分低,表明受测者不具备上述特征,影响受测者创造力的发展。

想象力:包含 6、13、14、16、20、22、23、30、31、32、40、45、46 这 13 道题,其中 45 题为反面题,其余为正面题。计分方法同好奇性部分。在想象力特征上得分高,表明受测者具有下列特征:善于视觉化并建立心像;善于幻想尚未发生过的事情;可进行直觉的推测;能够超越感官及现实的界限。低分者缺乏想象力,因而创造性不高。

挑战性:包含 3、4、7、9、10、15、17、18、26、41、42、50 这 12 道题,其中 4、9、17 为反面题,其余为正面题。计分方法同好奇性部分。在挑战性特征上得分高,表明受测者具有下列特征:善于寻找各种可能性;能够了解事情的可能性及现实间的差距;能够从杂乱中理出秩序;愿意探究复杂的问题或主意。低分者在这方面表现出因循守旧的特点,因而缺乏创造性。

冒险性:1、5、21、24、25、28、29、35、36、43、44 这 11 道题。其中 29、35 为反面题目,计分方法同好奇性部分。在冒险性特征上得分高,表明受测者具有下列特征:勇于面对失败或批评;敢于猜测;能在杂乱的情境下完成任务;勇于

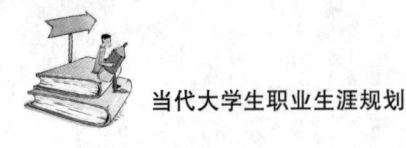

为自己的观点辩护。而低分者缺乏冒险性,因而创造性不足。

> **小练习**
>
> **我的未来不是梦**
>
> "我的未来不是梦",梦是我们的兴趣,实现这个梦想就需要相应的能力。没有能力完成自己感兴趣的事情是很痛苦的,顺利完成一些事情有助于良好性格的养成以及远大理想的实现。根据我们的梦想,探索一下自己的职业能力:
> (1) 在心中想象一个特别向往的职业。
> (2) 仔细思考这一职业需要哪些职业能力?
> (3) 这些职业能力中你已经具备了哪些?还需要发展哪些能力?

第三节 就业网职业规划测评步骤及内容解读

一、就业网职业规划测评基本概况

南京林业大学为使同学们更好地了解自己,专门为本校学生订购了朗途职业测评系统。

朗途职业测评系统以简便快捷的方式,帮助学生了解自己的性格与动力特征,并在此基础上分析学生的行为风格、优势与短板、适合的职业环境特点等等,辅助学生确定适合的职业定位,减少职业规划当中的盲目性。

朗途职业测评系统通过分析学生一贯的思维和行为模式,及其心理动力水平,从心理行为学的角度,预测学生在什么样的环境下、做什么性质的活动时会感到自然、舒适,而这样的状态将会为学生带来更高的工作满意感和工作绩效。

朗途职业规划测评系统包括性格和动力两部分。其中性格部分的开发基于荣格的心理类型学理论,包含4个两极性的维度,也就是说,每个维度的两极对应于两个相反的偏好:心理能量倾向(外向-内向)、接收信息方式(感觉-直觉)、处理信息方式(思维-情感)、行动方式(判断-知觉)。动力部分基于成就动机理论,也包含4个维度:成功愿望、影响愿望、挫折承受和人际交往。

二、具体操作方法

1. 登录南京林业大学就业信息网 http://njfu.91job.gov.cn/。

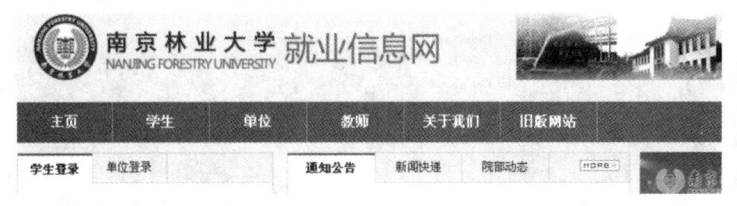

点击左下方的职业规划测评版块。

2. 进入朗途职业测评网站首页。初次进入朗途测评的首页后,可以点击查看【新手操作指南】。

如果你不是首次使用，可以直接输入登录 ID 和密码进入系统；如果你是第一次使用朗途系统，可以在首页点击【账号激活】进入新的页面，如下图，输入自己的学号和姓名进行账号激活。

在新的页面中补充信息，设置自己的密码和邮箱。此处密码为登录系统的密码，邮箱为找回密码的凭证，请认真填写。点击【确定】即完成账号激活。

第四章 职业能力测评

完成信息补充后,你会进入测评中心页面。

点击【开始测评】,请在跳出的窗口中点击【确定】,开始作答。

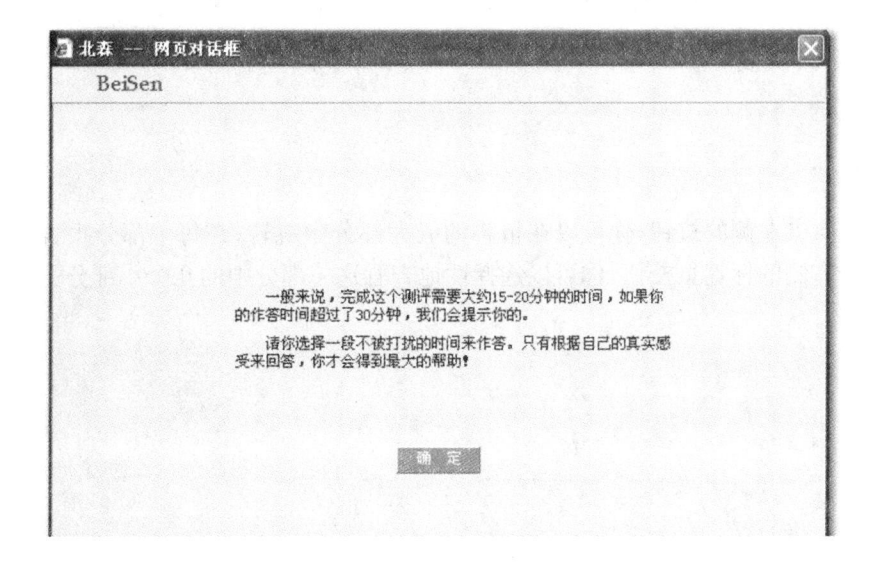

一个账号有两次测评机会，两次测评需要间隔一年时间。

三、报告查看

测评完成以后可以查看报告信息，以后可以多次登录查看。

（一）拆分版的报告

点击【查看报告】或者点击右边的几个文字链接，你可以选择性地查看自己最想了解的部分。

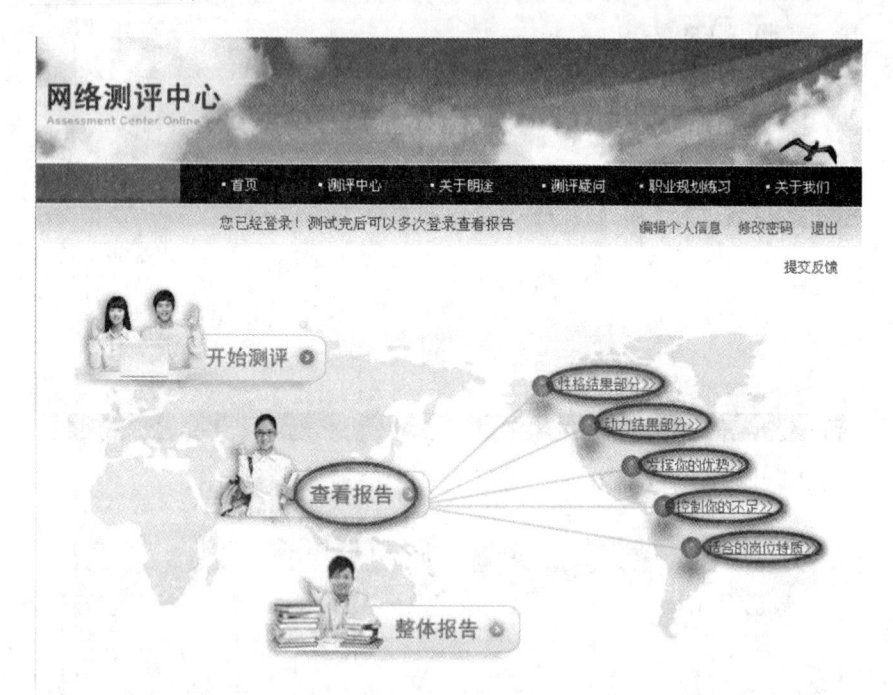

点击左侧的按钮，你可以在报告的五大部分中跳转；在每一部分报告中，点击右侧的标签页按钮，你可以选择性地查看这一部分中的几个小部分。

第四章　职业能力测评

（二）整体版的报告

点击【整体报告】，或者在拆分版报告显示页面中点击【打印报告】，会跳出新的页面，你可以看到报告的完整版。

· 169 ·

你可以点击浏览器的功能按钮，保存或是打印这份报告。

第四章　职业能力测评

四、系统其他信息

除了测评和查看报告，你还可以了解朗途产品的相关情况，并且解答测评当中的疑问。

另外还可以下载职业规划练习的PPT。

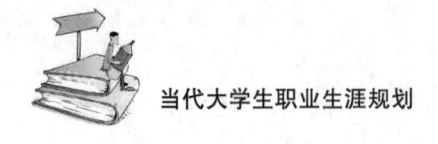

本章练习

1. 你是怎样理解职业能力的？
2. 大学生可以通过哪些方式提升职业能力？

阅读链接

自我效能感理论

这一概念是美国著名心理学家班杜拉于20世纪70年代在其著作《思想和行为的社会基础》中提出的。从20世纪80年代中期开始，自我效能感理论得到了丰富和发展，也得到了大量实证研究的支持。但至今关于自我效能的概念界定并非十分明确，特别是在与其他相关概念的区分上，因此也给自我效能的测量及其应用研究带来了困惑。

"期望"概念的发展

班杜拉在他的动机理论中指出，人的行为受行为的结果因素与先行因素的影响。行为的结果因素就是通常所说的强化，但他关于强化与传统的行为主义对强化的看法不同。他认为，在学习中没有强化也能获得有关的信息，形成新的行为。而强化能激发和维持行为的动机，以控制和调节人的行为。因此，他认为行为出现的概率是强化的函数这种观点是不确切的，行为的出现不是由于随后的强化，而是由于人认识了行为与强化之间的依赖关系后对下一步强化的期望，他的"期望"概念也不同于传统的"期望"概念。传统的期望概念指的只是结果的期望，而他认为除了结果期望外，还有一种效能期望。结果期望指的是人对自己某种行为会导致某一结果的推测。如果人预测到某一特定行为将会导致特定的结果，那么这一行为就可能被激活和被选择。例如，儿童感到上课注意听讲就会获得他所希望取得的好成绩，他就有可能认真听课。效能期望指的则是人对自己能否进行某种行为的实施能力的推测或判断，即人对自己行为能力的推测。它意味着人是否确信自己能够成功地进行带来某一结果的行为。当人确信自己有能力进行某一活动，他就会产生高度的"自我效能感"，并会去进行那一活动。例如，学生不仅知道注意听课可以带来理想的成绩，而且还感到自己有能力听懂教师所讲的内容时，才会认真听课。人们在获得了相应的知识、技能后，自我效能感就成为行为的决定因素。

班杜拉等人的研究指出，影响自我效能感形成的因素主要有：

① 个人自身行为的成败经验(direct experiences)。这个效能信息源对自我效能感的影响最大。一般来说，成功经验会提高效能期望，反复的失败会降

低效能期望。但事情并不这么简单,成功经验对效能期望的影响还要受个体归因方式的左右,如果归因于外部机遇等不可控的因素就不会增强效能感,把失败归因于自我能力等内部的可控因素就不一定会降低效能感。因此,归因方式直接影响自我效能感的形成。

② 替代经验(vicarious experiences)或模仿。人的许多效能期望是来源于观察他人的替代经验。这里的一个关键是观察者与榜样的一致性,即榜样的情况与观察者非常相似。

③ 言语劝说(verbal persuasion)。因其简便、有效而得到广泛应用。言语劝说的价值取决于它是否切合实际,缺乏事实基础的言语劝说对自我效能感的影响不大,在直接经验或替代性经验基础上进行劝说的效果会更好。

④ 情绪唤醒(emotion arise)。班杜拉在"去敏感性"的研究中发现,高水平的唤醒使成绩降低而影响自我效能。当人们不为厌恶刺激所困扰时更能期望成功,但个体在面临某项活动任务时的心身反应、强烈的激动情绪,通常会妨碍行为的表现而降低自我效能感。

⑤ 情境条件。不同的环境提供给人们的信息是大不一样的。某些情境比其他情境更难以适应和控制。当一个人进入陌生而又易引起焦虑的情境中时,其自我效能感水平与强度就会降低。

上述几种信息对效能期望的作用,依赖于对其是如何认知和评价的。人们必须对与能力有关的因素和非能力因素对成败的作用加以权衡,人们觉察到效能的程度取决于任务的难度、付出努力的程度、接受外界援助的多少、取得成绩的情境条件以及成败的暂时模式。班杜拉的社会学习理论认为,这些因素作为效能信息的载体影响成绩,主要是通过自我效能感的中介影响发生的。

功能

班杜拉等人的研究还指出,自我效能感具有下述功能:① 决定人们对活动的选择及对该活动的坚持性;② 影响人们在困难面前的态度;③ 影响新行为的获得和习得行为的表现;④ 影响活动时的情绪。

自我效能感影响或决定人们对行为的选择,以及对该行为的坚持性和努力程度;影响人们的思维模式和情感反应模式,进而影响新行为的习得和习得行为的表现。

(1) 自我效能感高的人:期望值高、显示成绩、遇事理智处理、乐于迎接应急情况的挑战、能够控制自暴自弃的想法——需要时能发挥智慧和技能。

(2) 自我效能低的人:畏缩不前、显示失败、情绪化地处理问题、在压力面

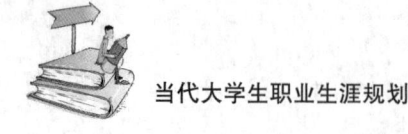

前束手无策、易受惧怕、恐慌和羞涩的干扰——当需要时,其知识和技能无以发挥。

研究倾向

关于自我效能的研究存在两种倾向:特质取向和非特质取向,或将其理解为自我效能的两个维度。前者认为自我效能感是跨情境的,具有特质性,不以具体情境为转移。后者认为自我效能感是具体的、非特质的,具有情境性。班杜拉就是这一研究取向的主要代表。当前研究更倾向于认同两种取向的共存。

在自我效能感的结构上主要有两种观点:单维性和多维性。大多趋向于认为自我效能感具有多维性。

早期的自我效能理论主要研究的是个体的效能。到了20世纪80年代中期,班杜拉发展了这一概念,提出了集体效能。这代表着班杜拉自我效能感理论的新进展,进一步拓展了自我效能感理论的内涵,使得自我效能感理论延伸到了集体社会。集体效能指的是集体成员对集体能力的判断或对完成即将到来的工作的集体能力的评价。它着眼于集体的操作性能力上,并且是对操作性能力的判断或评价。但集体效能不是集体中个体效能的总和,而是个体相互作用的动态过程所创造的一种凸显的属性。对集体效能的研究并未超越个体效能,大部分都是遵从个体效能的理论,在此基础上建立类似的集体效能理论。当然,集体效能的研究基于其研究主体的特殊性,必然有其研究的特点,如影响集体效能的社会因素:信息多元化、高度的国际分工与合作。这方面还有待进一步研究。

自我效能感理论的应用研究主要涉及教育教学领域、身心健康领域和职业与组织领域。

与其他理论的关联

(1) 与成就动机理论的关系。一些持传统成就动机理论的学者将自我效能感作为成就动机中的一个积极成分,甚至提出用自我效能感取代成就动机作为人的行为的解释因素。另一些学者认为,自我效能感和成就动机一起作为成就目标的前提,间接地对成就行为产生影响。比如 Elliot 在研究中将成就目标分成三种定向:掌握性目标(Mastery goal)、成就趋近目标(Performance-approach)与成就回避目标(Performance-avoidance goal)。结果发现,自我效能感与前二者之间存在显著正相关关系,与成就回避目标之间存在显著负相关关系。

(2) 与目标设置理论的关系。研究表明,自我效能感与目标设置高度,两

者基本存在着正相关。

（3）与动机归因理论的关系。自我效能感影响到人们的归因模式。在寻求困难问题解决之策时，高自我效能感的人倾向于将失败归因于努力不足，低自我效能者则易归为能力不足。进一步的研究发现，自我效能感与归因之间存在互为因果的关系，比如将低绩效归因于个人局限性会损害其自我效能感。

与能力观之间的关系

根据自我效能感的理论，先前的绩效水平会对其自我效能感产生影响——但不同的人所受的影响并不一样。之所以如此，是因为中介性的加工在起作用，其中人们对能力本质所持有的观念是一个重要因素。有的人倾向于能力增长观(increment oriented)，相信能力是可变的、可控制的；另一些人则倾向于能力实体观(entity oriented)，相信能力是一种固定的、不可控制的特质。前者更多是追求学习目标，以便更快更好地掌握所需的技能，失败对他们来说，是努力不够或策略运用有偏差的指示器，从而提高他们行为的动机和效果；后者更多是追求成绩目标，结果是对自己能力的验证。由此可以推论，在低绩效的情况下，增长观定向的人，其自我效能感不会出现明显的降低；而能力实体定向的人，其自我效能则会明显下降。Winter的研究也证实，持能力增长观的人，其自我效能感显著地高于持能力固定观的人。但对绩效的影响方面，受到任务复杂性的影响，在简单任务中，追求成就目标的人成绩更好；在复杂任务作业中，则是追求学习目标的人成绩较佳。

与自尊的关联

班杜拉认为"自我效能"与自尊不同，它是对特定能力的一种判断，而非自我价值的一般性感受。82岁高龄仍在斯坦福大学执教的班杜拉教授说，"人们很容易有强烈的自尊心——只要降低目标就好了。"另一方面，班杜拉教授指出，有些人具备很高的"自我效能"——努力驱动自我，但是自尊心却不强，这是因为他们的表现总是达不到他们高高在上的标准。尽管如此，这样的人由于相信坚持不懈的努力将促使他们取得成功，他们通常都能真的获得成功。实际上，如果成功来得太容易，一些人就永远也不会掌握从批评中学习的能力。班杜拉教授说，"人们必须学习如何应对失败，从失败中汲取经验，而不是任由失败带来受挫感。"班杜拉教授常常在他的电子邮件中附有这样的签名："愿效能的力量与你相随！"（迈克尔·乔丹曾说过，"我曾经经历过无数次失败，而那正是我成功的原因。"）

第五章 生涯人物访谈

教学目标

知识：生涯人物访谈的意义及流程
技能：做好生涯人物访谈，撰写生涯人物访谈报告
理念：运用生涯人物访谈技巧，完成生涯人物访谈

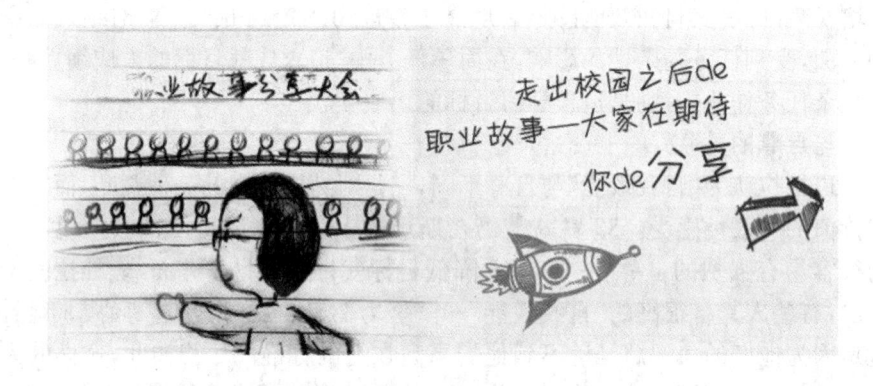

第五章 生涯人物访谈

近年来，随着高校扩招，每年应届大学毕业生人数与日俱增，就业压力日益加大，大学生找工作难已经成为一个社会问题。而作为在校的大学生，应该增加对自我及职业世界的了解，尽快树立自己的职业目标，在职业信息的探索方面，也应该由传统的静态资料获取途径向动态资料获取途径转变。生涯人物访谈可帮助大学生获取更加全面、生动、直观的职场信息，从而加深对职业的认识，为以后的职场尽早做准备，实现"人职匹配"。

第一节 生涯人物访谈的定义及意义

一、生涯人物访谈的概念

舒伯(Super)是生涯发展论最具代表性的研究者。他认为：生涯是生活中各种事件的演进历程，统合了人一生中各种职业与生活的角色，由此表现出个人独特的自我发展形态。生涯除了职位之外，还包括任何与工作有关的角色，如学生、退休者、家庭和公民的角色等。生涯人物访谈，是通过与一定数量的职场人士（通常是自己感兴趣的目标职业从业者）面谈而获取关于一个行业、职业和单位"内部"信息的一种职业探索活动。[1] 它能帮助在校大学生正确认识自己的优、缺点，检验和验证以前通过其他渠道获得的信息，了解潜在的入职标准、核心素质要求、晋升路径和工作者的内心感受，获取相关职业领域完整、最新、准确的信息，有助于大学生做出正确的职业生涯决策。

二、生涯人物访谈对大学生职业规划的影响

"关于未来，你有想法与规划吗？"这是一道大多数在校大学生都应该考虑的问题。他们很少接触社会职业活动，缺乏一种对职业的前瞻、思考与规划。而通过生涯人物访谈，可以使大学生与自己的榜样、前辈进行最直接的交流，使自己对将要从事的职业有一个直接、全面的了解。

（一）加强自我认识

在进行生涯人物访谈前，大学生借助一定的测评工具重新认识自我，了解自己的兴趣、性格、能力和价值观等；在访谈的准备阶段，面临各种工作的

---

[1] 朱启臻. 职业指导理论与方法[M]. 北京：首都师范大学出版社，1996.

思考,理想我、现实我、潜在我纷纷呈现;在访谈的进行当中,访谈的对象往往会优先选择那些与所学专业相关度比较大,或自己感兴趣的目标职业的从业者,这些生涯人物通常会结合自己的切身感受和实际经验给我们一些中肯的建议,如什么样的人更能胜任这类工作,这个岗位最需要什么素质和能力的人等,能帮助大学生更好地结合就业市场和岗位,正确认识自己的优势和不足,从而有针对性地制定更加合理的大学学习、生活和实习计划。

(二)增加职业认知

生涯人物访谈能帮助学生获得职业探索和职业环境的初步认识,有效进行职业生涯规划。这项活动对于工作经验和社会阅历欠缺的大学生来说,是了解职业的一个比较好的实践方法。比如通过访谈银行柜员,同学们不再觉得进入银行是自己唯一的选择;通过访谈电话客服人员,同学们纠正了自己对"话务员"职业的偏见;通过对交警的访谈,对交通安全和法规有了更深的理解;通过对清洁工的访谈,更加尊敬他们的劳动和保护环境。职业的认知,不仅仅是对拟从事岗位的了解,更应该包括对敬业、乐业的理解和发自内心地对众多普通劳动者的尊重,拥有积极、乐观、自信的心态。

(三)积累就业资本

大学生的就业资本包括人力资本、社会资本和心理资本,他们共同决定了个体的竞争力。通过生涯人物访谈,大学生了解了一些岗位所需要的知识、经验、证书、技能等方面,增加了获取就业机会的可能性;通过生涯人物访谈,大学生可以拓展社会关系网络,有助于获得更多的就业机会;通过生涯人物访谈,选取人物的自信、乐观、坚韧、勇于创新等良好心态,会对一些学生产生强烈的冲击力和感染力。生涯人物访谈是大学生积累就业资本的有效途径,是提高大学生求职竞争力的一种方法。

(四)提升就业能力

就业能力包括:人际交往能力、搜集信息能力、解决问题能力、思考能力、创新能力、专业技能、积极的态度、自信、诚实、灵活性、良好的仪表和形象等。这些能力只能在实践中获得,也只能在实践中提高。在进行生涯人物访谈的过程中,有些同学意识到自己某些方面能力很强,得到了肯定,获得了自信;有些同学发现自己与别人的差距,在日常学习和生活中通过阅读、各种实践活动来调整自己。完成生涯人物访谈的同学,对自己、对职业、对生活都有了新的认识、理解,激发了大学生职业生涯发展的自主意识,促

使大学生理性地规划自身未来的发展,并努力在今后的学习过程中不断地、自觉地提高就业能力。

第二节 生涯人物访谈流程

作为在校大学生,我们应该如何开展生涯人物访谈呢?可以从以下四个方面着手。

一、开展自我探索

在进行访谈之前,大学生要做深入细致的自我探索。可借助一定的测评工具(如霍兰德职业倾向测验量表、MBTI、职业能力倾向自我评定表等),对自身的兴趣、能力、价值观等做全面了解,并以此为依据,选择目标职业。

二、做好访谈准备

(一)确定访谈对象

在确定目标职业之后,大学生可以从家庭和社会关系、专业实习实践优势、历年毕业学生从业优势等方面入手,选择能够联系到并接受访谈的对象,尽量选取行业中具有典型性或代表性的人物。

(二)收集相关信息

进行生涯人物访谈前一定要尽可能全面地了解生涯人物的相关信息,如所在企业、所在职位、所获奖励、发表的文章、重要讲话等。

(三)精炼访谈提纲

要根据约定的访谈时间,合理设计访谈提纲,可从工作内容、任职资格、所需技能、发展前景、从业经验等方面开展。在问题的设计上,一方面,要根据对问题的关心程度进行排序,有重点地推进访谈。另一方面,注重问题的精炼,一般控制在10个以内,不宜过多,根据自身的要求进行,争取用最短的时间获得最大的信息量。

(四)联络访谈对象

在实施访谈计划之前,积极联络访谈对象,确认访谈日期、访谈时长及具体的访谈方式。在这个环节中,大学生可以通过电话、电子邮件、QQ或者微信等方式,与访谈对象进行初步的接触,进行必要的自我介绍,说明访谈的意

图,并表达感谢,为进一步实施访谈计划奠定基础。这个环节易被忽视,但往往极其重要,这个环节的有效开展可以使学生争取良好的第一印象,为提高访谈质量提高访谈效率加分。

三、实施访谈计划

(一)掌握访谈技巧

做好生涯人物访谈,不能仅局限于访谈的内容,还要掌握一定的访谈技巧。一方面,大学生要掌握一定的社交礼仪,使我们在与访谈对象见面的第一刻起,就被访谈对象接纳,从而打开良好的访谈局面。另一方面,可以通过模拟访谈的形式,在模拟中掌握人物访谈的技巧:找准访谈的切入点,从访谈对象感兴趣的具体问题开始;在问题的设计方面,要尽量具体,不要过于开放,尽量口语化、通俗、易懂;学会适时调整访谈内容;掌握谈话的主动权、打破僵局、层层推进等。此外,还要学会处理在访谈中出现的突发情况,如:访谈对象突然表现出对某一问题的异常敏感使访谈受阻;访谈过程中有突发情况访谈无法继续等。通过对这些突发事件的巧妙处理,可以保证访谈的正常实施,也会锻炼和提高学生的应变能力,为访谈对象留下良好印象。

(二)紧扣访谈提纲

在实施访谈前,已经做了大量充分的准备,所以拟定的访谈提纲往往比较全面、系统。我们要将访谈提纲熟记于心,在实施访谈的过程中,既能根据现实情况灵活调整,又能始终围绕提纲层层深入,利用有限的时间尽量多地搜集有用信息。可以在访谈的最后,请求访谈对象推荐一位或几位可接受访谈的对象,以此来丰富和充实访谈的信息来源,为我们提供更加全面的职场信息。

(三)适度跟进追踪

访谈结束后,要给予适度的跟进。可以采用电子邮件、电话等方式向访谈对象表示感谢,感谢对方能在紧张的工作中抽出时间接受访谈,并给予中肯的意见。此外,我们也应该考虑到,这些访谈对象中,有的是从业多年的资深人士,有的本身就是行业或企业的领军人物,在今后的应聘中,可能就是决定人员去留的主考官,能给他们留下良好的深刻印象,也会对今后的求职有一定的帮助。因此,要积极与访谈对象建立长期联系,但也要注意把握尺度,避免引起对方反感。

四、梳理获取信息

（一）归类呈现

访谈结束后，要注重信息的归类呈现，在征得访谈对象同意的基础上，可以将信息以文字、图片、音频和视频的形式分类。我们在归类整理信息的同时，会进一步加深对职业生涯的理解，使职业生涯规划的理念内化。做好访谈后的总结显得尤为重要。

（二）总结分享

我们应总结自身在访谈过程中对自我的认知、对职业的了解、在访谈中遇到的问题及取得的收获，要善于总结在访谈中的体会，从自我与职业的角度出发，不断重新审视自己，发现自己的优势与不足，科学理性地评估职业目标，为适应社会需要，作出合理的生涯决策。

思考：

1. 根据测评工具对自我的认识，你的目标职业是什么？
2. 如果现在要进行生涯人物访谈，如何做好访谈前的准备工作？
3. 在访谈环节，应该注意哪些问题？

第三节　如何撰写生涯人物访谈报告

为帮助在校学生了解社会，认识职场，要求每位学生都要对职场人物进行访谈，并且撰写生涯人物访谈报告。访谈可以选取从事某一行业3～5年，对所处行业有一定的认识和见解，从业经历具有较强的就业指导典型性的本校或外校毕业的大学生或研究生。生涯人物报告应该包括封面、访谈记录以及访谈小结。

一、封面

生涯人物访谈报告的封面应该包含受访人所在的单位简介、受访人简介、访问时间、地点、方式等基本信息。

参考封面格式如下。

生涯人物访谈报告

访谈人姓名：

学院：

专业：

学号：

被该谈人姓名：

工作单位：

职业：

访谈时间：

访谈方式：

二、访谈记录

根据准备好的访谈提纲，在访谈的过程中做好记录然后加以整理。

参考访谈提纲

（1）简单介绍一下现在所在单位（如：单位性质、主营业务、核心价值观、薪资福利等）、从事工作主要内容（具体包含哪些日常工作、重点工作，有无突发性工作等）、所处行业或者从事岗位的发展前景？

（2）你觉得现在从事工作的要求是什么？大学所学的专业知识对你现在所从事的工作重要么？除专业知识以外，您觉得从事目前工作还需要具备哪些能力，其中哪些是能够在学校里得到锻炼和提升的？

（3）毕业时最初对于期盼职业的定位（如单位类型，专业对口要求，岗位类型，薪资，工作地点，发展空间，户籍等）是怎样的？求职过程中该定位有无调整？现在工作是否符合你的定位？你的家人对你选择这份工作有什么想法？

（4）毕业时尝试过哪几种求职方式（如招聘会、校园宣讲会、网上求职、亲友推荐等），你觉得哪种手段最有效？请你推荐一些品质较高的招聘会、求职网站或求职方式？你是如何获得目前这份工作的（招聘信息获取方式，招聘流程等）？

（5）单位对于新员工有哪些培训？除了培训外还有哪些措施帮助新员工尽快适应工作？你觉得作为新人最希望得到的指导有哪些？作为用人单位，最希望新员工在这一阶段掌握的又有哪些？

（6）在近几年的工作中，你有没有遇到过工作的瓶颈期或者低谷期，你最后是怎么度过这一时期的呢，如果有的话能够简单分享一下吗？

（7）对即将毕业求职的师弟（妹），你有什么样的建议和期许？

三、访谈小结

围绕自己的职业生涯规划,对访谈内容进行总结,重点突出本次职场访谈自己的收获。

生涯人物访谈模板(1)

一、背景介绍

1. 受访人单位简介:大众点评网于2003年4月由张涛成立于上海,其他创始团队成员包括联合创始人李璟、张波、叶树蕻和龙伟。大众点评网是中国领先的本地生活信息及交易平台,也是全球最早建立的独立第三方消费点评网站。大众点评网不仅为网友提供商户信息、消费点评及消费优惠等信息服务,同时亦提供团购、电子会员卡及餐厅预订等O2O交易服务。大众点评网是国内最早开发本地生活移动应用的企业,已经成长为一家移动互联网公司,大众点评网移动客户端已成为本地生活必备工具。

2. 受访人:卓××

3. 采访人:李××

4. 受访人简介:卓××,南京林业大学林学院2013届毕业生,主修林学(植物资源利用)专业,现就职于大众点评网南京点,从事销售工作已一年。从毕业后,卓××就进入大众点评网,踏入了他人生的第一个工作领域,凭着脚踏实地的工作态度和积极向上的工作心态,业绩一直都在一个较优秀的水平。

5. 参与人员:李××,卓××

6. 访问时间:2014年06月06日

7. 访问地点:南京

8. 访问方式:QQ采访

二、访谈记录

1. 问:"首先请简单介绍一下你目前所在单位的情况。"

答:"我目前在大众点评网从事销售工作,大众点评网是一家比较典型的电商型民营企业,它的主要业务聚焦于互联网本地生活服务,旨在使消费者的生活变得更加方便快捷;其核心价值观是公平公正,保证每一位员工能够在公平公正的工作氛围中展示自己,提升自己;薪资待遇在基本保障员工个人生活需要的基础上根据个人业务水平加以提升加薪,这对于我来说是一种压力,但更多的是驱使自己更加努力奋斗的正能量。"

2. 问:"看来您对于做好自己的工作还是蛮有信心的,那么,接下来请简单介绍一下您从事工作的主要内容。"

答:"我的日常工作是销售,并促成项目进度从而成功签约,接下来就是对交易进行后期维护,再来就是对尚未交付的款项进行催交,以避免资金流失;当然,重点工作还是倾向于销售和签约;时常会遇到一些突发性的工作,一般会根据情况作出相应的对策,随机应变在销售工作中是必备的一项技能。"

3. 问:"对于您所处行业或岗位的发展前景,您怎么看呢?"

答:"如我们所见,现在互联网正在飞速发展,我相信,以互联网作为业务发展平台的大众点评网会高速发展;但是,这又是一个竞争日益激烈的时代,优胜劣汰就是商业的铁规则,我们无法预知未来,所以前景在我看来依然扑朔迷离。"

4. 问:"您进入这个行业已有些时日,对这个行业肯定也有了一定的了解,您觉得现在从事工作的要求是什么?大学所学专业知识对你现在所从事的工作重要吗?除专业知识外,您觉得从事目前工作还需要具备哪些能力,其中哪些是在学校里能够得到锻炼和提升的?"

答:"作为一个销售人员,在工作中必然会接触到形形色色的顾客,偶尔顾客会因为一些小差错而问责于自己,这时候就难免有一些不太得体的语言表达,每当此时最需要的就是强大的承受能力与心理素质和得体的言语;当然,责任心强和执着也很重要;至于大学所学的专业知识,对于这份工作来说就不那么重要了,我自己本专业专业性强,而现在这份工作却着重于实际沟通方面;销售要求的门槛很低,但要做好要求就很高;在学校中通过与周围同学的沟通交际,能够提升自己的沟通能力与个人心智,为人处世的能力是我在学校学到的比较重要的一项技能。"

5. 问:"看来你自己所学专业与现在所从事工作相差挺大的,那您毕业时最初对于期盼职业的定位是怎样的?"

答:"我当时希望做一位专业的技术人员,薪资至少在四五千,发展空间要大,最好在本地,尽量专业对口。"

6. 问:"您在求职过程中这个工作定位有没有过调整呢?"

答:"如你现在所见,调整肯定是有的。"

7. 问:"那您现在工作是否符合您最初的定位?"

答:"相差甚大,不过我乐在其中,做好每一份自己应该做的工作那才是最重要的。"

8. 问:"您的家人对于您选择这份工作有过什么想法吗?"

答:"我的家人对于我目前这份工作不是很满意,不过他们还是尊重我的选择,愿意让我自己决定,我很高兴有懂得理解和尊重我的家人。"

9. 问:"无论生活上还是事业上,家人永远是自己最好的支持者!那您毕业时尝试过哪几种求职方式?您觉得哪种手段最有效?请您推荐一些品质较高的招聘会,求职网站和求职方式?您是如何获得目前这份工作的?"

答:"大多数能找工作的方式我都尝试过,比如学校的招聘会,校园宣讲会,网投,亲友推荐;但是我觉得亲友推荐比较靠谱;至于招聘平台,智联和 51job 招聘网站你们都可以去试一下;我目前的这份工作是通过朋友推荐得到的,怎么说呢,诚如一句俗语:在家靠父母,在外靠朋友嘛!"

10. 问:"那现在我们来正式了解一下你的工作吧,当你们进入单位后,单位对于新员工有哪些培训?除了培训外还有那些措施帮助新员工尽快适应工作?你觉得作为新人最

希望得到的指导有哪些?作为用人单位,最希望新员工在这一阶段掌握的又有哪些?"

答:"对于新入职人员,公司会进行一些关于销售方面的新人入职培训;此外,新人分享和团队的建设也是公司进一步促进大家互相认识并尽快适应工作的措施之一;作为一个新人,我最希望每天的汇报与总结能得到前辈们的指点评价,以改善自己的不足;而作为用人单位,他们希望新人在适应阶段能够快速融入团队,适应工作环境和工作节奏。"

11. 问:"在近几年的工作中,你有没有遇到过工作的瓶颈期,如果有的话,最后是怎么度过的,能简单分享一下吗?"

答:"我基本上适应了现在的工作节奏和氛围,现在的工作状态比较稳定,所以暂时没有工作瓶颈期,不过以后就说不一定了,但是我觉得重要的是以一个好的心态去面对未来的困难,生活没有过不去的坎不是吗?"

12. 问:"您说得很有道理,那么,在我们的谈话结束之际,您对即将毕业求职的师弟师妹们,有什么样的建议和期许呢?"

答:"想说的很多,总结以下几个重点:
(1) 努力学好专业课,无论从事工作是否专业相关;
(2) 努力提高自己,无论是人文素养还是心智水平;
(3) 不要想太多关于地点、待遇、工作内容的问题,只要关注:工作是否开心愉快,此工作是否有前景;
(4) 仰望星空,脚踏实地。"

三、访谈小结:

与学长共同分享了他的职场故事,感触颇深的同时收获也颇多:
(1) 规划好自己的职业生涯是一个好的职业生活的开始;
(2) 选择自己感兴趣的领域,才能全身心投入到工作中;
(3) 对自己的工作要有强烈的责任感,这样才能赢得别人的信赖;
(4) 看清楚自己的未来,寻找一个发展空间较大的职场区域;
(5) 努力提升自己,无论人文素养还是心智水平;
(6) 以积极向上的态度去对待每一天,对未来充满信心,对自己充满信心,脚踏实地,做最好的自己。

生涯人物访谈模板(2)

访谈时间:2014年6月22日

访谈方式:电话采访

访谈人:徐××

被访谈人:范××

被访谈人简介:范××,软件工程师。毕业于南京林业大学,在大学毕业后直接签约冠捷,成为一名普通的研发人员。经过几年的打拼,范××终于在工作上取

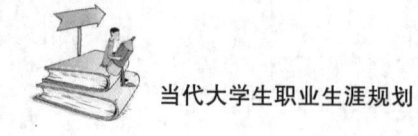

得很大的突破,从一名普通不起眼的研发人员成为研发处主管,也实现了她职业发展的成功。范××对于成功的座右铭就是:实干、敢干+机遇。正是她的这种实干精神使她取得个人职业发展的成功。

访谈内容:

问:"因为高校扩招的原因,目前大学生的综合素质普遍有所下降,您认为我们这个专业的学生应该从哪些方面进行培养,才能更好地提升素质?"

答:"在学校,现在的网络这么发达,你可以多上网,在网络上多接触一些最新的信息,多学习涉及广告的知识内容等。在外面,你一定要跟周边的人去学习,哪怕人家只是比你早一天进入公司。因为他的身上有很多东西值得你去学习。"

问:"现在很多求职者选择进什么样的公司,很重要的一点就是考虑进一家公司是否有比较好的发展前景。我想问一下从事这份工作的人发展前景或晋升机会如何?"

答:"这主要还是要看自己的能力。俗话说,鸡窝是养不住凤凰的,如果你是凤凰的话,你早晚都会跳出狭小的鸡窝的。但有些公司,如果你没有能力的话,你就只能做一个职工,因为不可能每个人都是领导。就像你做的这样一份生涯人物访谈活动或是一份生涯规划,如果你做不到的话,那你就没有办法了。但是人都有向前发展的想法是没有错的,所以能力真的很重要。"

问:"学校中的哪些课程对这个行业比较有帮助?"

答:"总的来说是有帮助的,但是大家都知道,书上的知识永远赶不上技术的发展,所有如果你想在这个行业有好的发展的话,就不能局限于书本上的东西,要多动手,这样能学到的东西比你课程上所能学到的多很多。"

问:"我们专业在大三的时候有一个大学实习,在实习之前需要在哪些方面有所准备?"

答:"首先梳理自己已有的专业知识能力,客观地评价自己的优势和劣势,尽可能做到扬长补短。其次,有目的地提前锁定一些目标实习单位,有针对性地进行一些关注和调研,做到有的放矢。最后,可以阅读一些人际交往或社交礼仪的知识,力求在细节方面也做到位,也可以向往届师兄师姐讨教实习的一些鲜活的经验,以利于较快地适应角色和心态的转变。"

问:"平常在工作方面,您每天都做些什么?您是否满意这样的工作现状?"

答:"因为我是做研发的,所以很多时间要花在看书,做实验上面,很有收获。我很喜欢现在的工作,我觉得它目前可以承载我对职业的那些想象,也符合我当前的期望。"

问:"您认为如何才能做好这份工作?应该具备哪些知识、技能或者经验之类的?"

答:"任何工作都需要一个人全心全意地投入,而且应该满怀热情,喜欢是做好的前提。我觉得很多知识技能或经验,也许并不是先前都已经积累了,而更多的是在开始工作之后,抱着一种开放、包容、谦虚、好奇的态度慢慢习得的。当然现在你们可以多看一些这方面的书籍,了解一下行业的相关动态,确定自己所要研究的方向,这样能更好地为你以后的工作打下良好的基础。"

问:"行业内,单位对刚进入该领域工作的员工一般是否进行培训?如果有,是哪方面的培训?今后还要求个人在哪些方面的素质有所提高?是否有继续深造的机会?"

答:"每一个新进入的员工都会进行一系列相关的培训,内容主要是对新来员工培训相关技能,让员工能够将学校中所学到的知识更好地转化为实用的技能。除了部门自己组织的学习以外,公司每年都会组织一些培训,让大家更好地了解当前行业的新技术,新动态。正式进入工作岗位后,要求每个人都有一定的技能,能够独立面对一些问题,在技术方面要求会比较多。在深造方面,公司是比较支持大家进行更加高层的学习,公司所举行的每周一次的读书会就是一个很好的例子。"

问:"在您的工作领域里,初级职位和略高级别职位的薪水一般是什么水平?"

答:"每个公司的薪酬水平有所不同,很难有一个统一的标准。"

人物访谈总结报告

此次的大学生生涯人物访谈活动,是我们对未来拟定职业生涯的一次探索性活动,更是学生对自我的设计、自我规划、自我成就的探索性活动。以下就我参加此次活动所体悟到的一些感受和收获进行总结:

(一)要重视和精通自己的专业知识。我们要充分利用在校学习时间,不断夯实专业基础知识和提高自己的专业技能,要肯去学、肯去钻、肯去精益求精。而且要勤动手,多多培养我们的动手能力。此外广泛涉猎各方面报刊书籍,关注行业动态,确定自己的研究方向,提高自己的综合业务素质和专业竞争实力等,不断拓展自己的优势和成功渠道。

(二)要学好英语。面对现在全球化的趋势,特别是信息产业,每天都要面对日新月异的变化和一波接一波的技术浪潮,英语的重要性是不言而喻的,你要学习国外先进的理论和技术,去国外留学等,英语就是必需品。成功的职业人给我们的建议是:要有更高的发展,那就学好英语吧。

(三)要多学会做人的方法并多花一些心思经营自己的人际关系网络。大学不仅是学习的乐园,更是育人的圣地。学会做人是我们大学生必修的一门课程。如今在校学习的我们,交际圈仅限于亲人、部分同学和少许的朋友等,非常狭窄,对自己今后生涯的顺利发展非常不利。所以,应该从现在起就更加重视培养自己的为人处世能力及经营并维护好自己的人脉资源。

(四)要摆正心态,对工作要严谨、认真、负责,乐观面对未来所从事行业的发展前景。心态决定成败,细节铸就辉煌。我们去应聘工作岗位,是想施展自己的实力,更是想为所在公司创造利润和价值,而不是"三天打鱼,两天晒网",成为公司的负担。在人才市场竞争如此激烈的当今社会,任何一个公司都不会接受一个心高气傲、做事磨蹭、对工作不认真负责的员工。

(五)要积极投身实践,去经历,去感受,去领会。

作业：

根据生涯人物访谈以及报告要求，撰写生涯人物访谈报告。报告总字数不超过2000字。其中，背景介绍不超过200字，访谈记录不超过1500字，小结不超过300字。生涯人物访谈报告由封面、访谈记录和小结三部分组成。

第六章 职业生涯设计

教学目标

知识：理解职业决策、职业生涯目标概念及相关理论和方法
技能：能够运用职业决策的技术方法确定职业目标和职业方向
理念：树立决策意识、制定职业目标、完成职业生涯设计

根据中国职业规划师协会的定义：个人职业生涯设计也叫个人职业生涯通道设计。是一个人对其一生中所承担职务相继历程的预期和计划，这个计划包括一个人的学习与成长目标，及对一项职业和组织的生产性贡献和成就期望。个体的职业生涯规划并不是一个单纯的概念，它和个体所处的家庭以及社会存在密切的关系，根据实际条件具体安排。因为未来的不确定性，职业生涯规划也需要确立适当的变通性。

"机遇总是降临于有准备的人"，做好自己的未来职业生涯设计，可以使自己有一个明确而清晰的奋斗目标，鞭策自己向理想加快脚步，促使自己在未来坚持不懈地追求自己的理想，实现人生的价值。

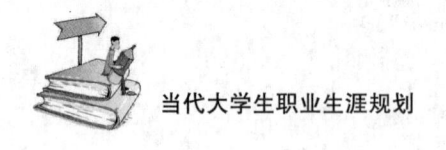

第一节 职业决策

选择常常困扰着我们,人们常常在心里问自己,到底该选哪一个?选择哪一个才适合自己?才是对自己有利的?然而,最好的办法就是尽可能多地搜集信息,不断地认识自我,找到自己的兴趣所在,来判断哪条路看上去更正确些,更有可能达到我们心中所追求的目标,然后认真地走好,并在走的过程中,不断探索、不断调整,在面对可能出现的下一个岔路口前做好选择的准备。

案例导读

小李,男,21岁,某大学人力资源管理专业学生。

他热情、积极、乐观、外向、喜欢结识新朋友,人缘好。在校乐于参与各类活动,在学生会担任职务,成绩优秀。

他做过 MBTI 测评,显示人格类型是 ESFJ。在霍兰德职业兴趣与能力倾向量表中显示是社会型,价值观量表中显示他看中的是职业中的社会交往,认为工作的目的和价值,在于能和各种人交往,建立比较广泛的社会联系和关系。

因此,他想从事跟人打交道的工作,经考虑,他觉得人力资源专员、行政管理人员、客户服务专员这三种工作都可以作为自己的选择。然而,三个选择各有利弊,做人力资源专员与自己大学所学专业一致,能把所学运用到实际工作中,做行政管理人员可能职业晋升的机会多些,做客户服务专员具有挑战性,但是究竟哪一种职业更有利于自己未来的生涯发展,他难以做决定。

第六章 职业生涯设计

大学生踏入社会之前,就面临一系列的职业决策。进行职业定向、确立职业目标、选择职业生涯路径,确定大学期间的目标、采取何种策略和方法实现目标,以及大学毕业时或走上工作岗位后如何选择职业,选择何种行业、何种职业,如何才能保证自我的个性特征与所选职业之间的高度匹配等,都是大学生需要分析与思考并最终做出决策的问题。

这里就职业生涯过程中的选择即职业决策进行探讨,希望帮助大家选好路,走好路。

一、职业决策概念

所有的道路,不是别人给的,而是自己选择的结果。你有什么样的选择,也就有了什么样的人生。人生是一连串选择和决策的过程:从你早上起床要穿哪一套衣服出门开始,你就在选择;中午要去哪里吃饭,你又在选择;交往中你选择朋友,恋爱时你选择伴侣,工作前你选择职业等。约翰·坎贝尔曾指出:"正是你在生活中每个环节的选择和决策塑造了你的人生,决定了你的成败。"

决策是对选择的一种决定。它是为了实现既定的目标,分析自身和周边环境,在占有一定信息和经验的基础上,借助一定的工具,利用一定的技巧和方法,对影响目标实现的诸因素进行分析、计算和判断,对各个可能的选择项目,加以评估、选择,最终对未来的行动作出决定。那么,正确的决策,可以帮助人们沿着正确的方向不断前进。错误的决策,则会使人走上错误的道路,严重影响目标的实现。

职业决策是职业生涯规划中的前导部分,决策制订的可行性与否,直接决定了职业生涯规划是否会成功。希望获得最理想的职业发展目标,需要认真对自己进行完全的剖析,知道自己想得到什么,如何一步步实现目标,这就需要进行职业决策。

职业决策又称职业生涯决策或职业决定,它有广义和狭义之分,广义的职业决策是指一个完整的职业规划的过程。狭义的职业决策是指职业规划过程中的一个环节。我们通常所说的职业决策是指其狭义的定义,主要包括四个方面的内容,一是确立目标。明确自我所要达到的目的,这是职业决策存在的根本。就像如果只知道毕业了要就业,但是自己适合干什么样的工作,可以从事什么样的工作却不知道,那也不会存在决策的过程。二是选择。指在达到目标的过程中有多种途径或方案,采取哪一种途径或方案来做出合适的选择。三是选择结果。这是由目标和选择决定的。四是评价。对各种选择结果进行合理的评估,找出适合个人的职业选择。

职业决策是一个复杂的认知过程,对于大学生来说,职业决策就是在根据个人职业兴趣、分析自身特点和优势及家庭、学校、社会环境、专业特色的基础上进行职业方向的定位。这个定位的过程包括前面所说的确立目标、选择路径和策略、对不同的选择路径进行评估、确立最终的职业方向。

二、职业决策理论

职业决策对一个人的职业生涯选择和发展起到关键作用,为了让一个人在面对职业、生涯等重大问题的抉择时,所做的选择尽量能够获得最大收益或满意度,出现了许多职业决策理论,这里仅列举出典型理论,通过学习这些职业决策理论,以期在面对职业定位、职业路径选择和职业生涯发展的时候能更好地决策。

1. 奇兰特(Gelatt)的职业决策过程模式

该理论认为,决策是一连串决定的组合。任何一个新决定都是由先前的决定影响产生的,而新做出的决定又会连锁影响导致后来的一个决定的出现,所以,决策是一个决定又一个决定连锁反应的发展历程,而非单一的孤立的事件。这也说明生涯决策不是一次选择或一个结果,而是持续不断地做决定及修正的终生历程,具有系统工程的特征。

为了使决策过程理性化、系统化,奇兰特职业决策模式特别强调资料的重要性和过程的严整性,为此他提出了资料处理的三个策略系统和决策过程的七个步骤。

(1) 关于个人处理资料的三个策略系统

① 预测系统。预测不同的选择可能会造成的结果,及估算出每个行动可能造成该结果的概率,以作为该采取哪种行动方案的参考。

② 价值系统。个人对于各种可能的行动的喜好程度。

③ 决策系统。评判各种行动方案的标准,其选择取向包括如下方面。

  a. 期望取向,即选择可能达成自己最想要的结果之方案,就是与自己的职业观相一致,与自己的兴趣、特长最相符的方案;

  b. 安全取向,选择最安全,最保险的方案。这方案适合追求稳定的人,但该方案也许与你的职业兴趣是不一致的;

  c. 逃避取向,避免选择可能造成最不好结果的方案。这也是适合追求稳妥,不爱挑战的人,选择的结果也许与你的期望有一定的差距;

  d. 综合取向,就是考虑自己对于行动结果的需求程度、成功概率及避免最不好的结果,权衡这三个方面,然后选择一个行动方案。

(2) 关于职业生涯决策的七个步骤

① 个体意识到做决策的需要,根据需要制定决策的目的或目标;
② 搜集与目标或目的有关的信息资料,并调查可能的行动方案;
③ 根据所得的资料,预测各个可能的行动方案的成功概率及其结果;
④ 根据价值系统,评价结果是否满足需要;
⑤ 评估各种可能方案,选择其中的一个方案执行;
⑥ 若达成目标则终止决定,然后再等待下一个决定的出现;
⑦ 若没有成功,则继续调查其他可行的办法。

2. 克朗伯兹(Krumboltz)的社会学习论

社会学习论由班都拉(Bundura)于20世纪70年代提出,强调个人独特的学习经验对其人格与行为的影响。克朗伯兹将这一观念引用到职业生涯辅导上,用以了解在决策历程当中,社会、遗传与个人因素对于决策的影响。在此基础上他提出了影响职业选择的四因素,其后又提出了职业生涯决策的七个步骤。

(1) 决策影响的四因素

① 遗传特征与特殊能力。遗传因素包括:种族、性别、外在的仪表和特征、身体健康程度等;个人的特殊能力包括:职业偏好、智力、音乐能力、美术能力、动作协调能力等。

② 环境条件与特殊事件。克朗伯兹认为,在影响教育和职业的选择因素中,有许多来自外部环境,非个人所能控制。这些外部因素大多由人为所致(如社会、文化、政治或经济的活动),也可能由自然力量引起(如自然资源的分布或天然灾害)。

③ 学习经验。克朗伯兹认为,每个人独特的学习经验,在决定其生涯路径时扮演重要的角色作用。学习经验包括你作用于环境的经验和环境作用于你的经验两种。

④ 工作取向技能。前面提到的三种因素会以一种交互影响的方式使个人形成特有的工作取向技能,这些工作取向的技能包括解决问题的能力、工作习惯、工作的标准与价值、情绪反应、知觉和认知的历程(如选择、注意、保留、符号知觉等心理过程)等。

(2) 职业生涯决策的七步骤

1977年,克朗伯兹以社会学习理论对职业生涯决策技巧的作用进行研究,提出了进行职业生涯决策的七个步骤:

① 界定问题:理清自己的需求及时间或个人限制,并制定出明确的目标。

② 拟定行动计划：思考可能达成目标的行动方案，并规划达到目标的流程。

③ 澄清价值：界定个人的选择标准，作为评量各项方案的依据。

④ 找出可能的选择：搜集资料，论证可行的方法。

⑤ 评价各种有可能的选择：依据自己的标准，对各种可能的选择方案进行评价。

⑥ 体系地删除：有系统地删除不合适的方案，挑选最合适的方案。

⑦ 开始执行方案：方案确定之后开始实施。

克朗伯兹的理论是以社会学习的观点来解释人类生涯选择的行为，特别强调社会影响因素和学习经验，对实际的生涯决策，提供了不少方法和启示，具有较高的实用价值。

3. 泰德曼(Tiedeman)的决策历程理论

泰德曼生涯决策理论的特点是把职业选择作为一个连续不断的历程，而非发生在单一事件上。他将生涯发展概念化为一个不断辨别、自我认定、处理发展性任务和解决心理社会危机的过程。这些持续的活动被认为是发生在一个时间阶段的架构之内。根据他的观点，生涯决策是经由一个有系统的问题解决的形态而达成的，包括两个阶段、七个步骤。

第一个阶段，预期阶段。

在该阶段内个体采取各种方式，先行拟出几个可行的方案，然后考虑澄清各个方案的利弊得失，预估其可能的结果，最后做出具体的选择。这一阶段可分为四个步骤：

① 探索，考虑不同选择方向及可能目标；

② 具体化，经过对各种不同选择方向或目标优、缺点的斟酌，情况逐渐清楚；

③ 选择，制定出一个能够解除目前困扰的目标；

④ 澄清，再审视、修正与调整准备行动的目标。

第二个阶段，实践与适应阶段。

该阶段的任务是将选择的方案落实于现实生活，然后评估其结果，并根据个人对结果的满意程度，对方案进行调整或改变。这一阶段可分为三个步骤：

① 入门，开始执行自己的预选择，这是新经验的开始，以新的角色出现，应积极争取周围人们的认可；

② 革新，调整步伐与心态，专心一致，全力以赴适应新环境；

③ 整合，个人的信念与集体的信念达到平衡与妥协。

4. 彼得森等人的认知信息加工理论

1991年,盖瑞·彼得森(Gary Peterson)、詹姆斯·桑普森(James Sampson)和罗伯特·里尔敦(Robert Reardon)三人,合著《职业生涯开发和服务:一种认知的方法》(Career development and Services: A Cognitive Approach)。在书中,他们提出了一种新的思考职业生涯发展的方法并进行了论述,这就是认知信息加工(Cognitive Information Processing,简称CIP)理论。

(1) 基本观点

认知信息加工理论认为,生涯发展是关于一个人如何做出生涯决策以及在生涯决策过程中如何使用信息的。作出生涯选择是一项解决问题的活动,生涯决策需要动机,有赖于我们想什么、如何想,而生涯的质量有赖于我们是否很好地学习和掌握了作出生涯决策所需的技能。所以,通过改进认知信息加工技能,可以提高生涯管理的能力。

该理论以金字塔为模型(如图6-1),金字塔中的最高层称为元认知的执行加工领域,是个人完成一项任务或达到一定目标而投身其中的记忆和思考;是一种思维活动过程。元认知的作用是对认知过程进行调节、监督和控制,主宰着如何思考生涯问题和制定决策,它包括自我言语、自我觉察、控制与监督。中间层是决策技能领域,关注的是"个体如何做决策的",其功能相当于计算机的程序软件,让我们对所存储的信息进行加工处理。最底层是知识领域,包含自我知识和职业知识。自我知识包括了解自己的价值观、兴趣、需要和技能;职业知识包括理解特定的职业、学校专业、休闲及组织状况等。知识领域相当于计算机的数据文件,需要我们进行存储,这是职业生涯决策的基础。

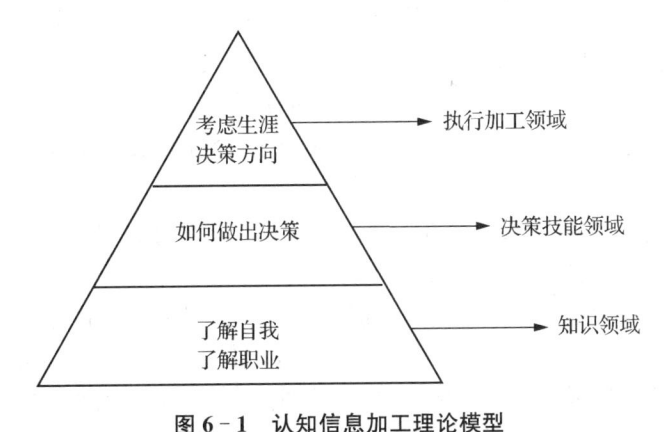

图6-1 认知信息加工理论模型

在这三个层次中,执行加工领域相当于电脑的工作控制功能,操纵电脑按指令执行程序,对其下的两个领域进行监控和调节;决策技能领域相当于电脑的应用软件,对所存储的信息进行加工处理;而知识领域相当于电脑的数据文件。从这个模型可以看到,任何一个层次出问题,都会影响职业生涯规划决策的质量。

(2) 通用信息加工技能的五个步骤

金字塔中间层的决策技能领域是关键环节,是对所有的信息进行加工处理,进而形成决策。它由五个环节构成:沟通(Communication)、分析(Analysis)、综合(Synthesis)、评估(Valuing)和执行(Execution),缩写为CASVE,构成了决策的循环。

沟通。个体意识到理想和现实情境之间存在差距,于是意识到有做出职业选择的需要。这一步是决策的开始,个人如果没有意识到自己的需要,后面的步骤则无从谈起。沟通包括内部沟通和外部沟通。内部沟通包括情绪信号和身体信号,比如,你所接收到的信息对你的职业计划带来的焦虑感(不满、厌烦、失望);外部沟通包括老师、父母、媒体传递给你的有关就业不容乐观的信息。

分析。将问题的各个组成部分相互联系起来,对现状进行评估,对所有的信息进行分析。检查自我知识和职业知识领域,改善自己在兴趣、技能、价值观、职业、学习机会、工作组织、行业类型等方面的知识,考虑和分析可能影响职业决策的积极或消极想法。分析的目的在于决策时避免冲动、盲目行事。

综合。把前一步骤分析阶段提供到的各种信息放到一起,进行综合和加工,制定出消除问题或差距的行动方案。在此阶段,个体首先要搜索查找各种解决问题的可能性,扩展解决问题的选项,对每一个选项进行思考。然后再逐步缩小选项的范围,保留下最好的,通常要减缩到三至五个。

评估。从可行性和满意度两方面评估保留下来的选择方案,并按照评估结果予以排序,得出最终的选择。在评估中,每个人都必须面对这样的抉择:

① 对个人而言哪个选择是最好的;

② 对我生活中重要的他人如父母亲友而言哪个选择是最好的;

③ 对社会而言哪个选择是最好的。

每一种选择都要从对自己和对他人的代价和利益两方面进行考虑。在排序时,将能够最有效地消除在沟通阶段所确定的存在于现实与理想状态之间的差距的那个选择排在第一位,次好的选择排在第二位,以此类推。

执行。是整套CASVE的最后一个部分,它意味着对你的选择付诸积极行动并解决在沟通阶段所确定的职业问题。需要注意的是,决策是一个循环

的过程,也就是说,在行动之后,还需要对自己的决定及其结果进行评估,由此可能进入新一轮的决策过程。

以上是对职业决策基本理论的介绍。综合而言,从不同角度、不同侧面探讨个人特质与职业之间的匹配问题,强调自我决策能力的发展,重视个人职业生涯的成长与发展。

三、决策风格类型

决策风格,是指个体在长期的决策过程中形成的比较稳定的决策倾向。决策风格对决策效果与决策效率具有重大的影响,其主要表现是:不同决策风格的人对决策制定的方式与步骤有不同的偏好。不同决策风格的人对行动的迫切性有不同的反应,不同决策风格的人对待风险的态度与处理办法互有差异。在面对职业决策的时候,每个人受个体的经验、知识、能力、性格和气质等多重因素的影响,形成自身独特的行为方式,这种独特的决策方式就是个体的决策风格。

决策风格小测试

桃园摘桃

有一片桃园,允许你进去摘桃子,但只许前进不许后退,而且只能摘一次,要摘一个最大的,你会怎么办?

A. 对视野内的桃子进行比较,形成一个大概的标准,再根据这个标准选择最大的桃子。

B. "我感觉这个大!"就摘这个了。

C. "去问看桃园的人,让他告诉我什么样的最大!"或者问问旁边的人什么样的最大。

D. 先别管了,走到最后再说吧。

E. 稍微比较,迅速摘一个。

结果说明:

A. 计划型。充分搜集有用信息,理智地思考,冷静地作出判断。

B. 直觉型。以个人感觉为判断标准,快速地作出决定。

C. 顺从型。倾向于采纳他人的建议与支援,个人不能承担做决策的责任。

D. 拖延型。把问题往后推,不知道自己的目标,不思考,走哪算哪。

E. 自发型。不能容忍决策的不确定性,对快速做决策的过程有兴趣。

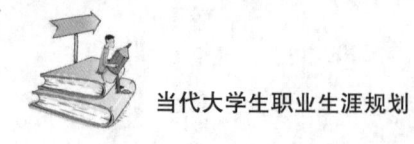

1. 丁克里奇(Dinklage)职业生涯决策风格

最早研究决策风格的是丁克里奇(Dinklage),其在1968年通过访谈研究,将人们做职业生涯决策时所采用的风格归结为8类。

① 冲动型(Impulsive)。选择遇到的第一个选择,不再考虑其他的选择或另花时间收集信息。其想法是"先决定,以后再考虑。"比如,先找到一份工作干着再说,但对于这份工作是否适合自己,是否有发展前景等均未考虑清楚。因此,这种决策方式风险太大,等看到有更好的选择时自然追悔莫及。

② 宿命型(Fatalistic)。个体知道决定的重要性,但把决定的权利留给境遇或命运。认为"上天早有安排,选择什么都一样。"这样的人常抱着"船到桥头自然直"的心态,被动决策类型。

③ 顺从型(Compliant)。顺从别人的计划而不是个体独立地做出决定。相信"他们都觉得好的,应该没错,就是好的。"常表现在易从众的人群中,虽然在追随群体的过程中获得了一种虚拟的安全感,但却忽略了自身的独特性,多数选择在很大程度上并不适合自己。如大学生在选择专业的时候,听从父母的安排,或者选择热门专业,而不是考虑适合自己的或自己感兴趣的专业。

④ 拖延型(Delaying)。将问题往后推。比如"我还没有准备好工作,所以打算先考研。"拖延型的人总是希望。也许事情过几天就自动解决了或总是抱着过两天再决定的想法。

⑤ 烦恼型(Agonizing)。过度搜集信息,使用信息时又顾虑重重,反复比较,苦苦挣扎,当断不断,心境表现常常是"我就是拿不定主意,万一选错了怎么办。"

⑥ 直觉型(Intuitive)。凭"感觉"而做决策,并不能说明选择的原因。直觉对人们在环境情况无法获得充分信息时会有效,但可能会不符合事实。

⑦ 瘫痪型(Paralytic)。接受做决策的责任,也知道该如果去做,但是一到该决策时就会表现得过于焦虑而不能对决策做出有建设性的工作。个体知道自己应该开始了,可能内心深处总是笼罩着"一想到就害怕"的阴影。结果,他无法真正为决策和决策的后果承担责任,选择麻痹自己来逃避做决定。

⑧ 计划型(Planning)。充分考虑自己的职业兴趣、个性特点和外部环境的要求,作出适合自己的选择。一切问题都在自己的计划之中。

上述8种决策风格没有绝对的优劣之分,各有其适用的范围和局限性。例如,直觉型决策反映了决策者能够迅速提取相关信息的能力,或者也可以说他是一个反应快的理性决策者。烦恼型的决策者虽然拿不定主意,但是搜集信息、对比信息的能力却很强,可以通过信息反映出各种选择的利弊。决策风

格既受个性的影响,又受到环境的塑造,但绝非无法改变。

2. 哈瑞恩(Harren)的职业决策风格

著名职业生涯学者哈瑞恩(Harren)在丁克里奇基础上研究,根据决策者对自己和工作环境在认识水平上的差异,将大部分人的职业决定方式归纳为三类:理性型、直觉型和依赖型。并编制了职业决策评估表 ACDM(The assessment of career decision making)。

① 理性型。这类决策风格的个体能够严格按照科学程序,往往在系统收集足够的自我和环境信息基础上,权衡各个选项的利弊得失,按部就班地做出最佳的决定。

② 直觉型。这类风格的个体主要以自己在特定情景中的感受或者情绪反应,直接做出决定。作决定全凭感觉,比较冲动,很少能系统地收集相关信息,但他们能为自己作出的决策负责。

③ 依赖型。这类决策风格的个体常常是等待或者依赖他人为自己收集信息作出决定,比较被动和顺从,他人的意见和期望会影响他们的职业决策。也以社会赞许、社会评价和社会规范作为做决策的标准。

3. 斯科特(Scott)和布鲁斯(Bruce)的职业决策风格

美国职业生涯专家斯科特(Scott)和布鲁斯(Bruce)认为,决策风格是在后天的学习经验中逐渐形成的,决策风格可划分为五种类型:

① 理智型。以周全的探求、对选择的逻辑性评估为特征。理智型的决策者具备深思熟虑、分析、逻辑的特性。这类决策者会评估决策的长期效用并以事实为基础做出决策。理智型决策风格是比较受到推崇的决策方式,强调综合全面地收集信息、理智的思考和冷静的分析判断,是其他决策风格的个体需要培养的一种良好的思考习惯。但理智型的决策风格也并不是理想的、完美的决策方式,即使采用系统的、逻辑的方式,也会出现因为害怕承担决策的后果而不能整合自己和他人重要观点的困扰。

② 直觉型。以依赖直觉和感觉为特征,比较关注内心的感受。直觉型的决策风格以自我判断为导向,在信息有限时能够快速做出决策。当发现错误时能迅速改变决策。由于以个人直觉而不是理性分析为基础,这类决策发生错误的可能性较大,因此,易造成决策不确定性,容易丧失对直觉型决策者的信心。

③ 依赖型。以寻求他人的指导和建议为特征。依赖型的决策者往往不能够承担自己做决策的责任,因允许他人参与决策并共同分享决策成果,会受到他人的正面评价,但也可能因为简单地模仿他人的行为导致负面的反应。

依赖型的决策者需要理解生活中他人对自己的影响程度。

④ 回避型。以试图回避做出决策为特征。回避型的决策风格是一种拖延、不果断的方式,也面对决策问题会产生焦虑的决策者,往往因为害怕做出错误决策而采取回避的方式。这类决策者不能够承担做决策的责任,而倾向于不考虑未来的方向,不去做准备,不知道自己的目标,也不思考,更不寻求帮助。他们更容易受到学校等支持系统的忽略。所以,这些学生需要意识到自身的决策风格及其可能造成的危害,努力调整自己,增强职业生涯规划的意识和动机,才能从根本上得到改变。

⑤ 自发型。以渴望即刻、尽快完成决策为特征。自发型的个体往往不能够容忍决策的不确定性以及由此带来的焦虑情绪,是一种具有强烈即时性,并对快速做决策的过程有兴趣的决策风格。自发型决策者常会基于一时的冲动,在缺乏深思熟虑的情况下做出决策,此类决策者通常会给人果断或过于冲动的感觉。

> **小练习**
>
> 1. 请举出最近生活中两三个决策的实例。
> (1) _____
> (2) _____
> (3) _____
> 2. 试着归纳出这些决定的共同特性,并思考自己的决策风格类型。

四、职业决策原则

1. 择己所爱、择己所长

在制定职业决策时需要结合个人的兴趣、性格、特长、能力以及价值观,因为职业生涯能够成功发展的核心,就在于所从事的工作和个人特质是匹配的。如果让一个性格内向、不善与人沟通、缺乏交际意识的人去做销售,那么这个人很难成为一名优秀的销售人员。从事一项自己擅长的、并喜欢的工作,工作会很愉快,也容易脱颖而出,成功实现自己的目标。

2. 兼顾外部环境,让决策具有可执行性

外部环境包括家庭环境和社会环境。决策除了反映个人的内部需求之外,还需要兼顾外部环境的影响。家庭环境主要包括家庭的经济背景、家庭成员的教育程度、家庭成员的职业、家庭的教育方式、家庭对你职业发展的期望、家庭居住地等等。社会环境主要指社会的需求,要考虑社会长远发展的需求,

预测未来行业或行业发展的趋势。这些外部环境或多或少会影响个人职业决策的自我效能和未来的职业选择,如有些人有意违抗父母的心愿,选择与"正统"背道而驰的职业道路,结果所从事的工作既没能满足父母的心愿,也不能让自己感到满意。还有些人未充分考虑社会需求而进行职业选择,以至于职业道路发展狭窄,不能达到自己预期的目标。因此,要想让决策具有可执行性,需兼顾外部环境的影响。

3. 决策的可持续发展性

职业决策是个连贯的过程,是贯穿个人整个职业发展生涯的远景展望,应遵循可持续发展的原则。不能够只制订一个阶段性的目标,应该是一个阶段连着一个阶段,由短期目标到中期目标再到长期目标。如果职业决策过于短视,又没有后续职业决策点支撑,会使人丧失奋斗的热情,且不利于个人职业的长远发展。

五、职业决策步骤

1. 通过价值观分析帮助职业定位

价值观是一个人对人、事、物的看法和原则,包括个人价值观、工作价值观和文化价值观。对价值观的分析可以详细说明个人对职业或职位内在的满意度,特别是对工作价值观的评估,非常有助于职业生涯方向的选择,找准职业定位。

那么,如果现在问你是否知道自己最重要的价值观是什么,你能回答吗?可能你一时难以回答,觉得不知该从何说起,或者很难说出具体的内容。我们之所以难以判断自己的价值观,部分原因是它们深藏在潜意识里。因此,需要了解自己的潜意识的想法,找到属于自己的价值观,作出适合自己的职业决策。

价值观小练习

——当你没有任何压力的时候,最想做什么事情?

——如果你只能活6个月了,你会如何度过?

——如果你过世,最高兴的是自己做成了哪件事情?在你过世后,你最希望别人如何评价你?

——当你感觉内心非常平和的时候,你正在做些什么?

——你经常想总有一天你会成为一个什么样的人?你经常想总有一天你会从事的是什么职业?

——上述的哪条反映了你的真正愿望,而不是你认为应该做的,或者是别人希望你去做的?

——此生有什么事情会让你痛苦(因为人们背离了自己的价值观会给自己带来痛苦)?

回答完这些问题后,请把答案写下来,因为在这些答案里很可能暗示着对你很重要,但你一直很少或没有采取任何行动的价值观。现在,你已经开始探索自己的内心世界,明确自己的价值观可以帮助你从思想深处更加清晰地认识自己、了解自己。通过对以上问题的回答,你已经对自己的价值观有了初步认识。下面,我提供了一些有关价值观的形容词,你可以从中选择那些对你重要或你感觉不错的词。把那些你觉得应该选的词和你真正想选的词都画出来。你也可以把自己认为重要但没有出现的词或词组加进去。在选择的时候,要保持轻松愉快的心情,不要想得太多,你可以闭上眼睛做几次深呼吸后再开始。

创新,成功,富有,卓越,挑战,冒险,亲情,快乐,
健康,自由,美丽,勇气,自信,幸福,关心,学习,
服务,奉献,真诚,真实,兴奋,爱情,尊重,尊严,
安全,稳定,活泼,智慧,伟大,权利,幽默,高雅,
高尚,和谐,正义,简洁,乐趣,活力,公平,和平,
自律,毅力,诚信,体贴,吸引,热情,忠诚,舒适,
享受,完美,娱乐,独立,耐心,浪漫,感激,激情,
家庭,同情,发明,鼓舞,控制,休闲,平静,造诣,
教导,公正,认同,助人为乐,成就感,创造力。

相信你已经选出了很多重要的词,现在,请重新评估一下你所选的词,从中选出 8 个你认为的确重要的词,然后写下来:

1.
2.
3.
4.
5.
6.
7.
8.

请仔细看一下你所选择的8个词,注意一下内心的感受,它们是否代表着你内心真正的自我。下面,我要求你从这8个词中再选择5个对你来说最重要的词,你可以考虑一下,哪些价值观实际上表达的是同一个意思,只是以不同的方式表达?是否还有更广泛的价值观可以涵盖这些及其他意义相近的价值观?对于以上你所选的8个价值观,问如下几个问题:为什么我觉得这个价值观如此重要?为什么我会在与这个价值观有关的事物上花钱?为什么我在这个价值观上只花了这么少的时间或精力?对这些问题的回答可能对你非常有价值。在问这些问题后,你会发现,有些价值可能并不像你原来想象的那样重要;相反,有些你原来认为不那么重要的却可能是你真正看重的价值观。现在把选择出的5个价值观写下来:

1.
2.
3.
4.
5.

看着这5个经过精心挑选的价值观,你的内心是否感觉到兴奋?是不是你对这几个价值观所代表的人有种似曾相识的感觉?它是否代表着你内心深处渴望成为的人或渴望过的生活?如果是的话,它们就是你的主导价值观,代表着你的核心自我。

2. 通过职业测评分析职业兴趣、职业人格与职业个性

职业兴趣、职业人格和职业个性上的个体差异是相当大的,也是十分明显的。一方面,现代社会职业划分越来越细,社会活动的要求和规范越来越复杂,各种职业间的差异也越来越明显,所以对个体的吸引力和要求也就迥然不同;另一方面,个体自身的生理、心理、教育、社会经济地位、家庭环境背景不同,所乐于选择的职业类型、所倾向于从事的职业活动类型和方式也就十分不同。就职业选择而言,兴趣是个体和职业匹配的过程中最重要的因素。

借助职业测评,比如使用霍兰德的职业人格类型六边形理论来分析个人的职业兴趣、职业人格和职业个性,可以达到更好地进行职业决策的目的。霍兰德认为人格可分为现实型、研究型、艺术型、社会型、企业型和常规型六种类型。

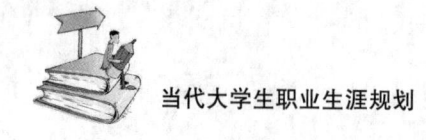

3. 通过 SWOT 分析职业发展机会

SWOT 分析是对职业决策非常有用的工具。S 代表 strength(优势)，W 代表 weakness(弱势)，O 代表 opportunity(机会)，T 代表 threat(威胁)。其中，S、W 是内部因素，O、T 是外部因素。如果你对自己做了细致的 SWOT 分析，那么就会很清楚地了解自己的优势和劣势在哪里，并且可以评估出自己感兴趣的职业生涯的机会和威胁。

SWOT 分析法应遵循的步骤：(1) 评估自己的长处和短处。每个人都是复杂的个体，这就造成了人在个性特点、人生观、价值观和态度上的差异性。列出提纲，是对我们进行个人分析非常重要的一步，通过分析自己的长处和短处，以扬长避短，继续发扬自身的优势，改正自己常犯的错误，提高自身的素质和能力。(2) 找出机会和威胁。机会和威胁作为一个矛盾的统一体，总是同时存在于周围的环境中，对机会和威胁进行比较客观的分析将有助于我们认清形势并果断地进行抉择。因此，有必要对学习环境、专业前景以及就业形势等外部因素进行正确的分析，评估其机会和威胁。(3) 提纲式列出今后五年的职业目标和计划。完成第一、第二步的分析后，我们就可以有针对性地简单制定自己的发展规划。

4. 通过 SMART 法则确定职业目标

确定职业目标可以更准确地进行职业决策，通过 SMART 法则来帮助我们确定职业目标。SMART 方法主要是指在制定职业目标时，应按照 SMART 目标确定法则，建立科学有效的目标。科学的"职业目标"应该符合 SMART 原则：具体(Specific)、量化(Measurable)、难度适中可实现(Attainable)、相关性(Relevant)、有时间限制(Time bound)。

具体(Specific)，指职业目标一定要明确和具体。至少应包括想从事的职业、行业、单位类型、地域和级别。这对确认从事的职业有重要意义，因为工作一段时间后，改变职业会比较困难，到更好的公司做相同的职业容易得多。微软中国前总裁曾说："如果你毕业时暂时进不了微软，你可以先到一家即使只有几个人的 IT 公司，以后还是有机会进微软的。但如果你进了联邦快递，就再也没有机会进微软了。"

量化(Measurable)，指目标的可度量性。制定的目标一定是可以度量的，好比记英语单词，每天规定一个数量，会比缺乏计划效果好得多。同样，在职业目标中应包括期望收入，它能极大地督促你为达到目标而努力。

难度适中可实现(Attainable)，指目标的可实现性。职业目标要建立在现实状况的基础上，通过一定的行动可以达到。就像饭要一口一口吃，不可能一

口吃成一个大胖子。目标"可望而不可即",会让人望而却步;目标"唾手可得",就失去了意义。因此,目标应具有一定的难度,略高于我们现有的能力即可。

相关性(Relevant),指目标必须和其他目标具有相关性。长、中、短期目标要具有连贯性,这样以往的知识、能力、经验、人脉等才能够得到有效的运用,从而推动职业生涯快速向前发展。

有时间限制(Time bound),指目标必须具有明确的截止期限。"明日复明日,明日何其多。"人是有惰性的,没有时间限制,目标可能被无限期地推后。

5. 通过"5W1H"分析法做最后决策

在决策的过程中要考虑多方面的因素,这些也是决策的要点。主要包括:

(1) WHO(人):"我是谁"、"我具备什么样的性格"、"我喜欢的生活方式是什么"、"我的专长何在"、"我父母对我的期望"……考虑这些之后,再作决定,对自己就有充分认识的基础。

(2) WHAT(事):做决定时,要问自己"我有哪些选择"、"我的问题在哪里"、"我每个决定的可能影响是什么"。

(3) WHEN(时):考虑时间的长短和急迫性,如"我的计划容许我搜集资料的时间有多长"、"我预计完成的时间"等。

(4) WHERE(地):空间的因素。"在我的生涯目标中,我向往什么样的工作环境与生活空间"、"居住的地点与工作场所之间的距离,我希望越近越好,还是我喜欢住在郊区"等。

(5) WHY(为什么):探讨自己的原因、理由,思考"我为何偏好 A 而排斥 B"、"我生涯困境的原因"等。

(6) HOW(如何):"做完决定,如何化技巧、概念、想法为行动"、"如何取舍"、"如何完成目标"、"如何找到工作",以及"如何安排时间、运用时间"等。

第二节　职业生涯目标

《爱丽丝梦游仙境》中爱丽丝与猫的对话。

爱丽丝问:"你能告诉我,我该走哪条路吗?"

"那得看你打算去哪儿。"猫说。

"我不在乎去哪儿。"爱丽丝说。

"那你走哪条路都无所谓。"猫说,"只要你一直走,走得足够远,总会到个什么地方。"

正如《爱丽丝梦游仙境》中那只猫所说的，如果你自己都不知道自己想去哪儿，那么去哪里都无所谓，或者说，也没有人可以帮你解答。而你只要一直走，也总可以到达某个地方，但你对自己的目的地满意与否可就是另一回事了。我们常常把人生比作一个旅程，没有目标的人生是杂乱无章的。同样，职业生涯的发展缺乏目标，将会影响职业的选择和整个职业生涯的发展。

案例导读

本田的奇迹

本田公司的创始人本田宗一郎1906年出生于日本静冈县，1922年离开家乡来到东京，进入一家汽车修理厂当学徒。他非常勤奋，没多久就成为一名优秀的修理工。1928年，本田宗一郎开办了一家自己的汽车修理厂，经营得非常成功。但这并不是他所追求的目标。1934年，他关闭了汽车修理厂，同时成立了东海精密机械公司，主要生产活塞环，并为丰田汽车供货。但这仍然不是本田宗一郎的最终目标。

本田宗一郎很年轻的时候，虽然一无所有，但有一个雄心勃勃的梦想，他给自己定下了一个目标，那就是要让自己的企业跻身世界最大汽车制造商的行列。开办汽车修理厂和生产活塞环，都只是为了实现这个远大目标所做的铺垫。因此，在1945年，他将蒸蒸日上的东海精密机械公司卖给了丰田公司，并于1946年创建了今天的本田技术研究所，开始研发、生产摩托车。

现在，本田宗一郎的这一目标已经实现。在全球小轿车市场，本田的产销量和市场份额与日俱增，和通用、福特、丰田、戴姆勒—克莱斯勒共同跻身全球最著名的汽车销售商之列。

一个人没有明确的目标，就像船没有罗盘一样，在茫茫大海中行驶却没有

航线,只能随波逐流。一旦一个人明确了目标,下定了决心,有一种对成功的渴望,就会产生强烈的使命感和激情,在这样的情况下,将没有什么能阻止他达到目标。所以,只有目标明确才能在最短的时间达成最好的结果。

一、职业生涯目标分类

职业生涯目标是指个人在选定的职业领域内所要达到的具体目标。从时间上可分为短期目标、中期目标、长期目标以及人生规划。我们首先要根据个人的专业、性格、气质和价值观以及社会的发展趋势来确定自己的人生目标和长期目标,然后再把人生目标和长期目标进行细分,根据个人情况和组织环境制定相应的中期目标和短期目标。按照性质可分为外职业生涯目标和内职业生涯目标。

1. 从时间层面划分

(1) 人生规划:是对整个职业生涯的规划,时间长至 40 年左右,是整个人生的发展目标。如规划成为一个有数亿资产的公司董事。

(2) 长期规划:指 5~10 年的规划,主要设定较长远的目标。如规划 30 岁时成为一家中型公司的部门经理,规划 40 岁时成为一家大型公司副总经理等。

(3) 中期规划:一般为 2~5 年内的目标与任务。如规划到不同业务部门做经理,规划从大型公司部门经理到小公司做总经理等。

(4) 短期规划:指 2 年以内的规划,明确 2 年内掌握哪些业务知识、需具备哪些能力,在 2 年内自己可以做到什么等。

2. 从性质层面划分

(1) 内职业生涯目标:基于个人的性格、兴趣、优势、特长、心理素质等因素进行的职业规划时确立的目标。

(2) 外职业生涯目标:根据社会环境、企业环境、行业发展、工作单位、工作时间、工作地点、工作内容、工作职务与职称、工作环境、工资待遇等各方面情况而确立的目标。

在确定以上各种类型的职业生涯目标后,就要制定相应的行动方案来实现它们,把目标转化成具体的方案和措施。这一过程中比较重要的行动方案有职业生涯发展路线的选择,职业的选择和相应的教育和培训计划的制定。

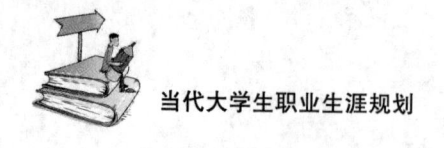

二、职业生涯目标的分解和组合

1. 职业生涯目标分解

> **案例导读**
>
> 马拉松的故事
>
> 1984年,在东京国际马拉松邀请赛中,一名叫山田本一的日本选手夺得了世界冠军,爆出了个大冷门。在这之前,他成绩平平。
>
> 当记者问他依靠什么取得如此惊人的成绩时,他说:"凭智慧战胜对手。"但很多人内心里都认为这个选手取得冠军纯属偶然,说智慧有些勉强。
>
> 2年后,山田本一代表日本队参加在意大利米兰举行的意大利国际马拉松邀请赛,他又获得了世界冠军。记者再次问他如何取得好成绩时,他的回答仍和上次一样,"凭智慧战胜对手。"这回大家再也不会认为这是个偶然。但是对他的"凭智慧战胜对手"的话迷惑不解。
>
> 10年以后,这个迷惑终于解开,他在他的《自传》中写道:"每次比赛之前,我都要乘车把比赛的路线仔细看一遍,并把沿途比较醒目的标志画下来。比如第一个标志是银行,第二个标志是一棵大树,第三个标志是一座红房子……这样一直画到赛程的终点。比赛开始后,我就以跑百米的速度,奋力地向第一个目标冲去,过第一个目标后,我又以同样的速度向第二个目标冲去。起初,我并不懂这样的道理,常常把我的目标定在40公里外的终点那面旗帜上,结果我跑到十几公里时就疲惫不堪了。我被前面那段遥远的路程给吓倒了。"

这个案例告诉我们分割抵达目标的距离,将看起来遥不可及的目标拉近。越是远大的目标,看起来就越是遥不可及。但如果你将目标分解成一个个分目标,你便会觉得它们离你并不遥远。因此,职业生涯目标的分解就是将总目标分解成一个个的分目标,把已确定的职业生涯目标分解为有时间期限的长、中、短期分目标,直到将目标分解为某确定的时间应该做什么。如果你能完成每天、每周、每月、每年的目标,那你的目标将变得清晰和具体,目标也将具有可操作性。你会不断被成功喜悦激励着,向新的分目标迈进。

2. 职业目标的组合

目标组合是处理不同职业规划目标相互关系的有效方法与措施,着眼于各分目标之间的因果、互补关系,积极地进行不同目标的组合,达到职业生涯和谐发展。职业规划目标组合有三种方法:时间组合、功能组合和全方位组

合。其中全方位组合已经超出了职业规划的范畴,它涵盖了生涯全部活动。

(1) 时间上的组合

并进:是指同时着手实现两个分目标,即在同一期间内进行不同性质的工作。需要具备较强的时间管理能力和学习上的毅力。比如,大学里的教研室主任,既做管理工作又从事教学工作。并进组合也可以是建立和实现与目前工作内容不相关的职业规划目标。在做好本职工作的同时,进修自己感兴趣的其他课程等并进,有利于开发我们的潜能,在相同的时间内迎接更大的挑战,发挥更大的价值。

连续:是指分目标之间的前后联系,即实现一个分目标,再进行下一个分目标,最终连续而有序地实现各个目标。一般来说,职业生涯的阶段目标与职业生涯的最终目标是相关联的,较短期目标是实现较长期目标的前提条件。目标的期限性也是相对的。随着时间的推移,长期目标成为中期目标,中期目标成为短期目标,短期目标成为近期目标。只有完成好每一个近期目标和短期目标,才有可能实现最终目标。

(2) 功能上的组合

指职业生涯目标在功能上可以产生因果、互补关系。

因果关系:有些分目标之间有非常明显的因果关系。比如,学好英语(因)导致英语四、六级能考出好成绩(果)。通常情况下,内职业生涯目标是原因,外职业生涯目标是结果。一般因果排序为:观念更新目标——掌握新知识目标——提高工作能力目标——职务晋升目标——经济收入提高目标。因此,要想实现因果关系组合,就需要不断学习与实践。这样才能提高自身能力,从而达到职务提升,业绩突出,报酬增加的目标。

互补关系:即把存在互补关系的目标进行组合。有些分目标之间有非常明显的互补关系。比如,管理人员希望在成为优秀部门经理的同时得到MBA证书,这两个目标之间就存在着直接的互补作用:实际管理工作为MBA的学习提供了实践的经验和体会,而MBA学习则为实际的管理工作提供了理论和方法。

(3) 全方位组合

对职业规划目标进行全方位组合是指个人事务、职业生涯和家庭均衡发展,相互促进,它涵盖了人生的全部活动。要实现这一目标,我们在建立职业生涯目标时,应当通盘考虑自己在个人发展、家庭生活和职业生涯中的各种愿望。在家庭和生活中的不同职业生涯目标间建立平衡的协调关系。

职业生涯方面:主要包括有自豪感和成就感的职业;有有趣、喜爱的工作

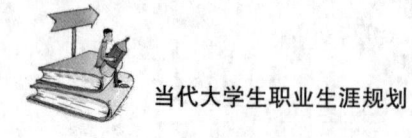

内容,满意的工作环境;具有很强的责任心;有很好的个人发展空间;有良好的同事关系等。

感情生活和家庭生活方面:主要包括有好朋友;有爱、爱恋,遇到生命中的伴侣;生活在稳定的亲情关系中;有可爱的孩子;具备协调职业生活与家庭生活的能力;家庭和睦幸福等。

个人事务方面:主要包括身体健康;持续接受教育,不断学习;具有个人生活计划;保留思考时间;掌握生活常识和技能;保证有空闲时间休息和娱乐;定期欣赏音乐、美术作品和文化作品;发展个人爱好,如集邮、收藏等。

三、大学生职业生涯目标的实现

职业目标的确定是职业生涯设计中的一个前提步骤,只有确立了职业目标,才能选择职业发展路线,进而进行职业生涯的设计。职业目标会对职业生涯设计的内容和方向起到重要的决定作用,职业目标不同,生涯设计关注的重点就不同,那么生涯设计的具体内容也就会有较大差异。因此,大学生职业目标的确定与实现,有利于大学生尽早做好职业生涯规划,根据职业目标的要求,进行相应的能力和素质储备,以满足职业目标的需求,提前做好角色转换的心理准备。

1. 存在问题

目前,大学生在职业目标确定上存在着一些问题,主要有以下几种类型。

第一,没有目标型。有部分同学上了大学之后,认为才刚上大学,还没有学习具体专业内容,做职业规划还太早;或者本身学校和专业都是家长帮助选择、别人推荐的,自己也不知道上了大学该干什么,处于先这样再说的状态。

第二,有目标但不清晰,糊里糊涂型。许多大学生在选择职业时有想法,但是不知如何具体实施。有些同学对自己的专业不满意、不喜欢,又不知别的专业是否较好且适合自己;有些同学对自己的专业能力没信心,也不知道本专业的职业前景是否良好。

第三,有目标不坚持型。部分学生对自己未来所要从事的工作有目标,对未来职业发展有方向,也制定了目标计划,短期、中期、长期做什么,但是在付诸实践的时候,缺乏耐心和坚持度,常常两天打鱼三天晒网,不能很好地执行目标计划,结果等于没有目标。

第四,有目标也坚持,但是任务措施不明确。部分学生在上大学之初就订立了自己的目标,也将目标进行了分解,并且在生活与学习过程中不断努力去

实现自己的目标,但是目标也是需要根据实际情况进行评估与调整的,任务措施不明确也会造成目标实现的障碍。

2. 大学生职业生涯目标实现的要点

(1) 了解环境,认知自我。在确定职业生涯目标之前,每位大学生应认识"我是一个什么样的人",明确"我将来想做什么、我处的环境能支持我干什么,有什么样的资源可以使用"等问题。

(2) 制定目标,规划未来。在了解环境和认知自我的基础上,大学生应从自身实际和社会需要出发,明确个人达到职业目标需要具备的素质和能力,分析实现目标的优势和劣势,确定职业发展的具体方向。

(3) 构建合理的知识结构。现代社会的职业岗位,所需要的是知识结构合理。因此,大学生不仅要储备相当数量的知识,还必须将储备的知识形成合理的知识结构,培养科学的思维方式,提高自己的实用技能,满足职业发展的需求,成为适应社会要求的人才。

(4) 培养职业需要的实践能力,积极参与有益的社会实践和职业训练。大学生的综合能力及能力的运用是用人单位选择的依据。用人单位不仅考核个人专业基础知识和技能,而且还要考量个人综合运用知识的能力、对环境的适应能力、对文化的整合能力和实际动手操作能力等。因此,要利用空余时间参与有益的社会实践和职业训练,以提高个人的综合能力,增强个人未来的工作能力。

(5) 加强自我修养与加速自我成长,培养良好的心理素质。心理素质是一个人长时间在现实生活中形成的一种遇到突发事情时所表现出的个体素质,具备良好的心理素质是职业发展的重要因素之一。因此,要不断加强自我修养与加速自我成长,在平时生活中,始终保持一个平和的心理状态,才能在遇到紧急事情或始料不及的情况时保持冷静,尽快做出判断,保证职业发展顺利进行。

第三节 职业生涯规划书的撰写

一份完整的职业生涯规划书一般包括三个部分:扉页、目录和正文。

一、扉页

1. 标题

规划书的标题可以直接以"职业生涯规划书"的形式出现,也可以拟定有

创意的标题,如"规划铸就成功人生"。

2. 个人基本资料

包括姓名、性别、学校、院系、电话、电子邮件等。

3. 时间

一般注明撰写时间。

扉页具体写作可参考下表。

职业生涯规划书	
个人基本资料	
姓名：	性别：
学校：	院系：
联系电话：	电子邮件：
撰写时间：　年　　月　　日	

二、目录

为了方便阅读,将正文部分的内容提炼后列出来即为目录。具体写作可参考下表。

```
                    目  录
总论(引言) ……………………………………………
一、自我探索 ………………………………………
    兴趣 …………………………………………
    能力 …………………………………………
    性格 …………………………………………
    价值观 ………………………………………
    胜任能力 ……………………………………
    自我探索小结 ………………………………
二、环境分析 ………………………………………
    家庭环境分析 ………………………………
    学校环境分析 ………………………………
    社会环境分析 ………………………………
    职业环境分析 ………………………………
    环境分析小结 ………………………………
```

> 三、职业定位 ……………………………………………
>   SWOT 分析 ………………………………………
>   职涯目标 ………………………………………
>   职涯发展策略 …………………………………
>   具体路径 ………………………………………
> 四、计划实施表 …………………………………………
> 五、评估调整 ……………………………………………
>   评估的内容 ……………………………………
>   评估的时间 ……………………………………
>   调整的原则 ……………………………………
>   备选方案 ………………………………………
>   结束语 …………………………………………

三、正文

包含"引言、自我探索、环境分析、职业定位、计划实施、评估调整、结束语"七个部分的内容。其中,自我探索、环境分析、职业定位、计划实施和评估调整是职业生涯规划书的重点内容。

1. 引言

包括:个人对职业生涯规划的认识;职业生涯规划对个人以及社会的意义;确定个人的职业发展方向和总体目标。

2. 自我探索

职业规划是一个自内而外的过程。即首先要理清自己期望达成的生涯目标是什么,想要成为什么样的人,自己具有哪些职业特质,然后再去寻找环境、机会、调适自己的生涯发展行动。自我探索内容一般包括与职业发展关系最密切的兴趣、能力、性格和价值观、胜任能力五个方面。

这部分内容的撰写,首先要从自己过往的生活、成长、学习、能力拓展的真实经历中发现自己的特性,列举自己曾经在学校担任或参与的各种社团、社会实践等,分析自己在这些活动中表现出来的成功与不足,以此证明自己的工作胜任能力。其次,还要结合职业测评结果,谈谈你发现了什么、意识到什么、有了什么样的启发等。最后还需要有自我分析小结:将自己本身的条件、发展潜能、发展方向与环境给予的机遇和制约条件相比较,最终达到"觉醒",即知道自己已经做了什么、想要做什么、能做什么。具体写作可参

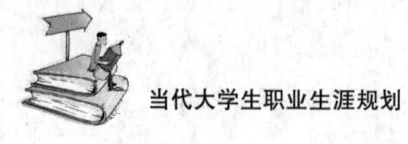

考下表。

职业兴趣 (喜欢干什么)		
职业能力 (能够干什么)		
个人特质 (适合干什么)		
职业价值观 (最看重什么)		
胜任能力 (优劣势是什么)		
个人经历	教育经历	
	工作经历	
	培训经历	
自我分析小结：		

3. 环境分析

对自我职业特征分析之后，我们对"知己"已经有了一定的把握，接下来就是"知彼"的层面了。参考职业测评报告建议以及通过生涯人物访谈或社会实践等途径和方式，对外界环境进行较为系统地探索和分析。主要包括家庭环境分析、学校环境分析、社会环境分析、职业环境分析，以及环境分析小结。具体写作可参考下表。

家庭环境分析
（家人经济地位、家人期望、家族文化等对本人的影响）

学校环境分析
（如学校特色、专业学习、实践经验等）

社会环境分析
（就业形势、就业政策、竞争对手等）

职业环境分析
　　对自己所选定的职业在社会环境中的发展过程和目前所处的社会地位，社会发展趋势对职业的影响等的认识和了解。主要包括：
1. 行业分析
　　行业现状、行业目前的优势与问题所在、行业发展趋势、前景预测、国际与国内重大事件对该行业的影响等。
2. 职业分析
　　个人暂定的目标职业岗位的工作内容、工作要求、发展前景等。
3. 企业分析
　　个人暂定的目标企业在本行业的地位和发展前景，企业产品在市场上的发展前景，企业在本行业的竞争力，企业文化和企业制度。（如××单位类型、企业文化、发展前景、发展阶段、产品服务、员工素质、工作氛围等。）
4. 地域分析
　　个人暂定的目标城市的情况。如××工作城市的发展前景、文化特点、气候水土、人际关系等，人城匹配分析。

环境分析小结：

4. 职业定位

　　综合自我分析与环境分析的主要内容得出本人的职业定位。内容包括SWOT分析、职涯目标、职涯发展策略、职涯发展路径及具体路径等内容。

　　SWOT分析结果见下表。

外部环境分析 (O-T) 内部环境分析 (S-W)	机会(O)	威胁(T)
优势(S)	优势机会策略(S-O)	优势威胁策略(S-T)
劣势(W)	劣势机会策略(W-O)	劣势威胁策略(W-T)

结论如下表。

职业目标	短期目标、中期目标、长期目标
职业发展策略	进入xx类型的组织(到xx地区发展)
职业发展路径	走专业技术型路线或管理路线等
具体路径	例：技术员——初级工程师——中级工程师——高级工程师

"职业定位"部分需要注意：SWOT分析是基于一定职业生涯目标的分析，重点应放在SWOT分析之后的策略分析；另外，职业生涯目标制定应客观明确，职业发展路径应符合逻辑与现实。

4. 计划实施

再美妙的蓝图也只有你亲自去描绘才能变为真实情景。因此，在职业生涯规划书中，还需要对如何实现职业生涯目标制定一个具体、详细、可行的行动方案和实施步骤。内容包括计划名称、时间跨度、总目标、分目标、计划内容、策略和措施等。具体写作可参考下表。

计划实施一览表

计划名称	时间跨度	总目标	分目标	计划内容（参考）	策略和措施（参考）	备注
短期计划（大学计划）	20××年—20××年	如大学毕业时要达到……	如：大一要达到……大二要达到……或在××方面要达到……	如专业学习、职业技能培养、职业素质提升、职业实践计划等	如大一以适应大学生活为主，大二以专业学习和掌握职业技能为主……或为了实现××目标，我要……	大学生职业规划的重点
中期计划（毕业后五年计划）	20××年—20××年	如毕业后第五年时要达到……	如毕业后第一年要……第二年要……或在××方面要达到……	如职场适应、三脉积累（知脉、人脉、钱脉）、岗位转换及升迁等	省略	大学生职业规划的重点
长期计划（毕业后十年或以上计划）	20××年—20××年	如人到中年时要达到……	如毕业后第十年要……第二十年要……	如事业发展，工作、生活关系，健康，心灵成长，子女教育，慈善等	省略	方向性规划

详细执行计划如下：(这个部分最好能够按照目标设定的 SMART 原则制定。)
本人现正就读××专业×年级，我的大学计划是……

6. 评估调整

职业生涯规划是一个动态的过程，必须根据实施的情况以及相应的变化进行及时的评估与调整。主要包括评估内容、评估时间、调整原则、备选方案。具体写作可参考下表。

1. 评估的内容：
(1) 职业目标评估(是否需要重新选择职业?)假如一直……那么我将……
(2) 职业路径评估(是否需要调整发展方向?)当出现……的时候，我就……
(3) 实施策略评估(是否需要改变行动策略?)如果……我就……
(4) 其他因素评估(对身体、家庭、经济状况以及机遇、意外情况的及时评估)

> 2. 评估的时间：
> 　　一般情况下，我定期（半年或一年）评估规划；当出现特殊情况时，我会随时评估并进行相应的调整。
> 3. 调整原则：可变动、可执行。
> 4. 备选方案：

"评估调整"部分需要注意的是：调整不是对原定职业发展方向和总目标的更换，而是在实施过程中对原有优势和条件的进一步优化与组合，是对策略步骤和方法的调适，以便行动更加有效，更有利于目标达成。

备选方案依然是你的"自我与环境匹配"第二个发展方向，是另一条发展路径，同样是生涯规划总目标的实现。

7. 结束语

对整个职业生涯规划书的总结评价和对自己未来职业发展的展望。

参考文献

[1] 夏征农.辞海[M].上海:上海辞书出版社,2002.

[2] 顾雪英.当代大学生职业生涯规划[M].北京:高等教育出版社,2011.

[3] 万福绪.大学生职业生涯设计与就业指导实务[M].北京:中国林业出版社,2001.

[4] 江苏省高校招生就业指导服务中心.大学生职业生涯规划[M].南京:江苏教育出版社,2008.

[5] 刘朝晖,温梅,李惠超.浅谈大学生人际交往能力的培养[J].中国成人教育,2006(12).

[6] 谢明山.大学生职业生涯规划实训[M].北京:北京交通大学出版社,2011.

[7] 宁佳英.大学生职业生涯规划[M].华南理工大学出版社,2013.

[8] 滕玉成,于萍.公共部门人力资源管理[M].北京:中国人民大学出版社,2008.

[9] 项迎芳.大学生职业生涯规划研究——以山西省本科院校为例[D].山东:山东大学,2010.

[10] 张洋阳.大学生职业生涯规划[J].科技创新导报,2011(25).

[11] 程社明,卜欣欣,戴洁人生发展与职业生涯规划[M].北京:团结出版社,2006.

[12] 张微.大学生职业生涯规划研究[D].黑龙江:哈尔滨工程大学,2006.

[13] 袁爱军,岳金霞.大学生职业生涯规划教程[M].济南:山东人民出版社,2013.

[14] 赵慧娟."大学生职业生涯规划"课程的实践与思考[J].高教论坛,2006(2).

[15] 陈凌娟.大学生职业生涯规划现状调查与分析[J].扬州大学学报(高教研究版),2011(2).

[16] 宋晓宗.试论自我认知对大学毕业生择业的影响[J].通化师范学院学报,2004(3).

[17] 郭韶敏.大学生自我认知偏差研究[J].新乡学院学报(社会科学版),2010(6).

[18] 张再生.职业生涯开发与管理[M].天津:南开大学出版社,2003.

[19] 李开复.做最好的自己[M].北京:人民出版社,2005.

[20] 田禾.大学生自职业生涯规划与就业指导[M].北京:人民邮电出版社,2011(2).

[21] 高兴盛.大学生职业生涯规划[M].武汉:湖北科学技术出版社,2011(2).

[22] 陈社育.大学生职业心理辅导[M].北京:北京出版社,2003.

[23] 高海生.新编大学生就业指导教程[M].北京:北京交通大学出版社,2005.

[24] 肖铮,姚其煌.大学生职业生涯与发展规划[M].厦门:厦门大学出版社,2013.

[25] 肖利哲,王雪原,武建龙.大学生职业生涯规划理论与设计[M].北京:科学出版社,2012.

[26] 江苏省高校招生就业指导服务中心.大学生职业生涯规划[M].南京:江苏教育出版社,2008.

[27] 刘芳,董华明,李听.大学生职业生涯与发展规划[M].西安:西北工业大学出版社,2015.

[28] 劳动和社会保障部培训就业司,中国就业培训技术指导中心.创新职业指导——新理念[M].北京:中国劳动社会保障出版社,2005.

[29] 中国职业规划师(CCDM)认证培训教程.

[30] 金树人.生涯咨询与辅导.北京:高等教育出版社,2007:165-171.

[31] 肖铮,姚其煌.大学生职业生涯与发展规划[M].厦门:厦门大学出版社,2012.

[32] 刘建荣,何琛姣.新编大学生职业规划与就业指导教程[M].北京:北京理工大学出版社,2012.

[33] 鲁宇红.大学生职业生涯规划与就业指导[M].南京:东南大学出版社,2008.

[34] 刘芳,董华明,李听.大学生职业生涯与发展规划[M].西安:西北工业大学出版社,2015.

[35] 肖利哲,王雪原,武建龙.大学生职业生涯规划理论与设计[M].北京:科学出版社,2011.

图书在版编目(CIP)数据

当代大学生职业生涯规划 / 魏勇, 杨祖平主编. —南京：南京大学出版社, 2016.5(2019.7重印)
高等院校"十三五"规划教材
ISBN 978-7-305-16980-9

Ⅰ.①当… Ⅱ.①魏… ②杨… Ⅲ.①大学生－职业选择 Ⅳ.①G647.38

中国版本图书馆CIP数据核字(2016)第112147号

出版发行　南京大学出版社
社　　址　南京市汉口路22号　　邮　编　210093
出 版 人　金鑫荣

丛 书 名　高等院校"十三五"规划教材
书　　名　当代大学生职业生涯规划
主　　编　魏　勇　杨祖平
责任编辑　李　博　何永国　　编辑热线　025-83686596

照　　排　南京理工大学资产经营有限公司
印　　刷　江苏凤凰扬州鑫华印刷有限公司
开　　本　787×960　1/16　印张 14.25　字数 283 千
版　　次　2019年7月第1版第3次印刷
ISBN 978-7-305-16980-9
定　　价　32.00元

网　　址:http://www.njupco.com
官方微博:http://weibo.com/njupco
官方微信号:njupress
销售咨询热线:(025)83594756

＊版权所有, 侵权必究
＊凡购买南大版图书, 如有印装质量问题, 请与所购
　图书销售部门联系调换